国家级教学成果奖

中国人民大学会计系列教材

《财务会计学（第14版·立体化数字教材版）》学习指导书

主编　戴德明　林　钢　赵西卜

中国人民大学出版社
·北京·

总　序

中国人民大学会计系列教材（简称“系列教材”）自1993年推出至今，已30余年。这期间我国经济高速发展，会计制度与会计准则发生巨大变化，大学会计教育无论规模还是质量都有了长足进步。回顾30余年的发展历程，系列教材中每一本的每一版，都在努力适应会计环境和教育环境的变化，尽可能满足高校会计教学的需要。

系列教材第1版是由我国当时的重大会计改革催生的。编写时关注两个重点：一是适应我国会计制度的变化，遵循1992年颁布的“两则两制”的要求；二是教材之间尽可能避免内容重复。系列教材包括：《初级会计学》《财务会计学》《成本会计学》《经营决策会计学》《责任会计学》《高级会计学》《财务管理学》《审计学》《计算机会计学》。

自1997年10月起，系列教材陆续推出第2版。为适应各院校的课程开设需要，将《经营决策会计学》与《责任会计学》合并为《管理会计学》。

自2001年11月起，系列教材陆续推出第3版。根据修订的《中华人民共和国会计法》、国务院颁布的《企业财务会计报告条例》、财政部颁布和修订的企业具体会计准则以及财政部颁布的《企业会计制度》等对教材内容进行修订。

自2006年7月起，系列教材陆续推出第4版。进一步修订了教材与2007年1月1日起施行的企业会计准则和中国注册会计师审计准则之间的不协调之处，并将《计算机会计学》更名为《会计信息系统》。

自2009年6月起，系列教材陆续推出第5版。对《高级会计学》《财务管理学》《财务会计学》等的框架结构做了较大调整，新增《会计学（非专业用）》一书。

自2012年6月起，系列教材陆续推出第6版。针对教育部强化本科教育实务性、应用性的要求，新增“简明版”和“模拟实训”两个子系列，并为《初级会计学》和《成本会计学》配备实训手册。

自2014年4月起，系列教材陆续推出第7版。深入阐释了财政部自2014年1月先后发布或修订的多个会计准则，并新增《财务报表分析》一书。

自2017年8月起，系列教材陆续推出第8版。体现了营改增、会计准则、增值税税率变化等最新动态，并新增《政府与非营利组织会计》，在“简明版”中新增《会计学》《中级财务会计》。为适应数字化对教学的影响，《财务会计学》率先推出“立体化数字教材版”。

自2020年11月起，系列教材陆续推出第9版。根据《高等学校课程思政建设指导纲要》对教材的要求，以及数字时代线上线下教学相结合的特点，着力打造立体化数字教材，并重点体现课程思政等内容。

2023年是“中国人民大学会计系列教材”出版30周年，系列教材陆续推出第10版。我们将党的二十大精神融入教材内容，并开始第二轮立体化数字教材的升级工作，为主要教材配套双题库（主教材和学习指导书），以方便教学。

至此，围绕会计专业课程，系列教材形成了如下体系：

主教材（11本）	学习指导书（7本）	模拟实训（5本）	简明版（7本）
《会计学》	√		《会计学》
《基础会计（原初级会计学）》	√	√	
《财务会计学》	√	√	《中级财务会计》
《财务管理学》	√	√	《财务管理》
《成本会计学》	√	√	《成本与管理会计》
《管理会计学》	√	√	
《审计学》			
《会计信息系统》			《会计电算化》
《高级会计学》	√		
《财务报表分析》			
《政府与非营利组织会计》			《政府会计》
			《会计专业英语》

系列教材在30余年的出版历程中，以高品质荣获众多奖项，并多次入选国家级规划教材。2001年，系列教材入选由教育部评选的“经济类、管理类专业和法学专业部分主干课程推荐教材”；2003年，系列教材入选“普通高等教育‘十五’国家级规划教材”；2005年，系列教材以“精心组织，持续探索，打造跨世纪会计精品教材（教材）”荣获“第五届高等教育国家级教学成果奖二等奖”；2008年，系列教材入选“普通高等教育‘十一五’国家级规划教材”，其中《会计信息系统》被教育部评为2008年度普通高等教育精品教材，《审计学》被评为2009年度普通高等教育精品教材，《财务管理》被评为2011年度普通高等教育精品教材；2012年，系列教材入选“‘十二五’普通高等教育本科国家级规划教材”；2014年，系列教材以“以立体化教材建设支撑会计学专业教学改革（教材）”荣获“2014年国家级教学成果奖（高教类）二等奖”。

《高等学校课程思政建设指导纲要》指出，培养什么人、怎样培养人、为谁培养人是教育的根本问题，立德树人成效是检验高校一切工作的根本标准。具体到会计学专业，在会计准则国际趋同的大背景下，要着力培养既能立足祖国大地又有国际视野的时代新人。基于此，系列教材积极融入习近平新时代中国特色社会主义思想，深刻把握会计学专业学生培养目标，积极应对数字化对教学的冲击和挑战，更加重视学生的长远发展，注重培养学生的基本素质和能力，尤其是培养学生发现问题、分析问题和解决问题的能力。

系列教材是在我国著名会计学家阎达五教授等老一辈会计学者的精心呵护下诞生，在广大兄弟院校的大力支持下逐渐成长的。我们衷心希望系列教材能够继续得到大家的认可，也诚恳地希望大家多提改进建议，以便我们在今后的修订中不断完善。

中国人民大学会计系

前 言

本书是中国人民大学会计系列教材《财务会计学（第 14 版・立体化数字教材版）》的学习指导书，是在中国人民大学会计系列教材《财务会计学（第 13 版）》的学习指导书的基础上修改而成的。

由于《财务会计学（第 14 版・立体化数字教材版）》在第 13 版的基础上作了较大修改，本学习指导书也相应进行了修订。根据教材修订内容，更新了配套习题。删除了与第 14 版教材不匹配的内容，修改了其他与教材不协调、不一致的内容。此外，还校正了已发现的其他错误。

为便于学生答题和教师组卷，本书除了在纸质书上提供客观题（包括判断题、单项选择题、多项选择题）及参考答案，还将客观题制作成线上题库，便于学生随时随地扫码做题，提交后不仅可立即查看分数、答案、难易程度等，还可获得详细的解析。

上述题库不仅方便教师安排课堂小测验，也有助于教师利用组卷系统（tk. rdyc. cn）在线生成试卷，线上布置作业、测试和考试；试卷自动打分，教师可随时查看班级作业完成情况，方便教师做好过程考核。

凡购买正版图书的读者，均可通过扫描封面背面贴的二维码卡片，注册后**免费**使用上述资源。

本次修订的分工如下：第 1、10、13、14、15 章由戴德明负责，第 2、3、4 章由赵西卜负责，第 5、6、7、8、9、11、12 章，模拟试卷由林钢负责。

由于编者水平有限，书中难免存在疏漏乃至错误之处，敬请批评指正。

编者

目　录

第 1 章　总　论 …… 1
第 2 章　货币资金 …… 11
第 3 章　存　货 …… 17
第 4 章　金融资产（上） …… 35
第 5 章　金融资产（下） …… 50
第 6 章　长期股权投资 …… 73
第 7 章　固定资产 …… 86
第 8 章　无形资产与投资性房地产 …… 106
第 9 章　流动负债 …… 120
第 10 章　非流动负债 …… 136
第 11 章　所有者权益 …… 148
第 12 章　收入、费用与利润 …… 165
第 13 章　财务报表 …… 191
第 14 章　资产负债表日后事项 …… 221
第 15 章　会计变更与差错更正 …… 236

模拟试卷一 …… 251
模拟试卷一参考答案 …… 256
模拟试卷二 …… 262
模拟试卷二参考答案 …… 268

第1章 总 论

学习指导

针对会计学专业的本科学生，企业财务会计的课程通常划分为初级财务会计、中级财务会计和高级财务会计三门。本教材是专门为中级财务会计（或财务会计）课程而编写的。其基本特点是紧紧围绕财务报表这一主线，以工商企业的基本财务会计问题为主要内容，介绍企业财务报表要素及其基本构成项目的确认、计量、记录和报告的基本原理，也可以说是阐述企业定期、通用财务报表的基本原理。

本章涉及财务会计的基本概念和基本理论，既是对初级会计学相关内容的深化，也是本教材以后各章的基础。通过本章的学习，应当掌握财务会计的性质和财务报告的目标，了解企业会计准则产生与发展的基本背景，掌握财务会计的基本前提、基本要素以及会计信息的质量要求。

本章的学习目标在于树立财务会计的基本理念，熟悉财务会计的基本框架。难点是深刻理解企业财务报告的目标定位、财务报表要素的定义方式、会计信息质量要求的基本内容以及相互关系。初步理解以财务报告目标为起点，演绎推理会计信息质量要求的各项具体内容。

需要特别强调的是，本章内容的学习需要学生进行更多的思考，从研究的角度看待相关的内容，而不是简单记忆。此外，应当将第1章的基本概念和理论问题贯穿全课程，甚至延续至以后的课程学习中。

练习题

一、名词解释

1. 资产　　2. 相关性

3. 权责发生制　　4. 持续经营

5. 负债　　6. 所有者权益

7. 实质重于形式

二、判断题

第1章判断题
即测即评

1. 由于利润是广义收入与广义费用之间的差额，因此，利润的确认与计量也就是广义收入与广义费用的确认与计量。（　　）

2. 企业在一定期间发生亏损，会导致所有者权益减少。（　　）

3. 对于某一会计主体来说，收入必然表现为一定时间内的现金流入，费用必然表现为一定时间内的现金流出。（　　）

4. 广义费用是指会计期间内经济利益的流出，固定资产清理损失属于经济利益流出，所以属于广义费用。（　　）

5. 重要性是指在尽可能全面完整地反映企业的财务状况与经营成果的前提下，要根据某一项会计核算内容是否会对会计信息使用者的决策产生重大影响，来决定对其进行核算的精确程度，以及是否需要在会计报表上予以单独反映。（　　）

6. 企业固定资产计提折旧是以持续经营为假设前提的。（　　）

7. 在物价上涨的情况下，对存货按后进先出法计价是谨慎性原则的要求。（　　）

8. 当负债总额不变时，企业净资产的变化是由盈利或亏损导致的。（　　）

9. 可比性不但要求同一企业不同期间的会计信息相互可比，而且要求不同企业的会计信息相互可比。（　　）

10. 谨慎性是指在有不确定因素的情况下做出判断时，保持必要的谨慎，既不高估资产或收益，也不低估负债或费用。（　　）

三、单项选择题

第1章单项选择题
即测即评

1. 为财务会计工作确定了空间范围的基本前提是（　　）。

A. 会计主体　　B. 持续经营

C. 会计期间　　D. 货币计量

2. 上市公司的下列行为中，违背会计信息质量可比性要求的是（　　）。

A. 上期提取甲股票投资跌价损失准备5 000元，鉴于股市行情下跌，本期提取10 000元

B. 根据会计准则的要求，从本期开始对长期股权投资提取减值准备

C. 鉴于本期经营状况不佳，将固定资产折旧方法由双倍余额递减法改为直线法

D. 由于增加投资，长期股权投资核算由成本法改为权益法

3. 企业发生的下列支出中，应计入当期损益的是（　　）。

A. 购买原材料的支出

B. 购建固定资产的支出

C. 专设销售机构人员工资支出

D. 固定资产达到预定可使用状态之前发生的利息支出

4. 为财务会计工作确定了时间范围的基本前提是（　　）。

A. 会计主体　　B. 持续经营

C. 会计期间　　D. 货币计量

5. 下列各项中，不属于会计信息质量要求的是（　　）。

A. 客观性　　B. 可比性

C. 历史成本　　D. 明晰性

6. 在利润表中，对营业项目要求详细列示其营业收入、成本费用，对营业外项目只要求列示营业外收入净额或营业外支出净额，这一做法所体现的会计信息质量要求主要是（　　）。

A. 客观性　　B. 明晰性

C. 配比　　D. 重要性

7. 下列资产中，不属于流动资产的是（　　）。

A. 存货　　B. 固定资产

C. 应收账款　　D. 货币资金

8. 下列说法中不正确的是（　　）。

A. 在会计实务中，根据谨慎性原则，流动负债通常按它们的到期值进行计价

B. 企业所有者权益只是在整体和抽象的意义上，与企业资产保持数量关系，它与企业具体的资产项目之间不存在对应关系

C. 收入确认的一般标准是，如果资产的增加或负债的减少关系到未来经济利益的增加，并且能够可靠地用货币加以计量，就应当确认收入

D. 费用确认的一般标准是，如果资产的减少或负债的增加关系到未来经济利益的减少，并且能够可靠地用货币加以计量，就应当确认费用

9. 下列关于会计信息质量要求的说法不正确的是（　　）。

A. 明晰性要求企业提供的会计信息应当清晰明了，便于财务会计报告使用者理解和使用

B. 可比性要求企业采用的会计政策在前后各期保持一致，不得随意改变

C. 及时性包括及时记录和及时报告两方面，及时记录是及时报告的前提，而及时报告也是会计信息时效性的重要保证

D. 谨慎性是指在有不确定因素的情况下进行预计时，应保持一定程度的谨慎，以便不高估资产或收入，但可以高估负债或费用

10. 下列有关会计主体与法律主体之间关系的说法正确的是（　　）。

A. 会计主体不一定是法律主体，而法律主体必然是会计主体

B. 法律主体不一定是会计主体，而会计主体必然是法律主体

C. 法律主体不一定是会计主体，会计主体也不一定是法律主体

D. 会计主体一定是法律主体，法律主体也一定是会计主体

四、多项选择题

第1章多项选择题
即测即评

1. 某股份有限公司对下列各项业务进行的会计处理中，符合会计准则规定的有（　　）。

A. 由于存货价值完全恢复，将原计提的存货跌价准备予以转回

B. 由于银行提高了借款利率，当期发生的财务费用过高，该公司将超出财务计划的利息暂作资本化处理

C. 由于产品销路不畅，销售收入减少，固定费用相对过高，该公司将固定资产折旧方法由原来的年数总和法改为直线法

D. 由于客户财务状况改善，该公司将坏账准备的计提比率由原来的5%降为1%

E. 为了获得增发股票的资格，提前确认收入

2. 下列有关资产的说法正确的有（　　）。

A. 企业的资产仅限于资源，非资源不是企业的资产

B. 一项资源是否属于企业的资产，关键要看其所有权是否属于该企业

C. 作为资产的资源必须具有为特定企业带来未来经济利益的服务潜力

D. 作为资产的资源必须能够用货币进行可靠计量

E. 企业是否拥有一项资源的所有权，不是确认资产的绝对标准

3. 下列各项中，属于会计信息质量要求的有（　　）。

A. 相关性　　B. 及时性

C. 重要性　　D. 明晰性

E. 可比性

4. 下列各项中，体现谨慎性要求的有（　　）。

A. 无形资产摊销

B. 成本与可变现净值孰低法

C. 固定资产采用历史成本计价

D. 债务重组中债权人对或有收益的会计处理

E. 对在建工程计提减值准备

5. 下列组织可以作为一个会计主体进行会计核算的有（　　）。

A. 企业生产车间　　B. 销售部门

C. 分公司　　D. 政府部门

E. 集团公司

6. 会计信息应满足有关各方了解企业财务状况和经营成果的需要，有关各方主要包括（　　）。

A. 企业所有者　　B. 政府部门

C. 企业债权人　　D. 职工与工会

E. 企业的顾客

7. 下列业务中，可能导致资产和所有者权益同时变动的有（　　）。

A. 盈余公积转增资本

B. 以账面价值低于债务账面价值的固定资产偿还债务

C. 在以权益法核算长期股权投资的情况下，被投资单位实现净利润

D. 用现金支付股利

E. 接受现金捐赠

8. 下列关于负债的说法正确的有（　　）。

A. 负债是现时存在的、由过去的经济业务所产生的经济责任

B. 负债是能够用货币确切计量或合理估计的经济责任

C. 负债有确切的受款人和偿付日期，或者受款人和偿付日期可以合理地估计确定

D. 负债需要在将来通过转移资产或提供劳务予以清偿

E. 负债是企业将来要清偿的义务

9. 下列支出中，属于广义费用的有（　　）。

A. 所得税费用　　B. 罚款

C. 原材料采购人员的差旅费支出　　D. 固定资产减值损失

E. 固定资产出售损失

10. 下列关于会计目的的说法正确的有（　　）。

A. 会计目的是指在一定历史条件下，人们通过会计实践活动所期望达到的结果

B. 会计目的受客观条件的影响与制约，在不同的时空范围内，会计目的往往也不一样

C. 经济环境影响会计信息的需求、会计程序与方法，以及企业提供会计信息的意愿

D. 按照我国发布的企业会计准则，在目前的经济环境下，企业财务会计报告的目标是向财务会计报告使用者提供与企业财务状况、经营成果等有关的会计信息，反映管理层受托责任履行的情况

E. 经济环境会影响会计目的

五、简答题

1. 什么是企业财务会计？与管理会计相比，财务会计的主要特点是什么？

2. 简述财务会计的基本前提。

3. 什么是财务会计的基本要素？它包括哪些具体内容？这些要素之间有何联系？

4. 简述会计信息质量要求的基本内容。

5. 在具体的会计确认、计量和报告中，会计信息质量要求是如何体现的？

练习题答案

一、名词解释

1. 资产是企业过去的交易或者事项形成的、由企业拥有或者控制的、预期会给企业带来经济利益的资源。

2. 相关性是指会计信息要与信息使用者的经济决策相关联，即人们可以利用会计信息作出有关的经济决策。

3. 权责发生制是以收入和费用是否已经发生为标准，按照归属期来确定本期的收入和费用。按照权责发生制的要求，凡符合收入确认标准的本期收入，不论其款项是否收到，均应作为本期收入处理；凡符合费用确认标准的本期费用，不论其款项是否付出，均应作为本期费用处理。反之，凡不符合收入确认标准的款项，即使在本期收到，也不能作为本期收入处理；凡不符合费用确认标准的款项，即使在本期付出，也不能作为本期费用处理。

4. 持续经营是指作为会计主体的企业，其经营活动将按照既定的目标持续下去，在可以预见的将来不会面临破产、进行清算。持续经营是企业选择会计处理方法和程序的基本前提，也是企业会计处理方法与程序保持稳定的条件。

5. 负债是企业过去的交易或者事项形成的、预期会导致经济利益流出企业的现时义务。

6. 所有者权益是企业所有者在企业资产中享有的经济利益，其金额为资产减去负债后的余额。

7. 实质重于形式要求企业应当按照交易或者事项的经济实质进行会计确认、计量和报告，而不应仅以交易或者事项的法律形式为依据。

二、判断题

1. √　　2. √　　3. ×　　4. √　　5. √

6. √	7. √	8. ×	9. √	10. √

三、单项选择题

1. A	2. C	3. C	4. C	5. C
6. D	7. B	8. A	9. D	10. A

四、多项选择题

1. AD	2. ACDE	3. ABCDE	4. BDE	5. ABCDE
6. ABCDE	7. BCE	8. ABCDE	9. ABCDE	10. ABCDE

五、简答题

1. 现代企业会计可以分为财务会计与管理会计两个分支。财务会计是运用填制与审核凭证、登记账簿、计算成本和编制报表等专门方法，着重对企业已经发生的交易和其他经济事项进行反映和控制的一种管理活动。

与管理会计相比，财务会计的主要特点是：

(1) 从直接服务的对象来看，财务会计除了直接服务于企业内部管理之外，还要以财务报告的形式为企业外部有关方面提供会计信息。

(2) 从提供信息的时态来看，财务会计主要是提供有关企业过去和现在的经营活动及其成果的会计信息。

(3) 从提供信息的跨度来看，财务会计主要是定期反映企业作为一个整体的财务状况、经营成果以及现金流量的情况。

(4) 从工作程序的约束依据来看，财务会计要受外在统一的会计规范（如会计准则）的约束。

(5) 从会计程序与方法来看，财务会计有一套比较科学的、统一的、定型的会计处理程序与方法，如填制凭证、登记账簿、编制报表等。

2. 财务会计的基本前提是指组织与开展财务会计工作必须具备的前提条件，必须首先明确和解决的基本问题。财务会计的基本前提有会计主体、持续经营、会计期间、货币计量和权责发生制。具体说明如下：

第一，明确认定会计主体。会计主体又称会计实体，是指会计工作为其服务的特定单位。会计主体前提为会计核算工作确定了空间范围。只有明确了记的是谁的账、报的是谁的表，财务会计工作才有意义。否则，只能是糊涂记账，胡乱编表。通常将这一基本前提简称为会计主体。

第二，准确判断主体状态。也就是要判断会计主体是处于持续经营状态还是破产清算状态。对于两种不同状态的会计主体，要分别采用不同的会计基础。持续经营是指作为会计主体的企业，其生产经营活动将按照既定的目标持续下去，在可以预见的将来不会面临破产与清算。由于企业会计准则只规范持续经营企业的会计确认、计量和报告问题，因而通常将这一基本前提简称为持续经营。

第三，清楚划分会计期间。会计期间就是将一个企业的全部经营期间人为地划分为相等的时间段落。会计分期的目的在于通过会计期间的划分，据以结算账目，编制财务会计报告，从而及时向有关方面提供有用的会计信息。由于有了会计分期，才有了本期与非本期之分，才产生了权责发生制和收付实现制。会计分期通常为一年，称为会计年度。它可以是日历年，也可以是营业年。开展财务会计工作，必须清楚相关的会计确认、计量是服务于多长期间的财务报告，例如，要编制的是年报还是季报。通常将这一基本前提简称为会计分期或会计期间。

第四，恰当选择计量尺度。财务会计以货币为主要计量尺度。要记账，必须确定记账本位币；要编表，必须确定报告本位币。不但要确定依据何种货币记账，按何种货币编制报表，还需要判断该种货币本身的价值是否基本稳定。在基本稳定的情况下，可以按本位币的名义单位记账和编表；如果币值发生较大的变动，例如，在恶性通货膨胀的环境下，就需要采用专门的方法进行处理。通常将恰当选择计量尺度这一基本前提简称为货币计量。

第五，正确运用记账基础。虽然企业会计有权责发生制和收付实现制两种可能的记账基础，但由于现代企业会计是以权责发生制为基础的，因而可以将正确运用记账基础这一基本前提简称为权责发生制。

财务会计的基本前提是从会计实践中抽象出来的，其最终目的是保证会计信息的有用性。

3. 财务会计的基本要素，简称会计要素，是对财务会计所要反映的经济活动内容的基本分类项目。从财务报表的角度来看，财务会计的基本要素也可以称为财务报表要素。基于我国企业会计准则的规定，财务会计的基本要素包括资产、负债、所有者权益、收入、费用、利润以及综合收益。

各会计要素之间存在一定的数量关系，可以用会计等式来揭示各会计要素之间的联系。在会计期间开始和结束的时点，企业的资产、负债、所有者权益之间存在下列数量关系：资产＝负债＋所有者权益；从特定的会计期间来看：收入－费用＋营业外收入－营业外支出－所得税费用＝利润。

我国企业会计准则中，对收入和费用概念采用的是狭义的口径，强调日常活动中所发生的。如果采用广义的收入与费用概念，则有：广义收入－广义费用＝利润。

4. 会计信息质量要求具体包括以下内容：

（1）客观性。会计核算应当以实际发生的交易或事项为依据，如实反映企业的财务状况、经营成果和现金流量。

（2）相关性。企业提供的会计信息应当能够反映企业的财务状况、经营成果和现金流量，以满足会计信息使用者的需要。

（3）实质重于形式。企业应当按照交易或事项的经济实质进行会计核算，而不应当仅仅按照它们的法律形式作为会计核算的依据。

（4）可比性。企业的会计核算应当按照规定的会计处理方法进行，会计指标应当口径一致、相互可比。

（5）及时性。企业的会计核算应当及时进行，不得提前或延后。

（6）明晰性。企业的会计核算和编制的财务会计报告应当清晰明了，便于理解和利用。

（7）重要性。企业的会计核算应当遵循重要性原则的要求，在会计核算过程中对交易或事项应当区别其重要程度，采用不同的核算方式。对资产、负债、利润等有较大影响，进而影响财务会计报告使用者据以做出合理判断的重要会计事项，必须按照规定的会计方法和程序进行处理，并在财务会计报告中予以充分、准确的披露；对于次要的会计事项，在不影响会计信息真实性和不至于误导财务会计报告使用者做出正确判断的前提下，可适当简化处理。

（8）谨慎性。企业在进行会计核算时，应当遵循谨慎性原则的要求，不得多计资产或收益、少计负债或费用。

5. 会计信息的质量要求有客观性、相关性、明晰性、可比性、实质重于形式、重要性、谨慎性和及时性。这些质量要求需要在具体的会计确认、计量、记录和报告中体现。

会计确认是指对企业经济活动及其所产生的经济数据进行分析、识别与判断，以明确它们是否对会计要素产生影响以及影响什么会计要素。会计确认主要解决三个问题：一是确定某一经济业务是否需要确认；二是确定该业务应在何时进行确认；三是确定该业务应确认为哪个会计要素。企业必须根据审核无误的原始凭证，以实际发生的交易或者事项为依据进行会计确认，保证会计信息真实可靠、内容完整，这就体现了客观性的要求。而一项经济业务是否需要确认还要求企业会计人员考虑该经济活动的信息是否与报表使用者的决策相关，是否对报表使用者决策有重大影响，其经济实质是什么，这就体现了相关性、重要性、实质重于形式的信息质量要求。即便是需要确认的会计信息，也必须在一定时间内及时确认，这也体现了及时性的要求。

在明确了企业经济活动所影响的会计要素之后，要进一步确定其影响的程度，即对有关会计要素的数量增减变化产生多大的影响。这一过程即为会计计量。在会计计量的过程中，企业应当保持应有的谨慎，不应高估资产或者收益、低估负债或者费用，这一点体现了谨慎性的要求。

企业财务会计要将企业经济活动对有关会计要素的影响性质和数量正确地记录下来，这一过程即为会计记录。会计记录应当准确、清晰，填制会计凭证、登记会计账簿必须做到依据合法、账户对应关系清楚、文字摘要完整；在编制会计报表时，项目勾稽关系清楚、项目完整、数字准确。以上要求体现了明晰性的信息质量要求。

财务报告是企业财务会计的最终成果。同一企业对于不同时期发生的相同或者相似的交易或者事项，应当采用一致的会计政策，不得随意变更；不同企业发生相同或者相似的交易或者事项，应当采用规定的会计政策，确保会计信息口径一致、相互可比，即对于相同或者相似的交易或者事项，不同企业应当采用一致的会计政策，以使不同企业按照一致的确认、计量和报告基础提供有关会计信息。以上要求体现了可比性的信息质量要求。

在以上四个过程中，企业应当遵循会计信息质量要求，保证会计信息的质量。

第2章 货币资金

学习指导

就会计专业本科生而言，货币资金会计核算是相对比较容易的部分。在掌握了初级会计基本原理和方法的基础上，中级阶段安排货币资金内容，其主要目的并不在于货币资金如何核算，而是通过货币资金核算程序和核算方法的说明，重点阐述货币资金包括的具体内容及各项货币资金如何管理，并引入内部控制概念。

本章涉及货币资金核算与内部控制、货币资金报表项目与各种货币资金账户设置等内容。对本部分内容的学习需要在理解的基础上对相关内容进行拓展性思考，比如，货币资金内部控制的基本原理如何体现在存货、投资等内部控制领域，并适当参阅《企业内部控制指引》等相关规范。同时本章内容也是高级会计学中关于外币折算问题的基础，需要扩展思维，假设货币资金收付的是外币该如何进行处理等，为高级会计学内容的理解和掌握奠定基础。

本章的学习目标在于熟悉货币资金会计核算业务及相关的管理内容和方法，始终站在为管理提供信息支持角度进行会计业务的学习。本章应重点掌握各种结算方式的基本程序，对此内容应结合《中华人民共和国票据法》《支付结算办法》等法规制度进行学习。对于其他货币资金，需要结合存货、金融资产等内容加以掌握。

本章难点：货币资金内部控制的主要内容，现金和银行存款在清查盘点方法上的特点及相应的会计处理，不同结算方式的基本流程，以及其他货币资金与存货及金融资产的结合应用。

练习题

一、名词解释

1. 货币资金
2. 内部控制制度
3. 未达账项
4. 银行汇票
5. 商业汇票
6. 银行本票
7. 支票

二、判断题

第 2 章判断题 即测即评

1. 货币资金是指可以立即投入流通，用以购买商品或劳务，或用以偿还债务的交换媒介。（　）

2. 企业在任何情况下，都不得从本单位的现金收入中坐支现金。（　）

3. 库存现金清查包括两部分内容：一是出纳人员每日营业终了进行账款核对；二是清查小组进行定期或不定期的盘点和核对。（　）

4. 对库存现金进行账实核对，如发现账实不符，应立即查明原因，及时更正。为了简化处理，可以用今日长款弥补他日短款。（　）

5. 在我国，企业发生货币资金收付业务可以采用银行汇票、商业汇票、银行本票、支票、信用卡、汇兑、委托收款、托收承付和国内信用证等结算方式。（　）

6. 为了总括反映企业货币资金的基本情况，资产负债表上一般只列示货币资金项目，不再按货币资金的组成项目单独列示或披露。（　）

7. 一个企业只能选择一家银行的一个营业机构开立一个基本存款户，不得在多家银行机构开立基本存款户，但可以在同一个银行的几个分支机构开立多个一般存款户。（　）

8. 银行本票可以用于转账也可以用于支取现金。（　）

9. 支票上印有“现金”字样的为现金支票，现金支票只能用于支取现金。支票上印有“转账”字样的为转账支票，转账支票只能用于转账。支票上未印有“现金”或“转账”字样的为普通支票，既可以用于支取现金，也可以用于转账。（　）

10. 办理托收承付的款项，必须是商品交易以及因商品交易而产生的劳务供应的款项。代销、寄销、赊销商品的款项，也可以办理托收承付结算。（　）

11. 企业与银行核对银行存款账目时，对发现的未达账项，应当编制银行存款余额调节表进行调节，并进行相应的账务处理。（　）

12. 银行对临时采购账户一般实行半封闭式管理，即只付不收，付完清户，不得支取现金，所有支出一律转账。（　）

三、单项选择题

1. 库存现金清查中发现现金短缺，属于无法查明的其他原因，根据管理权限，经批准后处理，应编制的会计分录为（　　）。

A. 借：其他应收款——应收现金短缺款
　　贷：待处理财产损溢——待处理流动资产损溢

B. 借：待处理财产损溢——待处理流动资产损溢
　　贷：其他应收款——应收现金短缺款

C. 借：库存现金
　　贷：待处理财产损溢——待处理流动资产损溢

D. 借：管理费用——现金短缺
　　贷：待处理财产损溢——待处理流动资产损溢

第 2 章单项选择题
即测即评

2. 对于银行已经入账而企业尚未入账的未达账项，企业应当（　　）。

A. 根据银行对账单记录的金额入账

B. 在编制银行存款余额调节表的同时入账

C. 等有关单据到达时再进行账务处理

D. 根据银行对账单和银行存款余额调节表自制原始凭证入账

3. 企业因到外地临时采购而将款项汇往在采购地银行开立的采购专户时，应当借记（　　）科目。

A. “材料采购”　　B. “在途物资”

C. “预付账款”　　D. “其他货币资金”

四、多项选择题

1. 企业的货币资金内部控制制度一般包括的主要内容有（　　）。

A. 货币资金收支业务的全部过程分工完成，各负其责

B. 货币资金收支业务的会计处理过程制度化

C. 货币资金收支业务与会计记账分开处理

D. 货币资金收入与货币资金支出分开处理

E. 内部稽查人员对货币资金实施制度化的检查

第 2 章多项选择题
即测即评

2. 在编制银行存款余额调节表时，若企业和银行记账均无误，将对账单余额进行下列（　　）处理后，应与银行存款日记账余额相等。

A. 加企业已收银行未收款项　　B. 减企业已付银行未付款项

C. 加银行已收企业未收款项　　D. 减银行已收企业未收款项

E. 加银行已付企业未付款项

3. 下列各项中，使得企业银行存款日记账余额会小于银行对账单余额的有（　　）。

A. 企业开出支票，对方未到银行兑现

B. 银行误将其他公司的存款记入本企业银行存款账户

C. 银行代扣水电费，企业尚未接到通知

D. 银行收到委托收款结算方式下的结算款项，企业尚未收到通知

E. 企业已经收款入账，银行尚未收款入账

4. 下列各项中，通过“其他货币资金”科目核算的有（　　）。

A. 外埠存款　　B. 备用金

C. 银行本票存款　　D. 银行汇票存款

E. 银行支票存款

五、简答题

1. 库存现金日常收支管理的内容主要有哪些？

2. 简述企业货币资金内部控制制度的特征及主要内容。

3. 简述企业可以用库存现金支付的范围。

练习题答案

一、名词解释

1. 货币资金是指企业可以立即投入流通，用以购买商品或劳务，或用以偿还债务的交换媒介。从其内容上看，货币资金包括库存现金、银行存款和其他货币资金。

2. 内部控制制度是企业重要的内部管理制度，是指处理各种业务活动时，依照分工负责的原则在有关人员之间建立的相互联系、相互制约的管理体系。

3. 未达账项是指银行和企业对同一笔款项收付业务，因记账时间不同而发生的一方已经入账，另一方尚未入账的款项。

4. 银行汇票是出票银行签发的，由其在见票时按照实际结算金额无条件支付给收款人或者持票人的票据。银行汇票的出票银行为银行汇票的付款人。

5. 商业汇票是出票人签发的，委托付款人在指定日期无条件支付确定的金额给收款人或者持票人的票据。商业汇票分为商业承兑汇票和银行承兑汇票。

6. 银行本票是银行签发的，承诺自己在见票时无条件支付确定金额给收款人或者持票人的票据。

7. 支票是出票人签发的，委托办理支票存款业务的银行在见票时无条件支付确定金额给收款人或持票人的票据。

二、判断题

1. √	2. ×	3. √	4. ×	5. √
6. √	7. ×	8. ×	9. √	10. ×
11. ×	12. ×			

三、单项选择题

1. D　　2. C　　3. D

四、多项选择题

1. ABCDE　　2. ABDE　　3. ABD　　4. ACD

五、简答题

1. 库存现金日常收支管理的内容主要有：

(1) 现金收入应于当日送存银行，如果当日送存银行确有困难，由银行确定送存时间。

(2) 企业可以在现金使用范围内支付现金或从银行提取现金，但不得从本单位的现金收入中直接支付（坐支）。因特殊情况需要坐支现金的，应当事先报经开户银行审查批准，由开户银行核定坐支范围和限额。企业应定期向开户银行报送坐支金额和使用情况。

(3) 企业从银行提取现金时，应当在取款凭证上写明具体用途，并由财会部门负责人签字盖章，交开户银行审核后方可支取。

(4) 因采购地点不固定、交通不便、生产或者市场急需、抢险救灾以及其他情况必须使用现金的，企业应当提出申请，经开户银行审核批准后，方可支付现金。

2. 企业货币资金内部控制制度的主要特征及主要内容如下：

(1) 货币资金内部控制制度的主要特征：要求货币资金收支与记录的岗位分离，收支凭证经过有效复核或核准，收支及时入账且收支分开处理，建立严密的清查和核对制度，做到账实相符，制定严格的现金管理及检查制度等。

(2) 企业货币资金内部控制制度的主要内容有：

1) 货币资金收支业务的全过程分工完成、各负其责；

2) 货币资金收支业务的会计处理程序制度化；

3) 货币资金收支业务与会计记账分开处理；

4) 货币资金收入与货币资金支出分开处理；

5) 内部稽核人员对货币资金实施制度化的检查。

3. 企业可以使用库存现金支付的范围主要包括：

(1) 职工工资、津贴；

(2) 个人劳动报酬；

(3) 根据国家规定颁发给个人的科学技术、文化艺术、体育等各种奖金；

(4) 各种劳保、福利费用以及国家规定的对个人的其他支出等；

(5) 向个人收购农副产品和其他物资的价款；

(6) 出差人员必须随身携带的差旅费；

(7) 结算起点（现行规定为1 000元）以下的零星支出；

(8) 中国人民银行确定需要支付现金的其他支出。

凡是不属于现金结算范围的，应通过银行进行转账结算。

教材练习题解析

1.（1）发现短款时。

借：待处理财产损溢——待处理流动资产损溢 100

贷：库存现金 100

（2）查明是出纳人员失责，由其赔偿时。

借：其他应收款——出纳员×× 100

贷：待处理财产损溢——待处理流动资产损溢 100

2.（1）企业在外埠开立临时账户，委托银行将 60 000 元汇往采购地。

借：其他货币资金——外埠存款 60 000

贷：银行存款 60 000

（2）采购员以外埠存款购买材料，价款 40 000 元，增值税 5 200 元，材料已验收入库。

借：原材料 40 000

应交税费——应交增值税（进项税额） 5 200

贷：其他货币资金——外埠存款 45 200

（3）采购结束，余款 14 800 元收妥入账。

借：银行存款 14 800

贷：其他货币资金——外埠存款 14 800

3. 编制银行存款余额调节表，如表 2－1 所示。

表 2－1 银行存款余额调节表

2021 年 1 月 31 日 单位：元

项目	金额	项目	金额
银行存款日记账余额	295 200	银行对账单余额	297 500
加：银行已收企业未收账		加：企业已收银行未收账	
收兴业银行款	40 000	减：企业已付银行未付账	
减：银行已付企业未付账		1. 支付广告费（0923）	1 600
支付建设银行款（0922）	40 000	2. 支付办公费（0924）	700
调节后余额	295 200	调节后余额	295 200

银行存款余额调节表结果显示调节后的余额相等，可以基本判断银行存款记录无误。但从未达账项内容看，企业以 0922 号支票支付到建行的款项 40 000 元是 1 月 20 日通过银行划出的，即支票已经实际兑付完成，然而企业直到月末仍未记录。该笔款项应予追查。

第3章　存　货

学习指导

本章专门针对流动资产中存货的一般性会计业务进行阐述。存货包括的内容很多，本章仅就主要原材料的一般业务的会计处理进行说明。学习本章内容时，应在掌握存货基本会计业务的基础上，就存货内部控制、存货计价、存货收发主要业务的会计处理方法、存货减值等问题进行全方位理解。

本章的学习目标在于掌握存货构成内容及其在会计报表上的列示方法、账户设置方法及各项业务的会计处理。本章应重点掌握存货范围及存货入账价值（尤其是原材料入账价值）的确定方法；原材料按实际成本核算的具体方法及其与按计划成本核算的主要差异等。同时，在掌握日常收发业务的会计处理的基础上，还应掌握存货可变现净值的确定方法及存货跌价准备的会计处理方法。在学习过程中，应将存货的会计核算与管理置于企业整个经营过程及所处经济环境中进行综合思考，比如，信息技术条件下，是否有必要按计划价格计价；如果按计划价格计价如何实现存货成本控制；存货减值对企业财务状况和财务成果的具体影响有哪些；结合资产负债表深入思考各项资产减值的处理是否应该与存货减值的会计处理原则相同；资产发生减值后进行资产的处置或出售，已经计提的减值如何进行处理；等等。应尽可能阅读和理解存货会计准则所规范的具体内容和方法，归纳并提炼其处理的基本道理。

本章难点：原材料按计划成本核算的程序和方法，存货减值迹象的判断、减值金额的测定及与存货减值相关的业务处理原则和方法。

练习题

一、名词解释

1. 存货
2. 存货采购成本
3. 委托加工原材料
4. 周转材料
5. 产成品
6. 在产品
7. 成本与可变现净值孰低法
8. 可变现净值

二、判断题

第3章判断题 即测即评

1. 盘盈的存货按规定手续报经批准后可冲减营业外支出。（　　）

2. 企业购进材料发生的短缺在减去过失人或者保险公司等赔款和残料价值之后，计入当期管理费用。（　　）

3. 购入材料在运输途中发生的合理损耗不需要单独进行账务处理。（　　）

4. 增值税一般纳税人企业购进原材料时，可以按支付的外地运费的一定比例计算增值税进项税额，该进项税额应计入购进材料的采购成本中。（　　）

5. 企业发出各种材料应负担的成本差异，可按当月的成本差异率计算，也可按上月月末的成本差异率计算。（　　）

6. 无论企业对存货采用实际成本核算还是采用计划成本核算，在编制资产负债表时，存货项目反映的都是存货的实际成本。（　　）

7. 企业采用计划成本进行材料日常核算时，月末分摊发出材料成本差异时，超支差额的转出以蓝字记入“材料成本差异”科目的贷方，节约差额的转出以红字记入“材料成本差异”科目的贷方。（　　）

8. 存货毁损中属于非正常损失部分的，应按该存货的实际成本计入营业外支出。（　　）

9. 存货的成本与可变现净值孰低法，从存货的整个周转过程来看，只起着调节不同会计期间利润的作用，并不会使利润总额减少。（　　）

10. 采用成本与可变现净值孰低法对存货计价，符合谨慎性原则。（　　）

11. 计提跌价准备的存货价值得以恢复的，应当冲减存货跌价准备，调整至该存货的可变现净值。（　　）

12. 存货跌价准备应当按照单个存货项目计提，在一定情况下，也可以合并计提。（　　）

13. 为执行销售合同或者劳务合同而持有的存货，应以产成品或商品的合同价格作为其可变现净值的计量基础。（　　）

三、单项选择题

第3章单项选择题即测即评

1. 企业对某项存货是否加以确认，应以企业对该项存货是否（　　）为依据。

A. 实际收到　　B. 支付货款

C. 拥有法定所有权　　D. 交付定金或签订合同

2. 企业购入存货时，在允许折扣的期限内取得的现金折扣应（　　）。

A. 作为营业外收入　　B. 作为其他收入

C. 冲减存货账面成本　　D. 冲减当期财务费用

3. 某企业赊购某商品，商品报价为10 000元（含增值税），商业折扣为20%，现金折扣为2%，企业在折扣期间付款时，应（　　）。

A. 借记“应付账款”科目10 000元

B. 贷记“银行存款”科目10 000元

C. 借记“应付账款”科目7 840元

D. 贷记“银行存款”科目7 840元

4. 某增值税一般纳税人企业本期购入一批商品，进货价格为100万元，增值税进项税额为13万元。所购商品到达后验收发现商品短缺30%，其中合理损失5%，另25%的短缺尚待查明原因。该商品应计入存货的实际成本为（　　）万元。

A. 87.75　　B. 70　　C. 100　　D. 75

5. 某工业企业为增值税一般纳税人，购入甲原材料1 000吨，收到的增值税专用发票上注明的售价为每吨1 600元，增值税额为208 000元。另发生运输费用6 082.2元（其中含有9%的准予抵扣的增值税），装卸费用（不含税）2 000元，途中保险费用（不含税）18 000元。原材料运抵企业后，验收入库为997吨，运输途中发生合理损耗3吨。该原材料的入账价值为（　　）元。

A. 1 624 000　　B. 1 625 580　　C. 1 621 200　　D. 1 626 000

6. 某工业企业为增值税小规模纳税人，原材料采用计划成本核算，A材料计划成本每吨为20元。本期购进A材料6 000吨，收到的增值税专用发票上注明的价款总额为102 000元，增值税额为13 260元。另发生运杂费用4 400元，途中保险费用419元。原材料运抵企业后验收入库原材料5 995吨，运输途中合理损耗5吨。购进A材料发生的成本差异（超支）为（　　）元。

A. 99　　B. 179　　C. 16 141　　D. 16 241

7. 企业因管理不善造成丢失而盘亏一批材料18 000元。该批材料的进项税额为2 340元，收到赔款1 500元，残料入库200元。报经批准后，应计入营业外支出的金额为（　　）元。

A. 18 640　　B. 16 300　　C. 20 340　　D. 18 840

8. A 企业将甲材料委托给 B 企业加工，甲材料的实际成本为 10 000 元，支付的运费为 912.33 元（其中含 9%的准予抵扣的增值税），支付给 B 企业加工费用 1 130 元（含准予扣除的增值税进项税额 130 元）。加工完成后材料收回作为原材料核算，则原材料入库的实际成本为（　　）元。

A. 12 042.33　　B. 10 912.33　　C. 11 837　　D. 11 000

9. 某工业企业月初库存原材料计划成本为 185 000 元，“材料成本差异”科目贷方余额为 10 000 元，本月 12 日购入原材料的实际成本为 420 000 元，计划成本为 415 000 元。本月发出材料计划成本为 300 000 元。本月月末库存材料的实际成本为（　　）元。

A. 300 000　　B. 297 500　　C. 302 500　　D. 295 000

10. 工业企业对于从一个车间直接转给另一个车间继续加工的自制半成品成本，应在（　　）科目中核算。

A. “原材料”　　B. “自制半成品”

C. “产成品”　　D. “生产成本”

11. 某增值税一般纳税人企业因管理不善造成库存原材料霉烂变质，该批原材料实际成本为 15 000 元，收回残料价值 800 元，保险公司赔偿 10 750 元，该企业购入材料的增值税税率为 13%。该批毁损原材料造成的非常损失净额是（　　）元。

A. 3 450　　B. 5 400　　C. 16 950　　D. 16 150

12. 某企业 20×1 年 12 月 31 日存货的账面余额为 30 000 元，预计可变现净值为 29 000 元。20×2 年未发生导致存货跌价准备变动的业务，20×2 年 12 月 31 日存货的账面余额仍为 30 000 元，预计可变现净值为 31 000 元。20×2 年年末应冲减的存货跌价准备为（　　）元。

A. 2 000　　B. 1 000　　C. 9 000　　D. 3 000

13. 编制资产负债表时，“存货跌价准备”科目的贷方余额应（　　）。

A. 在存货项下单独列示　　B. 计入存货

C. 列于流动负债类　　D. 记入“管理费用”科目

14. 20×1 年 6 月 26 日，A 公司和 B 公司签订了一份销售合同，约定在 20×2年 2 月 20 日由 A 公司按每台 210 000 元的价格向 B 公司提供甲设备 12 台。20×1 年 12 月 31 日，A 公司甲设备的账面价值（成本）为 1 800 000 元，数量为 10 台，单位成本为 180 000 元。20×1 年 12 月 31 日甲设备的市场销售价格为每台 200 000 元，则 A 公司甲设备可变现净值为（　　）元。

A. 1 800 000　　B. 2 000 000　　C. 2 100 000　　D. 2 520 000

四、多项选择题

第3章多项选择题
即测即评

1. 企业期末编制资产负债表时，下列各项应包括在“存货”项目中的有（　　）。

A. 委托代销商品

B. 库存待消耗的存货

C. 已销售但购货方未提货的商品

D. 约定未来购入的存货

E. 运输途中已收到结算凭证但尚未入库的存货

2. 下列项目中，应计入存货采购成本的有（　　）。

A. 购货价格

B. 企业收购未税矿产品代扣代缴的资源税

C. 小规模纳税人购入存货支付的增值税进项税额

D. 进口关税

E. 一般纳税人购入存货支付的增值税进项税额

3. 下列各种物资中，应当作为企业存货核算的有（　　）。

A. 委托加工材料　　B. 分期收款发出商品

C. 工程物资　　D. 在产品

E. 低值易耗品

4. 企业的存货包括（　　）。

A. 发出存货　　B. 库存存货

C. 在途存货　　D. 加工中存货

E. 委托代销存货

5. 一般纳税人采购农产品，确定购货入账价格的方法有（　　）。

A. 取得一般纳税人开具的增值税专用发票或海关进口增值税专用缴款书的，以增值税专用发票或海关进口增值税专用缴款书上注明的价格作为购货入账价格

B. 从按简易计税方法依照3%征收率计算缴纳增值税的小规模纳税人处取得增值税专用发票的，以增值税专用发票上注明的金额作为购货入账价格

C. 购进用于生产销售或委托受托加工13%税率货物的农产品，以农产品买价扣除13%后的差额作为购货入账价格

D. 购进的农产品既用于生产销售或委托加工13%税率货物，又用于生产销售其他货物服务，但未能分开核算的，则以增值税专用发票或海关进口增值税专用缴款书上注明的价格，或以农产品收购发票或销售发票上注明的农产品买价扣除9%后的价格，作为购货入账价格

E. 购进的农产品及以农产品为原料加工制成的产品统一按购买价款总额

（含增值税）扣除 10%后的价格，作为购货入账价格

6. 下列项目中，应计入材料采购成本的是（　　）。

A. 运输途中的合理损耗　　B. 存货储备保管费用

C. 购入存货运输途中的保险费用　　D. 采购人员的工资费用

E. 入库前的挑选整理费用

7. “材料成本差异”科目贷方可以用来登记（　　）。

A. 购进材料实际成本大于计划成本的差额

B. 发出材料应负担的节约差异（红字记录）

C. 发出材料应负担的超支差异（蓝字记录）

D. 购进材料实际成本小于计划成本的差额

E. 调整库存材料计划成本时，调整减少的计划成本

8. 企业进行存货清查时，对于盘亏的材料，首先记入“待处理财产损溢”科目，报经批准后，根据不同的原因可分别转入（　　）科目。

A. “销售费用”　　B. “管理费用”

C. “其他应收款”　　D. “营业外支出”

E. “原材料”

9. 计算存货可变现净值时，应从预计售价中扣除的项目有（　　）。

A. 存货的账面成本

B. 出售前发生的行政管理人员的工资

C. 销售过程中发生的销售费用

D. 一般纳税人企业销售时发生的增值税

E. 出售前进一步加工的加工费用

10. 下列各项中，应当计提存货跌价准备的有（　　）。

A. 市价持续下跌，并且在可预见的未来无回升的希望

B. 企业使用该项原材料生产的产品的成本大于产品的销售价格

C. 企业因产品更新换代，原有库存原材料已不适应新产品的需要，而该原材料的市场价格又低于其账面成本

D. 因企业所提供的商品或劳务过时或消费者偏好改变而使市场的需求发生变化，导致市场价格逐渐下跌

E. 其他足以证明该项存货实质上已经发生减值的情形

11. 企业在确定存货的可变现净值时，应当考虑的因素有（　　）。

A. 企业持有存货的目的

B. 取得的可靠证据，如产品的市场销售价格等

C. 存货的账面价值

D. 资产负债表日后事项的影响

E. 是否有合同约定

12. 下列存货中应将存货账面价值全部转入当期损益的有（　　）。

A. 过期无转让价值的存货

B. 生产中已不需要，且已无使用价值和转让价值的存货

C. 市价波动频繁的存货

D. 已霉烂变质的存货

E. 其他没有使用价值和转让价值的存货

13. 资产负债表中“存货”项目包括的内容有（　　）。

A. 委托代销商品　　B. 周转材料

C. 生产成本　　D. 产成品

E. 在途物资

14. 下列有关确定存货可变现净值基础的表述，正确的有（　　）。

A. 无销售合同的库存商品以该库存商品的估计售价为基础

B. 有销售合同的库存商品以该库存商品的合同价格为基础

C. 用于出售的无销售合同的材料以该材料的市场价格为基础

D. 用于生产有销售合同产品的材料以该材料的市场价格为基础

E. 用于生产有销售合同产品的材料以该产品的合同价格为基础

15. 计算为生产产品而持有的材料的可变现净值时，下列项目中会影响其可变现净值的因素有（　　）。

A. 产品的估计售价　　B. 材料的账面成本

C. 估计发生的销售费用　　D. 至完工估计将要发生的加工成本

E. 材料的售价

五、会计核算题

1. 某工业企业材料的日常核算按实际成本计价。该企业发生以下业务：

（1）从本地购入原材料一批，增值税专用发票注明的材料价款为 40 000 元，增值税额为 5 200 元，材料已验收入库，发票账单等结算凭证已收到，货款已通过银行支付。

（2）从外地采购原材料一批，发票账单等结算凭证已到，增值税专用发票注明的材料价款为 20 000 元，增值税额为 2 600 元，货款已支付，材料尚未到达。

（3）上述在途材料已经运达，并验收入库。

（4）从外地购入原材料一批，材料已验收入库，结算凭证未到，货款尚未支付，暂估价 25 000 元。

（5）收到上述结算凭证并支付货款 26 000 元及增值税额 3 380 元。

（6）从外地购进原材料一批，价款 35 000 元，增值税额 4 550 元，供应单位代垫运杂费 2 050 元（不存在准予抵扣的进项税额），签发一张 1 个月后到期的

商业承兑汇票41 600元，结算原材料价款和运杂费，材料尚未验收入库。

（7）根据合同规定，预付材料款50 000元。

（8）第（7）项业务购买的材料运到并验收入库，收到发票账单等结算凭证，材料价款80 000元，增值税额10 400元，补付余款40 400元。

（9）自制材料完工验收入库，实际成本50 000元。

要求：根据上述业务编制会计分录。

2. 某企业委托某加工厂加工甲材料一批，发生如下经济业务：

（1）按合同规定将甲材料拨付某加工厂进行加工，拨付加工的甲材料实际成本共计15 000元。

（2）按规定以银行存款支付全部加工费用3 390元（其中准予扣除的增值税进项税额为390元）。

（3）加工厂代扣代缴消费税（甲材料为应税消费品，消费税税率为10%），甲材料收回后用于直接销售。

（4）将加工完成的材料收回，以现金支付收回材料的运费545元（所含增值税额按9%计算扣除）。

要求：根据上述业务编制会计分录。

3. 某工业企业为增值税一般纳税人，材料按计划成本计价核算。甲材料计划单位成本为每千克20元。该企业20×2年4月份有关资料如下：

（1）“原材料”账户月初借方余额30 000元；“材料成本差异”账户月初贷方余额1 700元；“材料采购”账户月初借方余额80 000元，系上月已付款的甲材料4 040千克。

（2）4月4日，企业上月已付款的甲材料4 040千克如数收到，已验收入库。

（3）4月21日，从外地A公司购入甲材料8 000千克，增值税专用发票注明的材料价款为160 000元，增值税额为20 800元；运费1 013.7元（所含增值税额按9%计算扣除）。企业已用银行存款支付各种款项，材料尚未到达。

（4）4月26日，从A公司购入的甲材料到达，验收入库时发现短缺40千克，经查明为途中定额内自然损耗，按实收数量验收入库。

（5）4月30日，汇总本月发料凭证，本月共发出甲材料7 000千克，全部用于产品生产。

要求：根据上述业务编制相关的会计分录，并计算本月发生的增值税进项税额、本月材料成本差异率、本月发出材料应负担的成本差异及月末结存材料的实际成本。

4. 某企业有甲材料、乙产品两种存货可能存在减值，甲材料账面价值500万元，乙产品账面价值2 000万元。其中，甲材料加工制成甲产品，在现有环境下，还需发生加工成本300万元，产出甲产品公允价值为820万元，估计销售甲产品的销售费用为30万元。乙产品账面价值2 000万元，共计2 000件，其中，1 000件有销售合同，合同单价1.2万元，合同销售费用及税金预计为240万元；另1 000件无销售合同，按市场一般销售价总额为1 030万元，估计销售费用及相关税费为80万元。

要求：确认甲、乙两种存货的减值，并编制会计分录。

5. 某小规模纳税人企业20×2年12月在存货清查中发生下列经济业务：

(1) 15日，A种原材料盘盈250千克，每千克成本为16元，盘盈原因待查。

(2) 15日，B种原材料盘亏550千克，每千克成本为10元；C种原材料盘亏700千克，每千克成本为5元。

(3) 上述A材料盘盈经查系发料差错所致，31日报经批准后冲减当期管理费用。

(4) 上述B材料盘亏经查系意外灾害所致，可收回残料500元；C材料盘亏经查系经营管理不善造成，追究责任，由过失人负担30%，其余部分作为一般经营损失处理。31日报经批准后，同意按上述原因进行账务处理。

要求：根据以上经济业务编制有关会计分录。

6. 大华股份有限公司（系上市公司）为增值税一般纳税人，20×1年12月31日大华股份有限公司期末存货有关资料如表3-1所示。

表3-1 期末存货资料

存货品种	数量	单位成本（万元）	账面余额（万元）	备注
A产品	1 400件	1.5	2 100	
B产品	5 000件	0.8	4 000	
甲材料	2 000千克	0.2	400	用于生产B产品
合计			6 500	

20×1年12月31日，A产品市场销售价格为每件1.2万元，预计销售税费为每件0.1万元。B产品市场销售价格为每件1.6万元，预计销售税费为每件0.15万元。甲材料的市场销售价格为0.15万元/千克。现有甲材料可用于生产350件B产品，将甲材料加工成B产品的进一步加工成本为0.2万元/件。

20×0年12月31日A产品和B产品存货跌价准备账户余额分别为40万元和100万元，20×1年销售A产品和B产品分别结转存货跌价准备20万元和60万元。

要求：计算大华股份有限公司20×1年12月31日计提或转回的存货跌价准备，并编制有关会计分录。

六、简答题

1. 简述存货成本包括的内容。

2. 简述企业存货的范围及其确定依据。

3. 简述存货盘亏的处理。

4. 什么是存货期末计价的成本与可变现净值孰低法？如何确定存货的可变现净值？

5. 简述判断存货发生减值主要有哪些迹象。

练习题答案

一、名词解释

1. 存货是指企业在日常活动中持有以备出售的产成品或商品、处在生产过程中的在产品、在生产过程中或提供劳务过程中耗用的材料和物资等，包括企业为产品生产和商品销售而持有的原材料、在产品、产成品、库存商品、周转材料等。

2. 存货采购成本包括购货价格、相关税费，以及运输费、装卸费、保险费等其他可直接归属于存货采购成本的费用。

3. 委托加工原材料是指由企业提供原料及主要材料，通过支付加工费，由受托加工单位按合同要求加工为企业所需的原材料。

4. 周转材料是指能够多次使用但不符合固定资产条件的用品，主要包括企业周转使用的包装物、低值易耗品以及企业（建造承包商）的钢模板、木模板、脚手架等。

5. 产成品是指企业已经全部完成生产过程并验收入库，达到可出售或交货状态，可以作为商品对外销售或按合同规定的条件送交订货单位的产品。

6. 在产品是指尚未最后加工完成的产品，包括加工过程中的在制品、尚未完成全部生产过程的自制半成品等。

7. 成本与可变现净值孰低法是指当存货成本低于可变现净值时，存货按成本计量；当存货成本高于可变现净值时，存货按可变现净值计量，同时按照成本高于可变现净值的差额计提存货跌价准备，计入当期损益。

8. 可变现净值是指在日常活动中，存货的估计售价减去至完工时估计将要发生的成本、估计的销售费用以及相关税费后的金额。

二、判断题

1. ×	2. ×	3. √	4. ×	5. √
6. √	7. √	8. ×	9. √	10. √
11. ×	12. √	13. √		

三、单项选择题

1. C	2. D	3. D	4. D	5. B
6. B	7. A	8. C	9. B	10. D
11. B	12. B	13. B	14. C	

四、多项选择题

1. ABE　2. ABCD　3. ABDE　4. ABCDE　5. AD
6. ACE　7. BCD　8. BCDE　9. CE　10. ABCDE
11. ABDE　12. ABDE　13. ABCDE　14. ABCE　15. ACD

五、会计核算题

1. 该企业有关会计分录如下：

(1) 借：原材料　40 000
　　应交税费——应交增值税（进项税额）　5 200
　贷：银行存款　45 200

(2) 借：在途物资　20 000
　　应交税费——应交增值税（进项税额）　2 600
　贷：银行存款　22 600

(3) 借：原材料　20 000
　贷：在途物资　20 000

(4) 月中可不进行处理。

月末：
借：原材料　25 000
　贷：应付账款　25 000

下月初用红字冲回：
借：原材料　25 000
　贷：应付账款　25 000

(5) 借：原材料　26 000
　　应交税费——应交增值税（进项税额）　3 380
　贷：银行存款　29 380

(6) 借：在途物资　37 050
　　应交税费——应交增值税（进项税额）　4 550
　贷：应付票据　41 600

(7) 借：预付账款　50 000
　贷：银行存款　50 000

(8) 借：原材料　80 000
　　应交税费——应交增值税（进项税额）　10 400
　贷：预付账款　90 400

补付余款：
借：预付账款　40 400
　贷：银行存款　40 400

(9) 借：原材料　　50 000
　　贷：生产成本　　50 000

2. 该企业有关会计分录如下：

(1) 借：委托加工物资——×加工厂　　15 000
　　贷：原材料——甲材料　　15 000

(2) 借：委托加工物资——×加工厂　　3 000
　　　　应交税费——应交增值税（进项税额）　　390
　　贷：银行存款　　3 390

(3) 由加工厂代扣代缴的消费税 $=\frac{15\ 000+3\ 000}{1-10\%}\times 10\%=2\ 000$(元)

借：委托加工物资——×加工厂　　2 000
　　贷：银行存款　　2 000

(4) 借：委托加工物资——×加工厂　　500
　　　　应交税费——应交增值税（进项税额）　　45
　　贷：库存现金　　545

借：原材料——×材料　　20 500
　　贷：委托加工物资——×加工厂　　20 500

3. 该企业有关会计分录如下：

(1) 4 月 4 日收到材料。

借：原材料　　80 800
　　贷：材料采购　　80 000
　　　　材料成本差异　　800

(2) 4 月 21 日从外地购入材料。

$$增值税进项税额=20\ 800+\frac{1\ 013.7}{1+9\%}\times 9\%=20\ 883.7(元)$$

借：材料采购　　160 930.00
　　应交税费——应交增值税（进项税额）　　20 883.70
　　贷：银行存款　　181 813.70

(3) 4 月 26 日收到 4 月 21 日购入的材料。

借：原材料　　159 200
　　材料成本差异　　1 730
　　贷：材料采购　　160 930

(4) 4 月 30 日计算材料成本差异率和发出材料应负担的材料成本差异额。

$$材料成本差异率=\frac{-1\ 700+(80\ 000-80\ 800)+(160\ 930-159\ 200)}{30\ 000+80\ 800+159\ 200}\times 100\%$$

=−0.285%

发出材料应负担的材料成本差异=7 000×20×(−0.285%)=−399(元)

借：生产成本 140 000
  贷：原材料 140 000
借：生产成本 399
  贷：材料成本差异 399

(5) 月末结存材料的实际成本=(30 000+80 800+159 200−7 000×20)−(770−399)
=129 629(元)

4. 相关会计处理如下：

(1) 甲产品可变现净值=820−30=790(万元)
预计甲产品成本=500+300=800(万元)

因为甲产品可变现净值小于其成本，已发生减值，所以应对生产甲产品的甲材料计提存货跌价准备。

甲材料可变现净值=820−300−30=490(万元)
甲材料账面成本=500(万元)

所以甲材料需确认减值损失 10 万元（500−490）。

(2) 乙产品有合同部分可变现净值=1.2×1 000−240=960(万元)
乙产品有合同部分成本—1 000(万元)

乙产品有合同部分可变现净值小于成本，需确认减值损失 40 万元（1 000−960）。

(3) 乙产品无合同部分可变现净值=1 030−80=950(万元)
应确认减值损失=1 000−950=50(万元)

(4) 会计分录。

借：资产减值损失——存货跌价准备 1 000 000
  贷：存货跌价准备——甲材料 100 000
          ——乙产品 900 000

5. 该企业编制会计分录如下：

(1) 借：原材料——A 材料 4 000
  贷：待处理财产损溢——待处理流动资产损溢 4 000
(2) 借：待处理财产损溢——待处理流动资产损溢 9 000
  贷：原材料——B 材料 5 500
      ——C 材料 3 500

(3) 借：待处理财产损溢——待处理流动资产损溢　　4 000
　　贷：管理费用　　4 000

(4) 借：原材料　　500
　　营业外支出　　5 000
　　其他应收款　　1 050
　　管理费用　　2 450
　　贷：待处理财产损溢——待处理流动资产损溢　　9 000

6. 相关会计处理如下：

(1) A 产品。

A 产品可变现净值＝1 400×(1.2－0.1)＝1 540(万元)

由于 A 产品的可变现净值低于其成本 2 100 万元，因此 A 产品应计提跌价准备。

应计提跌价准备＝(2 100－1 540)－(40－20)＝540(万元)

(2) B 产品。

B 产品的可变现净值＝5 000×(1.6－0.15)＝7 250(万元)

由于 B 产品的可变现净值高于其成本 4 000 万元，因此本期不再计提跌价准备，同时将已有的存货跌价准备余额转回。

转回的金额＝100－60＝40(万元)

(3) 甲材料。

用甲材料加工成 B 产品的成本＝400＋350×0.2＝470(万元)
B 产品的可变现净值＝350×(1.6－0.15)＝507.5(万元)

由于用甲材料加工成 B 产品的可变现净值高于成本，因此无须对甲材料计提存货跌价准备。

会计分录为：

借：资产减值损失——A 产品　　540
　　贷：存货跌价准备——A 产品　　540
借：存货跌价准备——B 产品　　40
　　贷：资产减值损失——B 产品　　40

六、简答题

1. 存货应当以其成本入账。存货成本包括采购成本、加工成本和其他成本。存货的采购成本一般包括采购价格、进口关税和其他税金、运输费、装卸费、保险费以及其他可直接归属于存货采购的费用。商品流通企业存货的采购成本包括采购价格、进口关税和其他税金等；存货的加工成本包括直接人工以及按照一定方法分配的制造费用；其他成本指使存货达到目前场所和状态所发生的其他支出。

非正常消耗的直接材料、直接人工及制造费用、仓储费用（不包括在生产过程中为达到下一个生产阶段所必需的仓储费用）以及商品流通企业在采购过程中发生的运输费、装卸费、保险费、包装费、仓储费等费用不包括在存货的成本中，在其发生时确认为当期费用。

2. 列为存货项目的资产都是为了进行正常生产经营而储存的流动资产。不是为了此种目的而储存的资产，都不能列为企业的存货。企业的存货主要包括下列各项：

（1）在正常生产经营过程中持有待售的资产。

（2）为销售而仍在生产过程的资产。

（3）在生产或提供服务的过程中将消耗的原料或物料。

企业应以所有权的归属而不以物品的存放地点为依据来确定企业存货的范围。即在盘存日，法定所有权归属企业的一切存货，无论其存放于何处，都应作为企业的存货。

依所有权的归属确定存货范围时，应特别注意以下四点：

（1）凡是开出销售发票售出，所有权以及相应的风险和报酬已经转移的物品，即使暂时存放于本企业仓库，也不能将其作为本企业的存货，如已开票售出的待运商品等。

（2）凡是所有权以及风险和报酬未转移的发出商品，即使未存放于本企业，也应将其作为本企业的存货，如委托其他单位代销的存货、未出售的外出展销存货等。

（3）凡是所有权以及相应的风险和报酬已经归属于本企业的购入物品，即使未存放于本企业仓库，也应作为本企业的存货，如已经购入而尚未收到的运输途中的货物等。

（4）凡是不属于本企业所有以及相应的风险和报酬未转移到本企业的接受物品，即使存放于本企业仓库，也不能作为本企业的存货，如受托代销的存货、受托加工的存货等。

3. 企业在清查盘点中发现存货盘亏、毁损以及发生的非正常损失，会计核算上首先应根据存货盘点报告表上的损失额，转至“待处理财产损溢”科目。发生盘亏、毁损以及非正常损失的存货，经有关部门批准后，应根据不同原因，分别下列情况进行会计处理：

（1）属于定额内损耗，经批准后即可转作管理费用，借记“管理费用”科目，贷记“待处理财产损溢”科目。

（2）属于超定额短缺以及存货毁损的损失，能确定过失人的，应由过失人负责赔偿；属于保险责任范围的，应向保险公司索赔。扣除过失人或保险公司赔款和残料价值后，计入管理费用。

（3）属于非正常损失所造成的存货毁损，扣除保险公司赔款和残料价值后，计入营业外支出，借记“营业外支出”科目，贷记“待处理财产损溢”科目。

4. 成本与可变现净值孰低法是指对存货按照成本与可变现净值两者之中较低者进行计价的方法。这种计价方法是谨慎性原则在存货会计核算上的具体运用，即当成本低于可变现净值时，存货按成本计价；当可变现净值低于成本时，存货按可变现净值计价。成本是指存货的历史成本；可变现净值是指在正常生产经营过程中，以存货的估计售价减去至完工估计将要发生的成本、估计的销售费用以及相关税费后的金额。在确定存货的可变现净值时，应当以取得的可靠证据为基础，并且考虑持有存货的目的、资产负债表日后事项的影响等因素。

5. 会计实务中，主要根据以下迹象来判断企业存货发生了减值：

（1）市价持续下跌，并且在可预见的未来无回升的希望；

（2）企业使用该项原材料生产的产品的成本大于产品的销售价格；

（3）企业因产品更新换代，原有库存原材料已不适应新产品的需要，而该原材料的市场价格又低于其账面价值；

（4）因企业所提供的商品或劳务过时或消费者偏好改变而使市场的需求发生变化，导致市场价格逐渐下跌；

（5）其他足以证明该项存货实质上已经发生减值的情形。

教材练习题解析

1. 编制会计分录如下：

（1）借：在途物资——甲材料	10 300	
应交税费——应交增值税（进项税额）	1 300	
贷：银行存款		11 600
（2）借：原材料——甲材料	10 300	
贷：在途物资——甲材料		10 300

（3）$乙材料货款不含税价=\frac{33\ 900}{1+13\%}=30\ 000(元)$

$丙材料货款不含税价=\frac{22\ 600}{1+13\%}=20\ 000(元)$

$运费不含税价=\frac{1\ 090}{1+9\%}=1\ 000(元)$

$保险费不含税价=\frac{1\ 590}{1+6\%}=1\ 500(元)$

乙材料应负担的运费$=\frac{300}{300+200}\times 1\ 000=600$(元)

可抵扣增值税$=600\times 9\%=54$(元)

丙材料应负担的运费$=\frac{200}{300+200}\times 1\ 000=400$(元)

可抵扣增值税$=400\times 9\%=36$(元)

乙材料应负担的保险费$=\frac{30\ 000}{30\ 000+20\ 000}\times 1\ 500=900$(元)

丙材料应负担的保险费$=\frac{20\ 000}{30\ 000+20\ 000}\times 1\ 500=600$(元)

进项税额=3 900+2 600+90+90=6 680(元)

借：在途物资——乙材料（30 000+600+900） 31 500
——丙材料（20 000+400+600） 21 000
应交税费——应交增值税（进项税额） 6 680
贷：银行存款 59 180

(4) 借：原材料——乙材料 31 500
——丙材料 21 000
贷：在途物资——乙材料 31 500
——丙材料 21 000

(5) 借：在途物资——甲材料 20 000
应交税费——应交增值税（进项税额） 2 600
贷：银行存款 22 600

(6) 借：原材料——乙材料 9 000
贷：在途物资——乙材料 9 000

(7) 月末。
借：原材料——丁材料 30 000
贷：应付账款 30 000

下月初用红字冲回：
借：原材料——丁材料 30 000
贷：应付账款 30 000

2. 会计处理如下：

(1) A产品可变现净值=510−9=501(万元)
预计A产品成本=300+200=500(万元)

A产品可变现净值高于其成本，未发生减值，所以甲材料不需要计提存货跌价准备。

(2) 乙产品有合同部分可变现净值＝1.3×1 000－230＝1 070(万元)

乙产品有合同部分账面价值＝1 000(万元)

乙产品有合同部分可变现净值大于账面价值，未发生减值。

(3) 乙产品无合同部分可变现净值＝3 000－70＝2 930(万元)

乙产品无合同部分账面价值＝3 000(万元)

乙产品无合同部分可变现净值小于账面价值，应确认减值损失70万元(3 000－2 930)。

借：资产减值损失——存货跌价准备　　700 000

　贷：存货跌价准备——乙产品　　700 000

3. 相关会计分录如下：

(1) 20×1年年末。

借：资产减值损失——存货跌价准备　　5 000

　贷：存货跌价准备　　5 000

(2) 20×2年出售年初存货。

借：主营业务成本　　22 500

　　存货跌价准备　　2 500

　贷：库存商品　　25 000

(3) 20×2年年末。

应计提存货跌价准备＝(75 000－67 000)－(5 000－2 500)＝5 500(元)

借：资产减值损失——存货跌价准备　　5 500

　贷：存货跌价准备　　5 500

第 4 章　金融资产（上）

学习指导

本章重点介绍了应收票据、应收账款、其他应收款及预付款项的内涵及基本业务的会计处理，并对应收款项的坏账处理进行了详细介绍；对交易性金融资产的会计处理进行了详细说明。

本章的学习目标在于掌握目前环境下金融资产的内容及会计上的分类，并熟悉各种类别金融资产的会计处理方法、特点及其对企业财务状况和财务成果的影响。通过本章内容的学习，养成及时掌握最新会计准则变化及其对财务报告的具体影响的好习惯，比如，金融资产由四分类法改为三分类法，对企业尤其对金融类企业的财务状况及经营成果影响巨大。学习本章应不断与学过的相关内容进行比较和分析，以详细掌握不同报表项目对类似内容的处理的差异，比如，金融资产的减值与存货减值、应收账款坏账的处理有什么异同等。本章应重点掌握应收票据及其贴现和到期的会计处理；计提坏账准备的应收款项范围及估计坏账的方法；计提坏账准备、发生坏账、坏账收回及坏账准备期末调整的会计处理方法；交易性金融资产如何认定，其会计处理有什么特点，对报表的具体影响如何等。

本章难点：应收票据贴现的会计处理；应收账款的让售，坏账估计方法及会计处理；交易性金融资产的范围，持有期间获得利息、股利、公允价值变动的会计处理方法，以及处置的会计处理特点。

练习题①

一、名词解释

1. 应收票据
2. 应收账款
3. 商业折扣
4. 现金折扣
5. 坏账
6. 预付账款
7. 金融资产
8. 交易性金融资产

二、判断题

第4章判断题即测即评

1. 一般地，如果应收票据的利息金额较大，对企业财务成果有较大影响的，应按月计提利息；如果应收票据的利息金额不大，对企业财务成果的影响也较小，可以于票据到期时一次冲减财务费用。（　）

2. 某企业持有一张面值为100 000元，年利率8%的商业汇票，出票日为3月15日，期限为60天，则票据到期日为5月16日。（　）

3. 应收账款应该按照不扣除商业折扣的金额入账。（　）

4. 采用直接转销法和备抵法核算坏账损失，二者对当年损益的影响不同。（　）

5. 备抵法下，已经确认坏账的应收账款又收回时，根据收回数额，借记“应收账款”科目，贷记“坏账准备”科目，同时借记“银行存款”等科目，贷记“应收账款”科目。（　）

6. 预付账款属于企业的流动资产，期末应列示于资产负债表流动资产项下的预付款项项目，如果是贷方余额，则以负数表示。（　）

7. 交易性金融资产购买价格中包括的已经宣告发放但尚未支取的股利，应计入其初始确认金额。（　）

8. 交易性金融资产在持有期间获得的除计入应收项目以外的现金股利收入计入投资收益。（　）

9 实际收到作为交易性金融资产的股利或债券利息时，应视为成本的收回，直接冲减交易性金融资产的入账成本。（　）

10. 交易性金融资产出售后应确认的投资收益为出售收入与其账面价值的差额（　）

11. 为了使交易性金融资产能够反映预计给企业带来的经济利益以及其预计获得价差的能力，在资产负债表日，应按当日各项交易性金融资产的公允价值对其账面价值进行调整。（　）

12. 为了反映交易性金融资产的现值及其预计带来的收益情况，交易性金融资产应以公允价值反映，并详细记录每一交易性金融资产的成本及其公允价值变

① 本章练习均不考虑金融商品转让增值税问题。

动情况。（ ）

三、单项选择题

第4章单项选择题
即测即评

1. 不带息应收票据到期，如果因付款人无力支付票款，票据由银行退回，收款单位应作的会计分录是（ ）。

A. 借：应收票据

贷：银行存款

B. 借：应收账款

贷：应收票据

C. 借：应收账款

贷：银行存款

D. 借：银行存款

贷：应收票据

2. 某企业于4月10日销售商品收到带息票据一张，面值50 000元，年利率4%，6个月期，于6月10日贴现，贴现率为6%，该企业实际收到的贴现金额应为（ ）元。

A. 49 880　B. 49 250　C. 49 000　D. 47 000

3. 销售商品一批，销售收入为10 000元，销售合同规定现金折扣条件为“2/10，1/20，n/30”，现金折扣按含增值税的价款计算，适用的增值税税率为13%，预计客户很可能在10天内付款，则销货企业应收账款的入账价值应为（ ）元。

A. 11 187　B. 11 300　C. 10 000　D. 11 074

4. 某企业20×1年年末应收账款余额2 000万元，20×2年确认坏账损失50万元，当年又收回坏账10万元，年末应收账款余额为2 400万元。坏账准备提取比率为5‰。该企业20×2年应提取的坏账准备为（ ）万元。

A. 42　B. −38　C. 12　D. 8

5. 在会计实务中，预付账款业务不多时，企业可以通过（ ）科目来核算预付账款业务。

A. “应收账款”　B. “其他应收款”

C. “应付账款”　D. “预收账款”

6. 设置“预付账款”科目的企业，在补付货款时，应作的会计分录是（ ）。

A. 借：预付账款

贷：银行存款

B. 借：原材料

贷：预付账款

银行存款

C. 借：原材料

　　贷：银行存款

D. 借：原材料

　　贷：预付账款

7. 企业以证券投资款购入交易性金融资产时，账务处理不会涉及的会计科目是（　　）。

A. “交易性金融资产——成本”

B. “应交税费——应交增值税（进项税额）”

C. “财务费用”

D. “投资收益”

8. 根据我国企业会计准则的要求，购入交易性金融资产发生的交易费用（不包括准予抵扣的增值税）在（　　）科目中反映。

A. “交易性金融资产——成本”　　B. “投资收益”

C. “财务费用”　　D. “应收股利”

9. 企业在发生交易性金融资产的下列有关业务中，不应贷记“投资收益”的是（　　）。

A. 购买交易性金融资产时，已宣告发放但未实际支取的现金股利

B. 持有期间应获得的现金股利

C. 企业转让交易性金融资产收到的价款大于其账面价值的差额

D. 资产负债表日，交易性金融资产公允价值（不考虑增值税）大于其账面价值的差额

10. 甲股份有限公司于20×1年3月30日以每股12元的价格购入S上市公司股票50万股，划分为以公允价值计量且其变动计入当期损益的金融资产，购买该股票另支付的手续费为16万元（含准予抵扣的增值税进项税额6万元），5月22日收到该上市公司按每股0.5元发放的现金股利，12月31日该股票市价为每股11元，20×1年12月31日该交易性金融资产的账面价值为（　　）万元。

A. 550　　B. 575　　C. 585　　D. 610

11. A公司于20×1年3月1日购入M公司股票60 000股，划分为以公允价值计量且其变动计入当期损益的金融资产，每股购买价格8元，另外支付交易费用5 300元（含准予抵扣的增值税进项税额300元）。20×1年12月31日，A公司持有的该股票公允价值为510 000元。20×2年3月1日，A公司出售全部该股票，收入540 000元。A公司出售该股票时应确认的投资收益为（　　）元。

A. 30 000　　B. 60 000　　C. 85 000　　D. 90 000

12. 甲公司20×1年3月10日自证券市场购入乙公司发行的股票100万股，共支付价款960.24万元，其中包括交易费用4.24万元（含准予抵扣的增值税进

项税额 0.24 万元）和被投资单位已宣告但未发放的现金股利 100 万元，甲公司将购入的乙公司股票作为以公允价值计量且其变动计入当期损益的金融资产核算，20×1 年 3 月 20 日收到被投资单位宣告发放的现金股利 100 万元。20×1 年 6 月 22 日，甲公司将该交易性金融资产全部出售，实际收到价款 1 050 万元。甲公司 20×1 年利润表中因该交易性金融资产应确认的投资收益为（　　）万元。

A. 194　　B. 90　　C. 190　　D. 94

四、多项选择题

第 4 章多项选择题
即测即评

1. 带息应收票据贴现时，影响其贴现款的因素有（　　）。

A. 票据的面值　　B. 票据的利息

C. 贴现率　　D. 票据的期限

E. 贴现日至到期日的时间

2. 企业的应收账款不应包括（　　）。

A. 预付分公司款　　B. 应收利息

C. 超过 1 年的应收分期销货款　　D. 应收销货款

E. 对职工或股东的预付款

3. 应在“坏账准备”科目贷方核算情况的有（　　）。

A. 已发生的坏账损失

B. 计提的坏账准备

C. 已确认坏账中又收回的部分

D. 期末调整坏账准备前，坏账准备为借方余额

E. 期末调整坏账准备前，坏账准备为贷方余额，且该贷方余额小于本期估计的预期损失额

4. 企业的预付账款可以通过（　　）科目进行核算。

A. “预付账款”　　B. “应付账款”

C. “其他应收款”　　D. “其他应付款”

E. “应收账款”

5. 企业以直接转销法核算坏账，已经确认的坏账又收回时，应作的会计分录包括（　　）。

A. 借：银行存款　　B. 借：应收账款

C. 贷：坏账准备　　D. 贷：信用减值损失

E. 贷：应收账款

6. 企业发生的下列事项时，不影响“投资收益”的有（　　）。

A. 收到交易性金融资产在持有期间取得的股票股利

B. 购买交易性金融资产支付的不含增值税的交易费用

C. 期末交易性金融资产的公允价值小于账面价值的差额

D. 期末交易性金融资产的公允价值大于账面价值的差额

E. 以不同于“交易性金融资产”账面价值的金额将该交易性金融资产出售

五、会计核算题

1. 甲企业20×1年10月1日销售一批商品给乙企业，符合收入确认的条件，商品售价200 000元，增值税税率为13%，甲企业收到乙企业开出的带息商业承兑汇票一张，期限为6个月，票面利率为6%。20×2年4月1日，乙企业由于资金周转困难，暂时无力支付票款，经双方协商，乙企业重新签发6个月期的不带息商业汇票，确定债权债务关系。甲企业20×2年10月1日收到款项。

要求：根据以上经济业务，编制甲企业相关的会计分录。

2. 甲企业20×1年10月1日销售一批商品给乙企业，符合收入确认的条件，商品售价200 000元，增值税税率为13%，甲企业收到乙企业开出的不带息商业承兑汇票一张，期限为6个月。20×2年4月1日，乙企业账户资金不足，票据由银行退回。20×2年5月2日，双方达成债务重组协议，甲企业免除乙企业欠款24 000元，余款立即用现金偿还。20×2年5月3日，甲企业收到乙企业归还欠款，送存银行。

要求：根据以上经济业务，编制甲企业相关的会计分录。

3. 某企业于20×1年12月26日将签发日为20×1年10月17日、期限90天、面值80 000元、利率10%的银行承兑汇票送到银行申请贴现，银行规定的贴现率为8%。

要求：计算该企业能够获得的贴现额，并编制相关会计分录。如果贴现的是商业承兑汇票，20×2年1月15日，付款人由于账户资金不足，贴现银行遭退票，该企业应该如何处理？

4. 甲企业按备抵法进行坏账损失的核算，采用应收账款余额百分比法计提坏账准备，比例为3‰。20×1年年末应收账款余额为900 000元。20×2年债务人A公司遭受重大火灾，应收A公司销货款15 000元无法收回，确认为坏账损失。同年，债务人B公司破产，应收B公司销货款12 500元无法收回，确认为坏账损失。20×2年年末应收账款余额为1 080 000元。20×3年，收到法院送来的B公司破产财产1 000元清偿欠款。当年无其他坏账损失，年末应收账款余额为1 600 000元。假设甲企业于20×1年首次计提坏账准备。

要求：试编制与甲企业坏账准备和坏账损失有关的会计分录。

5. 某企业20×1年3月21日向销货方预付购买商品的定金24 000元。4月1日收到商品，货物价款为30 000元，增值税税率为13%。4月2日该企业补足货款。

要求：试编制该企业相关的会计分录。

6. A企业发生如下与股票投资有关的经济业务（暂不考虑增值税）：

(1) 20×8年7月20日从股票市场购入F公司发行的股票50 000股，作为交易性金融资产进行管理，成交价为每股 5.4 元，另付交易费用 200 元，款项以存入证券公司的投资款支付。

（2）20×8 年 8 月 20 日 F 公司宣告发放股利：每股派 0.3 元现金股利，每 10 股派 2 股股票股利。9 月 20 日收到现金股利和股票股利。

（3）20×8 年 9 月 21 日 A 企业出售 F 公司股票 30 000 股，成交价为每股 5.8 元，另付交易费用 120 元。

（4）20×8 年 12 月 31 日 A 企业持有的 F 公司股票当日收盘价为 4 元。

（5）20×9 年 1 月 20 日出售其余全部 F 公司股票，实际收到款项 80 000 元。

要求：根据以上经济业务，编制 A 企业相关的会计分录。

六、简答题

1. 简述我国企业会计准则下对于带追索权的应收票据的会计处理方法。

2. 计提坏账准备的目的是什么？核算坏账有哪两种方法？它们各自有什么优缺点？

3. 以公允价值计量且其变动计入当期损益的金融资产的主要内容和形成方式是什么？

练习题答案

一、名词解释

1. 广义的应收票据是一种债权凭证，包括企业持有的未到期或未兑现的汇票、本票和支票等。在我国，应收票据就是企业持有的未到期或未兑现的商业汇票。在会计实务中，企业的应收票据是指收到的经承兑人承兑的商业汇票。

2. 应收账款是企业因对外销售商品、产品、提供劳务等经营活动而应向客户收取的款项。从应收账款的回收期来看，应收账款是指应在 1 年（可跨年度）内收回的短期债权。

3. 商业折扣是指对商品价目单所列的价格给予一定的折扣，实际上是对商品报价进行的折扣。

4. 现金折扣是指销货企业为了鼓励客户在一定期间内早日偿付货款，对应收货款总额所给予的一定比率的扣减。现金折扣对于销货企业来说，称为销货折扣；对于购货企业来说，称为购货折扣。

5. 坏账是指企业无法收回的应收款项。

6. 预付账款是指企业按照购货合同规定，预先以货币资金或货币等价物支付供应单位的货款。

7. 金融资产是指企业持有的货币资金、其他企业的权益工具以及符合下列条件之一的资产：

（1）从其他方收取现金或其他金融资产的合同权利。

(2) 在潜在有利条件下，与其他方交换金融资产或金融负债的合同权利。

(3) 将来须用或可用企业自身权益工具进行结算的非衍生工具合同，且企业根据该合同将收到可变数量的自身权益工具。

(4) 将来须用或可用企业自身权益工具进行结算的衍生工具合同，但以固定数量的自身权益工具交换固定金额的现金或其他金融资产的衍生工具合同除外。

8. 交易性金融资产是指不属于以摊余成本计量，也不属于以公允价值计量且其变动计入其他综合收益的金融资产。主要包括随时准备出售的债权投资和股票投资。

二、判断题

1. ×	2. ×	3. ×	4. √	5. √
6. ×	7. ×	8. √	9. ×	10. ×
11. √	12. √			

三、单项选择题

1. B	2. A	3. D	4. A	5. C
6. A	7. C	8. B	9. D	10. A
11. B	12. C			

四、多项选择题

1. ABCDE	2. ABCE	3. BCDE	4. AB	5. ABCE
6. ACD				

五、会计核算题

1. 甲企业相关的会计分录如下：

(1) 20×1年10月1日收到商业承兑汇票时。

借：应收票据	226 000	
贷：主营业务收入		200 000
应交税费——应交增值税（销项税额）		26 000

(2) 20×1年12月31日应计提应收票据利息3 390元（226 000×6%×3/12）。

借：应收票据	3 390	
贷：财务费用		3 390

(3) 20×2年4月1日重新接受商业承兑汇票时。

借：应收票据	232 780	
贷：应收票据		229 390
财务费用		3 390

(4) 20×2年10月1日收到货款时。

借：银行存款	232 780	
贷：应收票据		232 780

2. 甲企业相关的会计分录如下：

（1）20×1年10月1日收到商业承兑汇票时。

借：应收票据	226 000	
贷：主营业务收入		200 000
应交税费——应交增值税（销项税额）		26 000

（2）20×2年4月1日票据由银行退回时。

借：应收账款	226 000	
贷：应收票据		226 000

（3）20×2年5月3日收到现金时。

借：银行存款	202 000	
营业外支出——债务重组损失	24 000	
贷：应收账款		226 000

3. 该企业会计处理如下：

（1）票据到期日为20×2年1月15日。

$$票据到期值=80\ 000\times\left(1+10\%\times\frac{90}{360}\right)=82\ 000(元)$$

$$贴现期=5+15=20(天)$$

$$贴现息=\frac{82\ 000\times 8\%\times 20}{360}=364(元)$$

$$贴现额=82\ 000-364=81\ 636(元)$$

应编制会计分录：

借：银行存款	81 636	
贷：应收票据		80 000
财务费用		1 636

（2）如果该企业贴现的是商业承兑汇票，则属于典型的带追索权的票据贴现业务，不符合金融资产终止确认的条件。

1）20×1年12月26日应收票据贴现时。

借：银行存款	81 636	
贷：短期借款		81 636

2）20×2年1月15日贴现银行遭退票时。

借：应收账款	82 000	
贷：应收票据		80 000
财务费用		2 000

借：短期借款　　81 636
　　财务费用　　364
　贷：银行存款　　82 000

4. 甲企业相关的会计分录如下：

(1) 20×1年年末计提坏账准备2 700元（900 000×3‰）。

借：信用减值损失　　2 700
　贷：坏账准备　　2 700

(2) 20×2年确认A公司坏账。

借：坏账准备　　15 000
　贷：应收账款——A公司　　15 000

(3) 20×2年确认B公司坏账。

借：坏账准备　　12 500
　贷：应收账款——B公司　　12 500

(4) 20×2年年末“坏账准备”科目借方余额为24 800元（15 000+12 500−2 700），估计的坏账损失为3 240元（1 080 000×3‰），应补提坏账准备28 040元（24 800+3 240）。

借：信用减值损失　　28 040
　贷：坏账准备　　28 040

(5) 20×3年收到B公司破产财产1 000元。

借：应收账款——B公司　　1 000
　贷：坏账准备　　1 000
借：银行存款　　1 000
　贷：应收账款——B公司　　1 000

(6) 20×3年年末“坏账准备”科目贷方余额为4 240元，估计的坏账损失为4 800元（1 600 000×3‰），应补提坏账准备560元（4 800−4 240）。

借：信用减值损失　　560
　贷：坏账准备　　560

5. 该企业相关的会计分录如下：

(1) 3月21日预付货款时。

借：预付账款　　24 000
　贷：银行存款　　24 000

(2) 4月1日收到商品时。

借：原材料　　30 000
　　应交税费——应交增值税（进项税额）　　3 900
　贷：预付账款　　33 900

（3）4月2日补足货款。

借：预付账款 9 900

贷：银行存款 9 900

6. A企业相关的会计分录如下：

（1）20×8年7月20日。

借：交易性金融资产——F公司股票——成本 270 000

投资收益 200

贷：其他货币资金——存出投资款 270 200

（2）20×8年8月20日和9月20日。

借：应收股利——F公司股票 15 000

贷：投资收益 15 000

借：其他货币资金——存出投资款 15 000

贷：应收股利——F公司股票 15 000

对于股票股利应于除权日在备查账簿中登记，并将持有的F公司股票数量变更为60 000股，不需要做其他会计处理。

（3）20×8年9月1日。

借：其他货币资金——存出投资款 173 880

贷：交易性金融资产——F公司股票——成本 135 000

投资收益 38 880

（4）20×8年12月31日。

借：公允价值变动损益 15 000

贷：交易性金融资产——F公司股票——公允价值变动 15 000

（5）20×9年1月20日。

借：其他货币资金——存出投资款 80 000

交易性金融资产——F公司股票——公允价值变动 15 000

投资收益 40 000

贷：交易性金融资产——F公司股票——成本 135 000

六、简答题

1. 将带追索权的应收票据贴现，企业并未转嫁票据到期不能收回票据款的风险，贴现企业因背书而在法律上负有连带偿还责任。企业所承担的这种连带偿还责任是企业的一种或有负债，该债务直至贴现银行收到票据款后方可解除。因此，将带追索权的商业汇票贴现后，不符合金融资产终止确认的条件，不应冲销应收票据账户金额。

此时，一般根据实际收到的贴现款借记“银行存款”科目，贷记“短期借款”科目。

2. 计提坏账准备的目的在于保证在资产负债表上能如实反映应收账款的净额，使报表使用者能够了解企业应收账款的可变现金额，同时在利润表上避免因应收账款价值虚列而造成的利润虚增，避免企业明盈实亏，为报表使用者提供决策有用的信息。

核算坏账主要有直接转销法和备抵法。采用直接转销法对坏账进行核算，对日常核算中应收账款可能发生的坏账损失不予考虑，只有在实际发生坏账时才作为损失计入当期损益，并冲减应收账款，其核算手续比较简单。但采用这种方法，由于在实际发生坏账时才确认坏账损失，导致日常核算的应收账款价值虚增、利润虚列，既不符合权责发生制和收入与费用的配比原则，又不符合谨慎性原则，在资产负债表上，只能提供应收账款的账面余额，无法提供关于应收账款可收回金额的会计信息，歪曲了企业期末的财务状况。

备抵法是根据收入和费用配比原则，按期估计坏账损失并形成坏账准备，在实际发生坏账时再冲减坏账准备的方法。采用备抵法核算坏账，每期估计的坏账损失直接计入当期损益，既体现了稳健性原则，又符合收入与费用配比要求，在资产负债表上可以反映应收账款的净额，使报表使用者能够了解企业应收账款的可变现金额。同时，在利润表上避免了因应收账款价值虚列而造成的利润虚增，避免了企业虚盈实亏。

3. 以公允价值计量且其变动计入当期损益的金融资产是指除以摊余成本计量的金融资产和以公允价值计量且其变动计入其他综合收益的金融资产以外的金融资产。主要包括以交易为目的的债券、股票、基金和权证等。其形成方式主要有两种：一是购入；二是重分类，将一项以摊余成本计量的金融资产或以公允价值计量且其变动计入其他综合收益的金融资产重分类为以公允价值计量且其变动计入当期损益的金融资产。

教材练习题解析

1. 甲企业相关的会计分录如下：

(1) 5 月 3 日销售商品。

借：应收账款	64 410	
贷：主营业务收入		57 000
应交税费——应交增值税（销项税额）		7 410

(2) 5 月 18 日收款。

借：银行存款（64 410×99%）	63 765.90	
主营业务收入	644.10	
贷：应收账款		64 410.00

（3）5月19日退货。

借：主营业务收入 11 271.18

应交税费——应交增值税（销项税额） 1 482.00

贷：银行存款 12 753.18

2. 该企业账务处理如下：

（1）20×1年年末计提坏账准备。

借：信用减值损失 10 000

贷：坏账准备 10 000

（2）20×2年发生坏账。

借：坏账准备 4 000

贷：应收账款 4 000

（3）20×2年年末计提坏账准备。

借：信用减值损失 8 000

贷：坏账准备 8 000

（4）20×3年发生坏账。

借：坏账准备 20 000

贷：应收账款 20 000

（5）20×3年坏账收回。

借：应收账款 3 000

贷：坏账准备 3 000

借：银行存款 3 000

贷：应收账款 3 000

（6）20×3年年末计提坏账准备。

借：信用减值损失 12 000

贷：坏账准备 12 000

3. 甲公司相关的会计分录如下：

（1）借：应收账款——乙公司 11 300 000

贷：主营业务收入 10 000 000

应交税费——应交增值税（销项税额） 1 300 000

（2）借：应收账款——丙公司 2 260 000

贷：主营业务收入 2 000 000

应交税费——应交增值税（销项税额） 260 000

（3）借：应收票据——丁公司 5 650 000

贷：主营业务收入 5 000 000

应交税费——应交增值税（销项税额） 650 000

(4) 借：银行存款 4 000 000
　　贷：应收账款——戊公司 4 000 000

(5) 应计提坏账准备＝1 130×5%＋(226＋500－400)×1%＝59.76(万元)

应补提坏账准备＝59.76－5＝54.76(万元)

借：信用减值损失 547 600
　　贷：坏账准备 547 600

(6) 借：银行存款 10 800 000
　　贷：短期借款 10 800 000

(7) 借：银行存款 1 900 000
　　　坏账准备 22 600
　　　营业外支出 337 400
　　贷：应收账款——丙公司 2 260 000

(8) 借：银行存款 5 600 000
　　　财务费用 50 000
　　贷：短期借款 5 650 000

(9) 借：短期借款 10 800 000
　　　财务费用 108 000
　　贷：银行存款 10 908 000

(10) 借：短期借款 5 650 000
　　贷：银行存款 5 650 000

借：应收账款——丁公司 5 650 000
　　贷：应收票据——丁公司 5 650 000

(11) 应计提坏账准备＝1 130×20%＋(500－400＋565)×1%
＝232.65(万元)

应补提坏账准备＝232.65－(59.76－2.26)＝175.15(万元)

借：信用减值损失 1 751 500
　　贷：坏账准备 1 751 500

4. 相关会计分录如下：

(1) 20×1 年 12 月 2 日购入时。

借：交易性金融资产——M 公司股票——成本 20 000
　　投资收益 100
　　应交税金——应交增值税（进项税额） 6
　　贷：其他货币资金——存出投资款 20 106

（2）20×1 年 12 月 31 日期末计价时。

借：交易性金融资产——M 公司股票——公允价值变动　4 000

　贷：公允价值变动损益　4 000

（3）对于股票股利应于除权日在备查账簿中登记，不需要做会计处理。

（4）20×2 年 3 月 31 日。

借：其他货币资金——存出投资款　16 000

　贷：交易性金融资产——M 公司股票——成本　10 000

　　　　　　　　　　——公允价值变动　2 000

　　　　投资收益　4 000

（5）20×2 年 6 月 30 日。

持有 M 公司股票=(4 000+4 000×3÷10)÷2=2 600(股)

持有 M 公司股票账面价值=20 000+4 000−10 000−2 000

=12 000(元)

持有 M 公司股票公允价值=2 600×8=20 800(元)

借：交易性金融资产——M 公司股票——公允价值变动　8 800

　贷：公允价值变动损益（20 800−12 000）　8 800

第 5 章　金融资产（下）

学习指导

本章讲述了债权投资、其他债权投资、其他权益工具投资及金融资产重分类的核算。债权投资、其他债权投资、其他权益工具投资尽管具有不同的计价方法，但大多属于非流动资产。

本章应重点掌握债权投资的特点、初始入账价值，持有期间投资收益确定的实际利率法，债权投资账户设置方法，债权投资到期时账户余额特征及债权投资减值损失的确认和计量方法；掌握其他债权投资与其他权益工具投资的区别，掌握这两类以公允价值计量且其变动计入其他综合收益的金融资产的入账价值，持有期间公允价值变动的会计处理；掌握金融资产重分类的会计处理。

本章难点：债权投资账户设置方法及设置利息调整明细账户的目的和作用，债权投资在持有期间采用实际利率法分别针对分期付息和到期一次性还本付息债券确认投资收益的方法和特点，债权投资减值损失的确认和计量方法；其他债权投资的公允价值变动与减值的会计处理；金融资产的重分类。

练习题①

一、名词解释

1. 债权投资　　2. 债权投资的初始入账价值

3. 债券溢价差额　　4. 债券折价差额

① 本章练习均不考虑金融商品转让增值税问题。

5. 利息调整借差
6. 利息调整贷差
7. 实际利率
8. 摊余成本
9. 债权投资的到期兑现
10. 以公允价值计量且其变动计入其他综合收益的金融资产
11. 其他债权投资
12. 其他权益工具投资

二、判断题

第 5 章判断题
即测即评

1. 当债券票面利率高于金融市场利率时，可能导致债券溢价。（　）

2. 债券折价差额属于债券发行者给予债券投资者的利息补偿。（　）

3. 企业购入的债权投资实际支付的价款中包含的相关税费，应直接计入当期损益，不计入债权投资成本。（　）

4. 企业购入的分期付息债权投资支付的价款中所包含的利息，应作为一项短期债权处理。（　）

5. 采用实际利率法摊销一次还本、分期付息债券的利息调整时，利息调整借差和利息调整贷差的摊销额均逐期递增。（　）

6. 摊余成本是指初始投资成本减去利息调整摊销以后的余额。（　）

7. 债权投资的减值损失一经确认，以后期间不得转回。（　）

8. 企业购入的其他债权投资，以购入时的公允价值加上相关交易费用入账；而由债权投资重分类形成的其他债权投资，以重分类日的公允价值入账。（　）

9. 其他权益工具投资和其他债权投资的公允价值变动都是本期末与上期末的公允价值的差额。（　）

10. 企业购入的债券，初始确认时无论是划分为债权投资、其他债权投资还是交易性金融资产，在管理模式发生变化以后，都可以重分类为其他各类金融资产。（　）

11. 企业购入的股票，初始确认时无论是划分为其他权益工具投资还是交易性金融资产，在管理模式发生变化以后，都可以重分类为其他各类金融资产。（　）

12. 其他债权投资在处置时，原计入其他综合收益的公允价值变动损益应转为投资收益。（　）

13. 其他权益工具投资在处置时，原计入其他综合收益的公允价值变动损益应转为投资收益。（　）

三、单项选择题

1. 企业取得债权投资时支付的下列款项中，不得计入其初始投资成本的是（　）。

第5章单项选择题
即测即评

A. 购买价款

B. 税金

C. 手续费

D. 实际价款中包含的分期付息利息

2. 企业购入分期付息的债权投资，期末确认尚未收到的利息时，应借记的科目是（　　）。

A. “债权投资——应计利息”　　B. “债权投资——债券面值”

C. “应收利息”　　D. “投资收益”

3. 采用实际利率法进行一次还本分期付息的债权投资的利息调整借差摊销时，摊销额（　　）。

A. 逐期递增　　B. 逐期递减

C. 保持不变　　D. 变化不能确定

4. 采用实际利率法进行一次还本分期付息的债权投资的利息调整贷差摊销时，摊销额（　　）。

A. 逐期递增　　B. 逐期递减

C. 保持不变　　D. 变化不能确定

5. 采用直线法进行一次还本分期付息的债权投资的利息调整摊销时，各期（　　）。

A. 投资收益额不变　　B. 投资收益率不变

C. 投资收益额递增　　D. 投资收益额递减

6. 采用实际利率法进行一次还本付息的债权投资的利息调整摊销时，各期（　　）。

A. 投资收益额保持不变　　B. 投资收益率保持不变

C. 溢折价摊销额保持不变　　D. 投资账面价值保持不变

7. 某企业购买面值为1 000万元的一次还本分期付息的公司债券作为债权投资，共支付价款1 150万元，其中包括手续费4万元、应收利息46万元。该项债权投资的入账价值为（　　）万元。

A. 1 150　　B. 1 146　　C. 1 104　　D. 1 100

8. 甲公司20×1年6月1日购入面值为1 000万元的一次还本分期付息的3年期债券，实际支付价款为1 105万元，价款中包括已到付息期但尚未领取的债券利息50万元、未到付息期的债券利息20万元。该项债权投资的利息调整借差金额为（　　）万元。

A. 35　　B. 55　　C. 85　　D. 105

9. 甲公司20×1年1月1日购入乙公司一批票面年利率6%、面值100 000元、期限5年的债券确认为债权投资，实际支付银行存款91 889元。该债券每年付息一次，到期归还本金并支付最后一次利息。债券利息调整摊销采用实际利率法，购入债券时的实际市场利率为 8%。20×1 年 12 月 31 日，甲公司该项债权投资的摊余成本为（　　）元。

A. 92 375.66　　B. 93 240.12　　C. 97 402.34　　D. 99 240.12

10. 下列关于其他债权投资的表述中，正确的是（　　）。

A. 其他债权投资发生的减值损失应计入当期损益

B. 其他债权投资的公允价值变动应计入当期损益

C. 取得其他债权投资发生的交易费用应计入当期损益

D. 取得其他债权投资发生的交易费用应计入其他综合收益

11. 企业将债权投资部分出售，并将该项投资的剩余部分重分类为其他债权投资，以公允价值进行后续计量，在重分类日，该投资剩余部分的账面价值与其公允价值之间的差额，应计入（　　）。

A. 公允价值变动损益　　B. 投资收益

C. 营业外收入　　D. 其他综合收益

12. 甲公司购入 A 公司股票 10 万股，价款为 22 万元，包含已宣告分派但尚未领取的现金股利 1 万元。此外，甲公司还支付了相关税费 0.15 万元。甲公司将其划分为其他权益工具投资，则该项其他权益工具投资的初始入账金额为（　　）万元。

A. 22.15　　B. 20.15　　C. 10.15　　D. 21.15

四、多项选择题

第 5 章多项选择题即测即评

1. 下列各项支付的价款中，应计入投资成本的有（　　）。

A. 购入债权投资实付价款中包含的相关税金

B. 购入债权投资实付价款中包含的相关手续费

C. 购入一次付息的债权投资实付价款中包含的应计利息

D. 购入分期付息的债权投资实付价款中包含的未到期利息

E. 购入确认为交易性金融资产的股票的实付价款中包含的已宣告发放但尚未收取的现金股利

2. 下列各项中，应计入分期付息债权投资入账价值的有（　　）。

A. 债券面值　　B. 债券溢价

C. 债券折价　　D. 债券手续费

E. 发行日至购买日的利息

3. 采用实际利率法进行一次还本分期付息债权投资的利息调整摊销时，各期投资收益的计算公式为（　　）。

A. (债券面值＋债券利息调整贷差)×实际利率

B. (债券面值－债券利息调整贷差)×实际利率

C.（债券面值＋债券利息调整借差）×实际利率

D.（债券面值－债券利息调整借差）×实际利率

E. 债券面值×实际利率

4. 确定购入债券入账价值应考虑的主要因素有（　　）。

A. 债券面值　　B. 票面利率

C. 债券购入时的实际利率　　D. 债券从购入日至到期日的期限

E. 债券付息的方式

5. 下列各项中，会引起债权投资账面价值发生增减变动的有（　　）。

A. 计提减值准备

B. 确认分期付息债券的票面利息

C. 确认到期一次付息债券的票面利息

D. 到期偿还分期付息债券的本金

E. 转回减值准备

6. 下列各项中，会引起其他债权投资账面价值发生变动的有（　　）。

A. 计提减值准备　　B. 公允价值变动

C. 收到分期付息的利息　　D. 确认一次付息的投资收益

E. 转回减值准备

7. 关于其他债权投资计量的表述中，正确的有（　　）。

A. 企业取得其他债权投资时支付的相关税费应计入当期损益

B. 其他债权投资公允价值变动应计入其他综合收益

C. 处置其他债权投资时原计入其他综合收益的公允价值变动应转为投资收益

D. 已确认减值损失的其他债权投资以后会计期间公允价值上升，原确认的减值损失应当予以转回，计入当期损益

E. 已确认减值损失的其他债权投资以后会计期间公允价值上升，原确认的减值损失应当予以转回，计入其他综合收益

8. 关于金融资产计量的表述中，正确的有（　　）。

A. 交易性金融资产应当按照取得时的公允价值和相关税费作为初始确认金额

B. 其他债权投资应当按取得该金融资产的公允价值和相关交易费用之和作为初始确认金额

C. 其他权益工具投资应当按取得时的公允价值作为初始确认金额，相关的交易费用在发生时计入当期损益

D. 债权投资在持有期间应当按照摊余成本和实际利率计算确认利息收入，计入投资收益

E. 交易性金融资产应当按照取得时的公允价值（包含已经宣告发放但尚未

收取的现金股利）作为初始确认金额，相关的交易费用计入当期损益

五、会计核算题

1. 甲公司 20×1 年 1 月 1 日购入某企业当天发行的面值 100 000 元、期限 2 年、到期一次还本付息、票面利率 6%的债券，作为债权投资。

（1）假设债券的初始投资成本为 104 000 元。

（2）假设债券的初始投资成本为 95 000 元。

要求：根据不同的假设情况，采用实际利率法分别编制购入债券、年末确认应计利息及利息调整摊销和到期收回本息的会计分录（不考虑增值税因素）。

2. 甲公司 20×2 年 1 月 1 日购入某企业 20×1 年 1 月 1 日发行的债券作为债权投资。该债券的面值为 100 000 元，期限为 5 年，到期一次还本付息，票面利率为 6%。甲公司于每年年末确认投资收益。

（1）假设债券的初始投资成本为 110 000 元。

（2）假设债券的初始投资成本为 101 000 元。

要求：根据不同的假设情况，采用实际利率法分别编制购入债券、年末确认应计利息及利息调整摊销和到期收回本息的会计分录（不考虑增值税因素）。

3. 甲公司 20×1 年 1 月 1 日购入某企业当天发行的 2 年期债券作为债权投资，面值为 30 000 元，票面利率为 6%，分期付息，付息日为 6 月 30 日和 12 月 31 日，实际支付价款 28 911 元，购入时的实际利率为 8%。

要求：根据以上资料，采用实际利率法，计算填列债券利息调整贷差摊销表（见表 5－1），并编制购入债券、分期收取利息和到期收取本金的会计分录（不考虑增值税因素）。

表 5－1　债券利息调整贷差摊销表

（实际利率法）　　单位：元

计息日期	票面利息	投资收益	折价摊销	摊余成本
20×1 年 1 月 1 日				
20×1 年 6 月 30 日				
20×1 年 12 月 31 日				
20×2 年 6 月 30 日				
20×2 年 12 月 31 日				
合计				

4. 甲公司 20×1 年 4 月 1 日购入当天发行的 2 年期债券，面值为 100 000 元，票面利率为 6%，分期付息，付息日为 9 月 30 日和 3 月 31 日。甲公司实际支付价款 101 881 元，购入时的实际利率为 5%。甲公司只在付息日及年末确认利息收入，年末利息调整借差摊销额按照半年（当年 10 月至次年 3 月）摊销额的 50%计算。

要求：根据以上资料，编制购入债券、付息日收取利息及利息调整借差摊销（采用实际利率法）、年末确认应收利息及利息调整借差摊销和到期收回本金的会计分录（利息调整借差摊销要列出计算过程，不考虑增值税因素）。

5. 20×1 年，A 公司发生如下与股票投资有关的经济业务：

（1）4 月 1 日购入 M 公司的股票 200 万股作为其他权益工具投资，每股 20 元（含已宣告但尚未发放的现金股利 0.2 元），另支付相关费用 20 万元。

（2）5 月 15 日收到现金股利 40 万元。

（3）6 月 30 日每股公允价值 17 元。

（4）9 月 30 日股价回升至每股公允价值 19 元。

（5）12 月 20 日将 M 公司股票出售，收到价款 3 860 万元。

要求：根据以上经济业务，编制 A 公司的有关会计分录。

六、简答题

1. 简述债权投资利息调整摊销的直线法和实际利率法的特点及优缺点。

2. 简述债权投资利息调整的构成内容。

3. 金融资产重分类有哪些类型？各应怎样进行会计处理？

练习题答案

一、名词解释

1. 债权投资是指业务管理模式为以特定日期收取合同现金流量为目的的金融资产，具体来说是指企业购入的到期日固定、回收金额固定或可确定，且企业有明确意图和能力持有至到期的国债和企业债券等各种债券投资，其中，既包括发行期在一年以上的债券投资，也包括发行期在一年以内的债券投资。作为债权投资购入的债券，可以按不同的标准分类，例如，按付息情况可以分为分期付息债券与到期一次付息债券。

2. 债权投资应按购入时实际支付的价款作为初始入账价值，实际支付的价款包括支付的债券实际买价、手续费、佣金等初始直接费用。但是，实际支付的价款中如果含有发行日或付息日至购买日之间分期付息的利息，按照重要性原则，应作为一项短期债权处理，不计入债券的初始入账价值。

3. 债券溢价差额是指购买债券实际支付的价格扣除所含债券利息后的金额高于票面价值的差额。当债券票面利率高于金融市场利率时，债券发行者按债券票面利率会多付利息，在这种情况下，可能会导致债券溢价。这部分溢价差额属于债券购买者由于日后多获利息而给予债券发行者的利息返还。

4. 债券折价差额是指购买债券实际支付的价格扣除所含债券利息后的金额低于票面价值的差额。当债券票面利率低于金融市场利率时，债券发行者按债券票面利率会少付利息，在这种情况下，可能会导致债券折价。这部分折价差额属于债券发行者由于日后少付利息而给予债券购买者的利息补偿。

5. 取得债权投资的入账价值扣除一次付息债券应计利息后的金额大于债券面值的差额称为利息调整借差，为债券溢价金额（不含一次付息债券应计利息）与初始直接费用之和；如果债券折价金额（不含一次付息债券应计利息）小于初始直接费用，则其差额也为利息调整借差。

6. 取得债权投资的入账价值扣除一次付息债券应计利息后的金额小于债券面值的差额称为利息调整贷差，为债券折价金额（不含一次付息债券应计利息）减去初始直接费用的差额。

7. 实际利率是指将债权投资在预计存续期的估计未来现金流量折现为该债权投资摊余成本所使用的利率。

8. 摊余成本是指初始投资成本调整应计利息、利息调整摊销以及减值准备以后的余额。如果债权投资未发生减值，则摊余成本即为债权投资的账面余额。

9. 债权投资的到期兑现是指债权投资期限届满时按面值收回投资及应收未收的利息。如果是一次付息的债券，到期时企业可以收回债券面值和利息；如果是分期付息的债券，到期时企业可以收回债券面值。

10. 以公允价值计量且其变动计入其他综合收益的金融资产是指同时符合下列条件的金融资产：(1) 企业管理该金融资产的业务模式既以收取合同现金流量为目标又以出售该金融资产为目标。(2) 该金融资产的合同条款规定，在特定日期产生的现金流量，仅为对本金和以未偿付本金金额为基础的利息的支付。在初始确认时，企业可以将非交易性股权投资指定为其他权益工具投资，并确认股利收入。该指定一经做出，不得撤销。

11. 其他债权投资是指既可能持有至到期收取合同现金流量，也可能在到期之前出售的债券投资。企业购入其他债权投资，应将其划分为以公允价值计量且其变动计入其他综合收益的金融资产。采用实际利率法计算的利息应当计入当期损益，计入各期损益的金额应当与债权投资按摊余成本计量而计入各期损益的金额相等；该金融资产由于公允价值变动产生的所有利得或损失，应当计入其他综合收益；该金融资产发生的减值损失或利得，应计入当期损益；该金融资产终止确认时，之前计入其他综合收益的累计利得或损失，应当从其他综合收益中转出，计入当期损益。

12. 其他权益工具投资主要是指非交易性股票以及不具有控制、共同控制和重大影响的且没有公允价值的股权等。其他权益工具投资的公允价值变动应计入其他综合收益；终止确认时，之前计入其他综合收益的累计利得或损失应当从其他综合收益中转出，计入留存收益。

二、判断题

1. √	2. √	3. ×	4. √	5. √
6. ×	7. ×	8. √	9. ×	10. √

11. × 12. √ 13. ×

三、单项选择题

1. D 2. C 3. A 4. A 5. A
6. B 7. C 8. A 9. B 10. A
11. D 12. D

四、多项选择题

1. ABC 2. ABCD 3. BC 4. ABCD 5. ACDE
6. BD 7. BCE 8. BD

五、会计核算题

1. 会计处理如下：

(1) 债券初始投资成本为104 000元时。

1) 20×1年1月1日购入债券。

借：债权投资——债券面值 100 000
　　　　　　——利息调整 4 000
　贷：银行存款 104 000

2) 20×1年12月31日确认投资收益。

到期价值 $=100\,000\times(1+6\%\times2)=112\,000$(元)

实际利率 $=\left(\sqrt{\dfrac{112\,000}{104\,000}}-1\right)\times100\%=3.775\%$

投资收益 $=104\,000\times3.775\%=3\,926$(元)

摊余成本 $=104\,000+3\,926=107\,926$(元)

借：债权投资——应计利息 6 000
　贷：债权投资——利息调整 2 074
　　　投资收益 3 926

3) 20×2年12月31日确认投资收益。

投资收益 $=107\,926\times3.775\%=4\,074$(元)

摊余成本 $=107\,926+4\,074=112\,000$(元)

借：债权投资——应计利息 6 000
　贷：债权投资——利息调整 1 926
　　　投资收益 4 074

4) 20×3年1月1日收回投资。

借：银行存款 112 000
　贷：债权投资——债券面值 100 000
　　　　　　　——应计利息 12 000

(2) 债券初始投资成本为95 000元时。

1) 20×1年1月1日购入债券。

借：债权投资——债券面值　　100 000

　　贷：债权投资——利息调整　　5 000

　　　　银行存款　　95 000

2) 20×1年12月31日确认投资收益。

$$到期价值=100\ 000\times(1+6\%\times2)=112\ 000(元)$$

$$实际利率=\left(\sqrt{\frac{112\ 000}{95\ 000}}-1\right)\times100\%=8.579\%$$

$$投资收益=95\ 000\times8.579\%=8\ 150(元)$$

$$摊余成本=95\ 000+8\ 150=103\ 150(元)$$

借：债权投资——应计利息　　6 000

　　　　　　——利息调整　　2 150

　　贷：投资收益　　8 150

3) 20×2年12月31日确认投资收益。

$$投资收益=103\ 150\times8.579\%=8\ 850(元)(含尾差)$$

$$摊余成本=103\ 150+8\ 850=112\ 000(元)$$

借：债权投资——应计利息　　6 000

　　　　　　——利息调整　　2 850

　　贷：投资收益　　8 850

4) 20×3年1月1日收回投资。

借：银行存款　　112 000

　　贷：债权投资——债券面值　　100 000

　　　　　　　　——应计利息　　12 000

2. 会计处理如下：

(1) 债券初始投资成本为110 000元时。

1) 20×2年1月1日购入债券。

借：债权投资——债券面值　　100 000

　　　　　　——应计利息　　6 000

　　　　　　——利息调整　　4 000

　　贷：银行存款　　110 000

2) 20×2年12月31日确认投资收益。

$$到期价值=100\ 000\times(1+6\%\times5)=130\ 000(元)$$

$$实际利率=\left(\sqrt[4]{\frac{130\,000}{110\,000}}-1\right)\times100\%=4.265\%$$

投资收益＝110 000×4.265%＝4 691.5(元)

摊余成本＝110 000＋4 691.5＝114 691.5(元)

借：债权投资——应计利息	6 000.00	
贷：债权投资——利息调整		1 308.50
投资收益		4 691.50

3）20×3年12月31日确认投资收益。

投资收益＝114 691.5×4.265%＝4 891.59(元)

摊余成本＝114 691.5＋4 891.59＝119 583.09(元)

借：债权投资——应计利息	6 000.00	
贷：债权投资——利息调整		1 108.41
投资收益		4 891.59

4）20×4年12月31日确认投资收益。

投资收益＝119 583.09×4.265%＝5 100.22(元)

摊余成本＝119 583.09＋5 100.22＝124 683.31(元)

借：债权投资——应计利息	6 000.00	
贷：债权投资——利息调整		899.78
投资收益		5 100.22

5）20×5年12月31日确认投资收益。

投资收益＝124 683.31×4.265%＝5 316.69(元)(含尾差)

摊余成本＝124 683.31＋5 316.69＝130 000(元)

借：债权投资——应计利息	6 000.00	
贷：债权投资——利息调整		683.31
投资收益		5 316.69

6）20×6年1月1日收回投资。

借：银行存款	130 000	
贷：债权投资——债券面值		100 000
——应计利息		30 000

（2）债券初始投资成本为101 000元时。

1）20×2年1月1日购入债券。

借：债权投资——债券面值	100 000	
——应计利息	6 000	
贷：债权投资——利息调整		5 000
银行存款		101 000

2）20×2年12月31日确认投资收益。

到期价值＝100 000×(1＋6%×5)＝130 000(元)

$$实际利率=\left(\sqrt[4]{\frac{130\ 000}{101\ 000}}-1\right)\times 100\%=6.514\%$$

投资收益＝101 000×6.514%＝6 579.14(元)

摊余成本＝101 000＋6 579.14＝107 579.14(元)

借：债权投资——应计利息　　6 000.00
　　　　　　——利息调整　　579.14
　贷：投资收益　　6 579.14

3）20×3年12月31日确认投资收益。

投资收益＝107 579.14×6.514%＝7 007.71(元)

摊余成本＝107 579.14＋7 007.71＝114 586.85(元)

借：债权投资——应计利息　　6 000.00
　　　　　　——利息调整　　1 007.71
　贷：投资收益　　7 007.71

4）20×4年12月31日确认投资收益。

投资收益＝114 586.85×6.514%＝7 464.19(元)

摊余成本＝114 586.85＋7 464.19＝122 051.04(元)

借：债权投资——应计利息　　6 000.00
　　　　　　——利息调整　　1 464.19
　贷：投资收益　　7 464.19

5）20×5年12月31日确认投资收益。

投资收益＝122 051.04×6.514%＝7 948.96(元)(含尾差)

摊余成本＝122 051.04＋7 948.96＝130 000(元)

借：债权投资——应计利息　　6 000.00
　　　　　　——利息调整　　1 948.96
　贷：投资收益　　7 948.96

6）20×6年1月1日收回投资。

借：银行存款　　130 000
　贷：债权投资——债券面值　　100 000
　　　　　　　——应计利息　　30 000

3. 填列债券利息调整贷差摊销表（见表5-2），编制如下会计分录：

表5-2 债券利息调整贷差摊销表

（实际利率法） 单位：元

计息日期	票面利息	投资收益	折价摊销	摊余成本
20×1年1月1日				28 911
20×1年6月30日	900	28 911×4%=1 156	256	29 167
20×1年12月31日	900	29 167×4%=1 167	267	29 434
20×2年6月30日	900	29 434×4%=1 177	277	29 711
20×2年12月31日	900	29 711×4%=1 189（含尾差）	289	30 000
合计	3 600	4 689	1 089	—

(1) 20×1年1月1日购入债券。

借：债权投资——债券面值 30 000

贷：债权投资——利息调整 1 089

银行存款 28 911

(2) 20×1年6月30日收取利息。

借：银行存款 900

债权投资——利息调整 256

贷：投资收益 1 156

(3) 20×1年12月31日收取利息。

借：银行存款 900

债权投资——利息调整 267

贷：投资收益 1 167

(4) 20×2年6月30日收取利息。

借：银行存款 900

债权投资——利息调整 277

贷：投资收益 1 177

(5) 20×2年12月31日收取利息。

借：银行存款 900

债权投资——利息调整 289

贷：投资收益 1 189

(6) 20×3年1月1日收取本金。

借：银行存款 30 000

贷：债权投资——债券面值 30 000

4. 编制如下会计分录：

(1) 20×1年1月1日购入债券。

借：债权投资——债券面值 100 000
——利息调整 1 881
贷：银行存款 101 881

（2）20×1年9月30日收取利息。

收取利息＝100 000×3%＝3 000(元)

实际利息＝101 881×2.5%＝2 547(元)

利息调整借差摊销＝3 000－2 547＝453(元)

借：银行存款 3 000
贷：债权投资——利息调整 453
投资收益 2 547

债权投资摊余成本＝101 881－453＝101 428(元)

（3）20×1年12月31日应收利息（3个月）。

应收利息＝100 000×3%÷2＝1 500(元)

实际利息＝101 428×2.5%÷2＝1 268(元)

利息调整借差摊销＝1 500－1 268＝232(元)

借：应收利息 1 500
贷：债权投资——利息调整 232
投资收益 1 268

债权投资摊余成本＝101 428－232＝101 196(元)

（4）20×2年3月31日收取利息。

收取利息＝100 000×3%＝3 000(元)

实际利息＝101 428×2.5%－1 268＝1 268(元)

利息调整摊销＝1 500－1 268＝232(元)

借：银行存款 3 000
贷：应收利息 1 500
债权投资——利息调整 232
投资收益 1 268

债权投资摊余成本＝101 196－232＝100 964(元)

（5）20×2年9月30日收取利息。

收取利息＝100 000×3%＝3 000(元)

实际利息＝100 964×2.5%＝2 524(元)

溢价摊销＝3 000－2 524＝476(元)

借：银行存款　　3 000
　贷：债权投资——利息调整　　476
　　投资收益　　2 524

债权投资摊余成本＝100 964－476＝100 488(元)

(6) 20×2年12月31日应收利息。

应收利息＝100 000×3%÷2＝1 500(元)
实际利息＝100 488×2.5%÷2＝1 256(元)
利息调整借差摊销＝1 500－1 256＝244(元)

借：应收利息　　1 500
　贷：债权投资——利息调整　　244
　　投资收益　　1 256

债权投资摊余成本＝100 488－244＝100 244(元)

(7) 20×3年3月31日收取利息。

收取利息＝100 000×3%＝3 000(元)
实际利息＝100 488×2.5%÷2＝1 256(元)
利息调整借差摊销＝1 500－1 256＝244(元)

借：银行存款　　3 000
　贷：应收利息　　1 500
　　债权投资——利息调整　　244
　　投资收益　　1 256

债权投资摊余成本＝100 244－244＝100 000(元)

(8) 20×3年4月1日收取本金。

借：银行存款　　100 000
　贷：债权投资——债券面值　　100 000

5. A公司相关的会计分录如下：

(1) 20×1年4月1日。

借：其他权益工具投资——成本　　39 800 000
　　应收股利　　400 000
　贷：银行存款　　40 200 000

(2) 20×1年5月15日。

借：银行存款　　400 000
　贷：应收股利　　400 000

（3）20×1 年 6 月 30 日。

公允价值变动＝17×2 000 000－39 800 000＝－5 800 000（元）

借：其他综合收益——金融资产公允价值变动　5 800 000
　贷：其他权益工具投资——公允价值变动　5 800 000

（4）20×1 年 9 月 30 日。

公允价值变动＝(19－17)×2 000 000＝4 000 000（元）

借：其他权益工具投资——公允价值变动　4 000 000
　贷：其他综合收益——金融资产公允价值变动　4 000 000

（5）20×1 年 12 月 20 日。

借：银行存款　38 600 000
　　其他权益工具投资——公允价值变动　1 800 000
　贷：其他权益工具投资——成本　39 800 000
　　　其他综合收益——金融资产公允价值变动　600 000
借：利润分配——未分配利润　1 200 000
　贷：其他综合收益——金融资产公允价值变动　1 200 000

六、简答题

1. 直线法的特点是各期的摊销额和投资收益固定不变，但随着利息调整借差或贷差的摊销，债券投资成本在不断变化，因而各期的投资收益率也在变化。采用直线法能够简化计算工作，但在一项投资业务中各期投资收益率不同，不能正确反映各期的经营业绩。

实际利率法的特点是各期的投资收益率保持不变，但由于债券投资额在不断变化，各期的投资收益也在不断变化；实际利率法下，债券利息调整借差或贷差摊销额是票面利息与投资收益（即实际利息）的差额，在票面利息不变而投资收益变化的情况下，摊销额也是在不断变化的。采用实际利率法能够使一项投资业务中各期投资收益率相同，正确反映各期经营业绩，但计算工作较为复杂。

2. 初始入账价值可拆分为面值、一次付息债券应计利息和初始入账价值（含初始直接费用）扣除一次付息债券应计利息与面值的差额三部分分别反映。该差额称为利息调整，它代表了债券存续期间的利息总额（未折现的金额）的一部分，严格来说是全部投资成本的一部分。取得债权投资支付的全部价款扣除一次付息债券应计利息后的金额大于债券面值的差额称为利息调整借差，为债券溢价金额（不含一次付息债券应计利息）与初始直接费用之和；取得债权投资支付的全部价款扣除一次付息债券应计利息后的金额小于债券面值的差额称为利息调整贷差，为债券折价金额（不含一次付息债券应计利息）减去初始直接费用的差额。如果债券折价金额（不含一次付息债券应计利息）小于初始直接费用，则其差额也为利息调整借差。利息调整借差、贷差本质上均是债券投资成本的组成部分，借差是债券面值的增项，贷差则是债券面值的减项。

3. 其他权益工具投资不得重分类为其他金融资产。金融资产重分类有以下几种类型：

（1）债权投资重分类为交易性金融资产。重分类时，应当按照该金融资产在重分类日的公允价值进行计量。原账面价值与公允价值之间的差额计入当期损益。

（2）债权投资重分类为其他债权投资。重分类时，应当按照该金融资产在重分类日的公允价值进行计量。原账面价值与公允价值之间的差额计入其他综合收益。该金融资产重分类不影响其实际利率和预期信用损失的计量。

（3）其他债权投资重分类为债权投资。重分类时，应当将之前计入其他综合收益的累计利得或损失转出，调整该金融资产在重分类日的公允价值，并以调整后的金额作为新的账面价值，即视同该金融资产一直以摊余成本计量。

（4）其他债权投资重分类为交易性金融资产。重分类时，应当继续以公允价值计量该金融资产。同时，应当将之前计入其他综合收益的累计利得或损失从其他综合收益转入当期损益。

（5）交易性金融资产重分类为债权投资。重分类时，应当以其在重分类日的公允价值作为新的账面余额，以该金融资产在重分类日的公允价值确定其实际利率。其后，按照债权投资的相关规定进行后续计量。

（6）交易性金融资产重分类为其他债权投资。重分类时，应当继续以公允价值计量该金融资产，并根据该金融资产在重分类日的公允价值确定其实际利率。其后，按照其他债权投资的相关规定进行后续计量。

教材练习题解析

1. 利息调整摊销表见表5-3。

表5-3　利息调整摊销表　　单位：元

计息日期	票面利息	投资收益	利息调整摊销	摊余成本
	借：银行存款	贷：投资收益	借：债权投资——利息调整	
	①=100 000×6%÷2	②=期初④×8%÷2	③=②-①	④=期初④+③
20×1年1月1日				91 889
20×1年6月30日	3 000	3 676	676	92 565
20×1年12月31日	3 000	3 703	703	93 268
20×2年6月30日	3 000	3 731	731	93 999
20×2年12月31日	3 000	3 760	760	94 759

续表

计息日期	票面利息	投资收益	利息调整摊销	摊余成本
	借：银行存款	贷：投资收益	借：债权投资——利息调整	
	①＝100 000×6%÷2	②＝期初④×8%÷2	③＝②－①	④＝期初④＋③
20×3 年 6 月 30 日	3 000	3 790	790	95 549
20×3 年 12 月 31 日	3 000	3 822	822	96 371
20×4 年 6 月 30 日	3 000	3 855	855	97 226
20×4 年 12 月 31 日	3 000	3 889	889	98 115
20×5 年 6 月 30 日	3 000	3 925	925	99 040
20×5 年 12 月 31 日	3 000	3 960*	960	100 000
合计	30 000	38 111	8 111	

* 含尾差调整。

(1) 20×1 年 1 月 1 日购入债券时。

借：债权投资——债券面值　100 000
　　应交税费——应交增值税（进项税额）　100
　贷：债权投资——利息调整　8 111
　　　银行存款　91 989

(2) 20×1 年 6 月 30 日收到利息时。

借：银行存款　3 000
　　债权投资——利息调整　676
　贷：投资收益　3 676

(3) 20×1 年 12 月 31 日至 20×5 年 12 月 31 日收到利息的分录依表 5-3 中数字列示，此处略。

(4) 20×6 年 1 月 1 日收回债券面值。

借：银行存款　100 000
　贷：债权投资——债券面值　100 000

2. 该题有两种解题方法：

第一种：分别确认票面利息和利息调整摊销额。

(1) 20×1 年 1 月 1 日购入债券。

借：债权投资——债券面值（1 000×80）　80 000
　　　　　　——利息调整　4 400
　　应交税费——应交增值税（进项税额）　24
　贷：银行存款（1 050×80＋424）　84 424

到期价值＝80 000×(1＋12%×4)＝118 400(元)

$$实际利率=\left(\sqrt[4]{\frac{118\,400}{84\,400}}-1\right)\times100\%=8.83\%$$

（2）各年年末确认利息收入详见表 5－4。

表 5－4 利息收入确认表

单位：元

计息日期	票面利息 借：债权投资——应计利息 ①＝80 000×12%	投资收益 贷：投资收益 ②＝期初④×8.83%	利息调整摊销 贷：债权投资——利息调整 ③＝①－②	摊余成本 ④＝期初④＋②
20×1 年 1 月 1 日				84 400
20×1 年 12 月 31 日	9 600	7 453	2 147	91 853
20×2 年 12 月 31 日	9 600	8 111	1 489	99 964
20×3 年 12 月 31 日	9 600	8 827	773	108 791
20×4 年 12 月 31 日	9 600	9 609*	－9	118 400
合计	38 400	34 000	4 400	—

* 含尾差调整。

（3）20×5 年 1 月 1 日到期收回本息。

借：银行存款　118 400

　贷：债权投资——债券面值　80 000

　　　　　　——应计利息　38 400

第二种：不分别确认票面利息和利息调整摊销额，只计与投资收益相对应的投资成本，即把“债权投资——利息调整”部分与“债权投资——投资成本”相抵销。

（1）20×1 年 1 月 1 日购买债券。

借：债权投资——投资成本　84 400

　　应交税费——应交增值税（进项税额）　24

　贷：银行存款（1 050×80＋424）　84 424

$$到期价值=80\,000\times(1+12\%\times4)=118\,400(元)$$

$$实际利率=\left(\sqrt[4]{\frac{118\,400}{84\,400}}-1\right)\times100\%=8.83\%$$

（2）各年年末编制的会计分录。

1）20×1 年 12 月 31 日。

借：债权投资——投资成本　7 453

　贷：投资收益　7 453

2）20×2 年 12 月 31 日。

借：债权投资——投资成本　8 111
　贷：投资收益　8 111

3）20×3 年 12 月 31 日。

借：债权投资——投资成本　8 827
　贷：投资收益　8 827

4）20×4 年 12 月 31 日。

借：债权投资——投资成本　9 609
　贷：投资收益　9 609

（3）20×5 年 1 月 1 日到期收回本息。

借：银行存款　118 400
　贷：债权投资——投资成本　118 400

3. 会计处理如下：

（1）20×1 年 5 月 12 日购入 S 公司股票。

借：其他权益工具投资——成本　322 000
　　应交税费——应交增值税（进项税额）　120
　贷：银行存款　322 120

（2）20×1 年 12 月 31 日确认公允价值变动。

公允价值变动=7.5×40 000−322 000=−22 000(元)

每股变动=22 000÷40 000=0.55(元)

借：其他综合收益——金融资产公允价值变动　22 000
　贷：其他权益工具投资——公允价值变动　22 000

（3）20×2 年 3 月 18 日出售股票。

借：银行存款　73 000
　　其他权益工具投资——公允价值变动　5 500
　　其他综合收益　2 000
　贷：其他权益工具投资——成本　80 500

出售股票损益=(−0.55)×10 000−2 000=−7 500(元)

借：利润分配——未分配利润　7 500
　贷：其他综合收益——金融资产公允价值变动　7 500

（4）20×2 年 12 月 31 日确认公允价值变动。

公允价值变动=6×30 000−7.5×30 000=−45 000(元)

借：其他综合收益——金融资产公允价值变动　45 000
　贷：其他权益工具投资——公允价值变动　45 000

4. 会计处理如下：

（1）20×1 年 1 月 1 日购入债券。

借：债权投资——债券面值	100 000
——利息调整	3 200
应交税费——应交增值税（进项税额）	12
贷：银行存款	103 212

$$实际利率=\sqrt[5]{\frac{100\ 000\times(1+5\%\times5)}{103\ 212-12}}-1=3.9\%$$

20×1 年 12 月 31 日确认投资收益：

投资收益＝103 200×3.9%＝4 025(元)

借：债权投资——应计利息	5 000
贷：债权投资——利息调整	975
投资收益	4 025

20×2 年 12 月 31 日确认投资收益：

年初账面价值＝103 200＋4 025＝107 225(元)

投资收益＝107 225×3.9%＝4 182(元)

借：债权投资——应计利息	5 000
贷：债权投资——利息调整	818
投资收益	4 182

20×3 年 12 月 31 日确认投资收益：

年初账面价值＝107 225＋4 182＝111 407(元)

投资收益＝111 407×3.9%＝4 345(元)

借：债权投资——应计利息	5 000
贷：债权投资——利息调整	655
投资收益	4 345

（2）20×4 年 1 月 1 日，将该债券重分类为其他债权投资。

债券面值＝100 000(元)

利息调整＝3 200－975－818－655＝752(元)

应计利息＝5 000＋5 000＋5 000＝15 000(元)

合计＝100 000＋752＋15 000＝115 752(元)

借：其他债权投资——债券面值	100 000
——利息调整	752
——应计利息	15 000

贷：债权投资——债券面值 100 000
——利息调整 752
——应计利息 15 000

调整公允价值＝115 700－115 752＝－52(元)

借：其他综合收益——金融资产公允价值变动 52
贷：其他债权投资——公允价值变动 52

(3) 20×4 年 12 月 31 日。

1）确认投资收益。

投资收益＝115 752×3.9%＝4 515(元)(含尾差)

借：其他债权投资——应计利息 5 000
贷：其他债权投资——利息调整 485
投资收益 4 515

2）确认公允价值变动。

账面价值＝115 700＋4 515＝120 215(元)

公允价值变动＝120 200－120 215＝－15(元)

借：其他综合收益——金融资产公允价值变动 15
贷：其他债权投资——公允价值变动 15

(4) 20×5 年 1 月 1 日出售债券。

借：银行存款 118 982
应交税费——应交增值税（进项税额） 18
其他债权投资——公允价值变动 67
投资收益 1 200
贷：其他债权投资——债券面值 100 000
——利息调整 267
——应计利息 20 000

借：投资收益 67
贷：其他综合收益——金融资产公允价值变动 67

5. (1) 20×1 年 12 月 31 日。

借：其他债权投资——债券面值 1 000 000
应交税费——应交增值税（进项税额） 120
贷：其他债权投资——利息调整 18 000
银行存款 982 120

$$实际利率=\sqrt[4]{\frac{1\,000\,000\times(1+5\%\times4)}{982\,120-120}}-1=5.1\%$$

(2) 20×1年12月31日。

1）确认投资收益。

投资收益=982 000×5.1%=50 082(元)

借：其他债权投资——应计利息　　50 000
　　　　　　　　——利息调整　　82
　贷：投资收益　　50 082

2）确认公允价值变动。

摊余成本=982 000+50 082=1 032 082(元)

公允价值变动=1 030 000−1 032 082=−2 082(元)

借：其他综合收益——金融资产公允价值变动　　2 082
　贷：其他债权投资——公允价值变动　　2 082

3）确认减值损失。

减值损失=1 032 082−1 020 000=12 082(元)

借：信用减值损失　　12 082
　贷：其他综合收益——金融资产减值准备　　12 082

(3) 20×2年1月1日，重分类为交易性金融资产。

借：交易性金融资产——成本　　1 030 000
　　其他债权投资——利息调整　　17 918
　　　　　　　　——公允价值变动　　2 082
　贷：其他债权投资——债券面值　　1 000 000
　　　　　　　　　——应计利息　　50 000

结转其他综合收益公允价值变动：

借：公允价值变动损益　　2 082
　贷：其他综合收益——金融资产公允价值变动　　2 082

结转已确认的减值损失：

借：其他综合收益——金融资产减值准备　　12 082
　贷：信用减值损失　　12 082

第6章 长期股权投资

学习指导

本章讲述了长期股权投资的核算。

长期股权投资是指通过投出各种资产取得被投资企业股权且不准备随时出售的投资。投资企业与被投资企业的关系有：控制、共同控制和重大影响。

长期股权投资的初始入账价值应分别不同情况确定。同一控制下控股合并取得的长期股权投资的初始入账价值应按照被合并企业所有者权益账面价值和持股比例确定；非同一控制下控股合并和未形成控股合并取得的长期股权投资的入账价值应按照投出资产、承担债务、发行股票的公允价值确定；控股合并取得长期股权投资发生的交易费用计入当期损益，未形成控股合并取得长期股权投资发生的交易费用计入长期股权投资成本。

长期股权投资的后续计量可以根据不同情况分别采用成本法和权益法。投资企业对被投资企业具有控制的情况下采用成本法；投资企业对被投资企业具有共同控制或重大影响的情况下采用权益法。采用成本法，应根据收取的现金股利确认投资收益。采用权益法，应根据被投资企业实现的净利润和持股比例确认投资收益（被投资企业的净利润应以投资时被投资企业可辨认净资产公允价值为基础进行计量，同时考虑内部交易的未实现利润因素）；如果被投资企业发生巨额亏损则应根据确认的投资损失依次冲减长期股权投资账面价值、长期权益账面价值，确认预计负债；收取的现金股利作为投资返还处理；还应根据被投资企业所有者权益的其他变动和持股比例确认其他综合收益。投资企业在追加投资或减资以后，应根据具体情况将长期股权投资的后续计量方法在成本法与权益法之间进行价值转换。

长期股权投资发生减值迹象，应进行减值测试，将可收回金额低于账面价值的差额确认为资产减值损失。

练习题

一、名词解释

1. 长期股权投资　　2. 控制
3. 共同控制　　4. 重大影响
5. 同一控制下的控股合并　　6. 长期股权投资核算的权益法
7. 可辨认净资产公允价值　　8. 长期股权投资的可收回金额

二、判断题

第6章判断题
即测即评

1. 长期股权投资确认减值损失后，以后期间有客观情况表明该减值能得以恢复的，原确认的减值损失可以转回。（　　）

2. 控股合并中，不论是同一控制下的控股合并还是非同一控制下的控股合并，长期股权投资入账价值的计量方法都是相同的。（　　）

3. 如果企业的长期股权投资能够对被投资企业实施控制，则应该采用权益法进行后续计量。（　　）

4. 如果企业的长期股权投资能够对被投资企业实施控制，且投资企业与被投资企业属于非同一控制下的两个企业，则应采用权益法进行后续计量。（　　）

5. 长期股权投资采用权益法核算，初始投资成本大于投资时应享有被投资单位可辨认净资产公允价值份额的差额，要调整长期股权投资的初始投资成本，同时在投资期间进行摊销。（　　）

6. 长期股权投资采用权益法核算，收到股票股利不会引起长期股权投资账面价值的增减变动。（　　）

7. 长期股权投资采用权益法核算，确认被投资单位亏损时，应冲减“损益调整”明细科目（可以为负数），不冲减其他明细科目。（　　）

8. 长期股权投资采用权益法核算，当被投资企业发生盈利或是宣告分配现金股利时，投资企业均作为投资损益处理。（　　）

三、单项选择题

第6章单项选择题
即测即评

1. 甲公司以银行存款160万元购买乙公司30%的股权（对乙公司有重大影响），购买日乙公司可辨认净资产的账面价值为500万元，公允价值为600万元。甲公司对乙公司的长期股权投资采用权益法进行核算，对长期股权投资初始成本进行调整时，应确认的损益为（　　）。

A. 营业外支出10万元　　B. 营业外支出20万元
C. 营业外收入10万元　　D. 营业外收入20万元

2. 企业购入股票确认为长期股权投资时，如果支付的价款中含有已宣告发放但尚未领取的现金股利，应将这部分股利记入的账户是（　　）。

A. “长期股权投资”　　B. “投资收益”

C. “其他应收款”　　D. “应收股利”

3. 长期股权投资采用权益法核算，当被投资企业其他综合收益增加时，投资企业应贷记的会计科目是（　　）。

A. “投资收益”　　B. “营业外收入”

C. “其他综合收益”　　D. “盈余公积”

4. 长期股权投资采用权益法核算，当被投资企业宣告分派现金股利时，投资企业应进行的会计处理是（　　）。

A. 贷记“应收股利”科目　　B. 贷记“投资收益”科目

C. 贷记“长期股权投资”科目　　D. 借记“长期股权投资”科目

5. 长期股权投资采用权益法核算，下列各项中，不会引起投资企业长期股权投资账面价值发生增减变动的是（　　）。

A. 被投资企业实现净利润　　B. 被投资企业发生净亏损

C. 被投资企业宣告分派股票股利　　D. 被投资企业宣告分派现金股利

6. 甲公司20×1年1月2日购入乙公司30%的普通股，能对其施加重大影响，采用权益法核算。当年乙公司以可辨认净资产公允价值为基础调整后的净利润为180 000元，宣告分派现金股利108 000元。甲公司当年确认的投资收益为（　　）元。

A. 21 600　　B. 32 400　　C. 54 000　　D. 86 400

7. 甲公司20×1年年初购入联营企业B公司40%的有表决权股份，实际支付价款300万元（与享有B公司的可辨认净资产公允价值的份额相等）。当年B公司经营获利100万元，发放现金股利20万元。20×1年年末企业的长期股权投资账面余额为（　　）万元。

A. 280　　B. 332　　C. 340　　D. 348

四、多项选择题

1. 投资企业与被投资企业存在（　　）关系时，投资方应采用权益法核算该长期股权投资。

第6章多项选择题
即测即评

A. 控制（同一控制）

B. 控制（非同一控制）

C. 共同控制

D. 重大影响

E. 无重大影响

2. 下列各项中，属于长期股权投资权益法核算内容的有（　　）。

A. 收到的现金股利作为投资收益入账

B. 收到的股票股利不调整投资账面价值

C. 被投资企业发生亏损按持股比例承担投资损失

D. 被投资企业实现盈利按持股比例分享投资收益

E. 被投资企业除净损益以外所有者权益的增加按持股比例计入其他综合收益

3. 下列各项中，能够确认投资企业对被投资企业具有重大影响的条件有（ ）。

A. 在被投资企业的董事会或类似的权力机构中派有代表

B. 参与被投资企业的财务决策制定过程

C. 参与被投资企业的经营决策制定过程

D. 向被投资企业派出管理人员

E. 被投资企业依赖投资企业的技术资料

4. 长期股权投资采用权益法核算，被投资企业的下列业务中，可能引起投资企业长期股权投资账面价值增加的有（ ）。

A. 支付现金股利 B. 发放股票股利

C. 实现净利润 D. 用资本公积转增资本

E. 其他权益工具投资公允价值增加

五、会计核算题

1. 甲公司为乙公司和丙公司的母公司。20×1年1月1日，甲公司将其持有丙公司70%的股权转让给乙公司，双方协商确定的价格为8 000 000元，以银行存款支付。此外，乙公司还以银行存款支付审计、评估费15 000元。合并日，丙公司所有者权益的账面价值为12 000 000元，乙公司资本公积余额为2 000 000元。

要求：根据以上资料，编制乙公司取得长期股权投资的会计分录。

2. A公司于20×1年1月1日购入联营企业B公司45%的股权，实际支付价款4 500 000元（不考虑增值税因素），采用权益法核算；购买日，B公司所有者权益账面价值为9 000 000元，公允价值为10 500 000元。假定B公司可辨认净资产公允价值与账面价值的差额均为固定资产公允价值与账面价值的差额（不考虑所得税因素），B公司的固定资产账面价值为3 000 000元，公允价值为4 500 000元。按照固定资产账面价值计提的年折旧额为200 000元，按照公允价值应计提的年折旧额为300 000元。20×1年度，B公司实现账面净利润1 500 000元。

要求：按照上述资料，编制A公司相应的会计分录。

3. A公司持有B公司35%的股权，采用权益法进行长期股权投资的核算。20×1年12月31日，A公司长期股权投资的账面价值为1 200 000元，其中“投资成本”为1 000 000元，“损益调整”为200 000元；长期应收款账面价值为300 000元，属于实质上构成B公司净投资的长期权益。20×1年度，B公司发生巨额亏损，以可辨认资产等公允价值为基础调整后的净亏损为5 300 000元；20×2年度，B公司以可辨认资产的公允价值为基础调整后实现的净利润为700 000元；20×3年度，B公司以可辨认资产的公允价值为基础调整后实现的净利润为800 000元。B公司各年均未分配现金股利。

要求：根据以上资料，编制A公司调整投资损益的会计分录。

4. 甲公司20×7年对乙公司投资有关资料如下：

(1) 甲公司20×1年1月1日从证券市场上购入乙公司发行在外股票的20%作为长期股权投资，实际支付价款3 800 000元（不考虑增值税因素），购入后对乙公司具有重大影响。20×1年1月1日乙公司的可辨认净资产公允价值为20 000 000元（不考虑增值税因素）。假定其账面价值与公允价值相一致。

(2) 20×1年5月10日乙公司股东会宣告分派20×0年现金股利100 000元。

(3) 20×1年5月20日甲公司收到现金股利。

(4) 20×1年乙公司实现净利润2 000 000元（20×1年乙公司向甲公司销售一批商品，不含增值税的价款为200 000元，成本为160 000元，甲公司尚未对外销售）。

要求：根据以上资料，编制甲公司20×1年与长期股权投资有关的会计分录。

5. 甲公司于20×1年1月10日购入乙公司30%的股份，购买价款为3 300万元（不考虑增值税因素），并自取得投资之日起派人参与乙公司的生产经营决策。取得投资当日，乙公司可辨认净资产公允价值为9 000万元，除表6-1所列项目外，乙公司其他资产、负债的公允价值与账面价值相同。

表6-1　乙公司部分资产资料　　单位：万元

项目	账面原价	已提折旧或摊销	公允价值	乙公司预计使用年限	甲公司取得投资后剩余使用年限
存货	750		1 050		
固定资产	1 800	360	2 400	20	16
无形资产	1 050	210	1 200	10	8
合计	3 600	570	4 650		

假定乙公司20×1年实现净利润900万元，甲公司取得投资时的账面存货有80%对外出售。甲公司与乙公司的会计年度及采用的会计政策相同。固定资产、无形资产均按年限平均法计提折旧或摊销，预计净残值均为0。

要求：根据以上资料，计算甲公司应享有的投资收益，并编制甲公司确认投资收益的会计分录。

6. 甲公司20×1年1月1日取得乙公司20%有表决权股份，能够对乙公司施加重大影响。假定甲企业取得该项投资时，乙公司各项可辨认资产、负债的公允价值与其账面价值相同。20×1 年 11 月 30 日，乙公司将其成本为 600 万元的某商品以 900 万元的价格（不含增值税）出售给甲企业，甲企业将取得的商品作为固定资产，预计其使用寿命为 10 年，采用年限平均法计提折旧，净残值为 0。乙公司 20×1 年实现净利润为 1 600 万元。假定不考虑所得税因素影响。

要求： 根据以上资料，计算权益法下甲企业应享有的投资收益，并编制甲企业确认投资收益的会计分录。

7. A 公司原持有 B 公司 60%的股权，其账面余额为 9 000 万元，未计提减值准备。20×1 年 1 月 1 日，A 公司将其持有的 B 公司 20%的股权出售给 C 公司（A 公司与 C 公司不存在关联方关系），收取价款 4 400 万元（不考虑增值税因素），当日 B 公司可辨认净资产公允价值为 21 000 万元。C 公司原持有 B 公司 10%的股权，投资成本为 1 500 万元，确认为其他权益工具投资。A 公司与 C 公司同时取得对 B 公司的原投资，原投资日 B 公司可辨认净资产公允价值总额为 13 500 万元（假定可辨认净资产的公允价值与账面价值相同）。自取得对 B 公司长期股权投资后，B 公司实现净利润 7 000 万元。假定 B 公司一直未进行利润分配。除所实现净损益外，B 公司未发生其他计入其他综合收益的交易或事项。

要求：

（1）编制 A 公司处置长期股权投资的相关会计分录。

（2）编制 C 公司追加投资的相关会计分录。

六、简答题

1. 简述同一控制下控股合并和非同一控制下控股合并取得的长期股权投资会计处理的特点。

2. 简述长期股权投资核算权益法的特点。

3. 简述权益法下如果投资企业与联营企业或合营企业之间发生内部交易，投资企业应如何确认投资收益。

4. 简述长期股权投资核算由成本法转换为权益法的处理。

5. 简述长期股权投资核算由权益法转换为成本法的处理。

练习题答案

一、名词解释

1. 长期股权投资是指企业能够对被投资企业实施控制、共同控制或施加重大影响的权益性投资。

2. 控制是指企业拥有通过参与被投资企业的相关活动而享有可变回报的权力，并且有能力运用该权力影响其回报金额。

3. 共同控制是指按照相关约定对被投资企业所共有的控制，并且该被投资企业的相关活动必须经过分享控制权的各投资方一致同意后才能决策。

4. 重大影响是指企业对被投资企业的财务和经营政策有参与决策的权力，但并不能够控制或者与其他投资方一起共同控制这些政策的制定。

5. 同一控制下的控股合并是指参与合并的企业在合并前后均受同一方或相同的多方最终控制，且该控制并非暂时性的。

6. 长期股权投资核算的权益法是指长期股权投资的账面价值要随着被投资企业的所有者权益变动而相应变动，大体上反映在被投资企业所有者权益中占有的份额。投资企业对被投资企业具有共同控制或重大影响的长期股权投资，应采用权益法进行核算。

7. 可辨认净资产公允价值是指被投资企业可辨认资产的公允价值减去负债及或有负债的公允价值后的余额。

8. 长期股权投资的可收回金额是指长期股权投资的公允价值减去处置费用后的净额与长期股权投资预计未来现金流量的现值两者之间的较高者。

二、判断题

1. ×	2. ×	3. ×	4. ×	5. ×
6. √	7. √	8. ×		

三、单项选择题

1. D	2. D	3. C	4. C	5. C
6. C	7. B			

四、多项选择题

1. CD	2. BCDE	3. ABCDE	4. CE

五、会计核算题

1. 乙公司初始投资成本＝12 000 000×70％＝8 400 000(元)

借：长期股权投资——投资成本	8 400 000	
管理费用	15 000	
贷：资本公积		400 000
银行存款		8 015 000

2. (1) 取得投资。

借：长期股权投资——投资成本	4 500 000	
贷：银行存款		4 500 000

(2) 调整投资成本。

A公司享有B公司可辨认净资产公允价值的份额＝10 500 000×45％＝4 725 000(元)

调整初始投资成本＝4 725 000－4 500 000＝225 000(元)

借：长期股权投资——投资成本　　225 000
　贷：营业外收入　　225 000

（3）确认投资收益。

投资收益＝[1 500 000－(300 000－200 000)]×45%＝630 000(元)

借：长期股权投资——损益调整　　630 000
　贷：投资收益　　630 000

3.（1）20×1 年年末相关会计处理。

应分担的投资损失＝5 300 000×35%＝1 855 000(元)

以长期股权投资和长期权益账面价值为限实际确认的投资损失＝1 200 000＋300 000＝1 500 000(元)

未确认的投资损失＝1 855 000－1 500 000＝355 000(元)

借：投资收益　　1 500 000
　贷：长期股权投资——损益调整　　1 200 000
　　　长期应收款减值准备　　300 000

20×1 年年末：

长期股权投资账面价值：0。

长期应收款账面价值：0。

（2）20×2 年度相关会计处理。

应享有的投资收益＝700 000×35%＝245 000(元)

期末未确认的投资损失＝355 000－245 000＝110 000(元)

20×2 年年末：

长期股权投资账面价值：0。

长期应收款账面价值：0。

（3）20×3 年度相关会计处理。

应享有的投资收益＝800 000×35%＝280 000(元)

实际确认的投资收益＝280 000－110 000＝170 000(元)

借：长期应收款减值准备　　170 000
　贷：投资收益　　170 000

20×3 年年末：

长期股权投资账面价值：0。

长期应收款账面价值：170 000 元。

4.（1）取得投资。

借：长期股权投资——投资成本　　3 800 000
　贷：银行存款　　3 800 000

$$\text{甲公司享有乙公司可辨认净资产公允价值的份额}=20\,000\,000\times20\%=4\,000\,000(\text{元})$$

调整初始投资成本＝4 000 000－3 800 000＝200 000(元)

借：长期股权投资——投资成本　　200 000

　贷：营业外收入　　200 000

(2) 乙公司宣告分派现金股利。

借：应收股利　　20 000

　贷：长期股权投资——损益调整　　20 000

(3) 甲公司收到现金股利。

借：银行存款　　20 000

　贷：应收股利　　20 000

(4) 确认投资收益。

投资收益＝[2 000 000－(200 000－160 000)]×20%＝392 000(元)

借：长期股权投资——损益调整　　392 000

　贷：投资收益　　392 000

5. 相关计算如下：

存货账面价值与公允价值差额应调整减少的利润＝(1 050－750)×80%＝240(万元)

固定资产公允价值与账面价值差额应调整增加的折旧额＝2 400÷16－1 800÷20＝60(万元)

无形资产公允价值与账面价值差额应调整增加的摊销额＝1 200÷8－1 050÷10＝45(万元)

调整后的净利润＝900－240－60－45＝555(万元)

甲公司应享有的份额＝555×30%＝166.5(万元)

甲公司确认投资收益的会计分录为：

借：长期股权投资——损益调整　　1 665 000

　贷：投资收益　　1 665 000

6. 相关计算如下：

未实现内部交易应调整减少的利润＝(900－600)－(900－600)÷10÷12＝297.5(万元)

调整后的净利润＝1 600－297.5＝1 302.5(万元)

甲公司应享有份额＝1 302.5×20%＝260.5(万元)

甲公司确认投资收益的账务处理为：

借：长期股权投资——损益调整　　2 605 000

　贷：投资收益　　2 605 000

7.（1）A 公司处置长期股权投资的相关会计分录如下（单位：万元）：

1）处置投资。

借：银行存款	4 400
贷：长期股权投资	3 000
投资收益	1 400

2）调整长期股权投资账面价值。

处置后，剩余长期股权投资的账面价值为 6 000 万元，与原投资时应享有 B 公司可辨认净资产公允价值份额之间的差额 600 万元（6 000−13 500×40%）为商誉，不需要对长期股权投资的成本进行调整。

原投资日至处置日之间 B 公司实现净利润 7 000 万元，A 公司应享有 2 800 万元（7 000×40%），调整增加 A 公司长期股权投资账面价值，同时调整留存收益。

借：长期股权投资——损益调整	2 800
贷：利润分配——未分配利润	2 800

（2）C 公司追加投资的相关会计分录如下（单位：万元）：

C 公司持有 B 公司 10% 的股权在追加投资日的公允价值为 2 200 万元（4 400/20%×10%），与初始投资成本 1 500 万元的差额 700 万元（2 200−1 500）已经计入其他综合收益。

1）追加投资。

借：长期股权投资——投资成本	6 600
贷：其他权益工具投资——成本	1 500
——公允价值变动	700
银行存款	4 400

2）调整其他综合收益。

借：其他综合收益	700
贷：利润分配——未分配利润	700

六、简答题

1. 控股合并取得的长期股权投资，可以分为同一控制下控股合并和非同一控制下控股合并取得的长期股权投资。不同方式取得的长期股权投资，会计处理方法有所不同。

（1）同一控制下的控股合并，是指参与合并的企业在合并前后均受同一方或相同的多方最终控制，且该控制并非暂时性的。同一控制下的控股合并，合并双方的合并行为不完全是自愿进行和完成的，这种控股合并不属于交易行为，而是参与合并各方资产和负债的重新组合，因此，合并方可以按照被合并方的账面价值进行初始计量。

（2）非同一控制下的控股合并，是指参与合并的各方在合并前后不受同一方或相同的多方最终控制。相对于同一控制下的控股合并而言，非同一控制下的控股合并是合并各方自愿进行的交易行为，作为一种公平的交易，应当以公允价值为基础进行计量。

2. 采用权益法进行长期股权投资的核算时，为了更客观地反映在被投资企业所有者权益中享有的份额，应将初始投资成本按照被投资企业可辨认净资产公允价值和持股比例进行调整。

长期股权投资的初始投资成本大于投资时应享有被投资企业可辨认净资产公允价值份额的差额，性质与商誉相同，不调整长期股权投资的初始投资成本，在投资期间也不摊销；长期股权投资的初始投资成本小于投资时应享有被投资企业可辨认净资产公允价值份额的差额，应计入当期损益，同时调整长期股权投资的成本。

企业持有的对联营企业或合营企业的投资，一方面应按照享有被投资企业净利润的份额确认为投资收益，另一方面作为追加投资。如果被投资企业发生亏损，投资企业也应按持股比例确认应分担的损失。被投资企业的净亏损也应以其各项可辨认资产等的公允价值为基础进行调整后加以确定。

对被投资企业分派的现金股利应视为投资的收回，应将被投资企业宣告分派的现金股利按持股比例计算的应分得现金股利，相应减少长期股权投资的账面价值。

对被投资企业除净损益以外所有者权益的增加，应调整长期股权投资的账面价值，并计入其他综合收益。被投资企业除净损益以外所有者权益的减少，投资企业做相反的处理。

3. 权益法下，如果投资企业与联营企业或合营企业之间发生内部交易，不论是投资企业向联营企业或合营企业销货（即顺流交易），还是联营企业或合营企业向投资企业销货（即逆流交易），其未实现的内部损益中属于投资企业享有的份额，投资企业在确认投资收益时均应予以扣除。在顺流交易的情况下，投资企业已经在个别报表中确认了销售损益，而联营企业或合营企业未实现销售，即损益未能最终实现；但是，联营企业或合营企业未实现的损益中，属于其他股东享有的份额，从投资企业的角度看其损益已经实现，不需要进行抵销处理，因此只是其中属于投资企业享有的份额应在确认投资收益时予以抵销。在逆流交易的情况下，联营企业或合营企业在个别报表中确认了销售损益，而投资企业未实现销售，即损益也未能最终实现；但是，投资企业未实现的损益中，属于其他股东享有的份额，从投资企业的角度看相当于向其他股东购买货物的价值，联营企业或合营企业的销售损益已经实现，不需要进行抵销处理，因此也只是需要将其中属于投资企业享有的份额在确认投资收益时予以抵销。

4. 投资企业因减少投资等对被投资企业不再具有控制权，但仍存在共同控制或重大影响的，应当将剩余投资改按权益法进行核算。剩余长期股权投资账面价值大于原投资时按照剩余持股比例计算应享有被投资企业可辨认净资产公允价值份额的差额，视为商誉，不需要对剩余长期股权投资账面价值进行调整；剩余长期股权投资账面价值小于原投资时按照剩余持股比例计算应享有被投资企业可辨认净资产公允价值份额的差额，应在调整长期股权投资账面价值的同时，调整期初盈余公积及未分配利润。对于原投资日至处置日之间被投资企业实现的以公允价值变动损益为基础的净利润、分配现金股利和所有者权益的其他变动，投资企业应采用权益法进行调整，在调整长期股权投资账面价值的同时，调整期初盈余公积、未分配利润、当期投资收益和其他综合收益。

5. 投资企业因追加股权投资形成非同一控制下的控股合并，应当按照原持有的股权投资账面价值与新增投资成本之和，作为改按成本法核算的初始投资成本。

教材练习题解析

1. 甲公司账务处理如下：

（1）20×1年1月1日取得长期股权投资。

借：长期股权投资 500 000
　贷：银行存款 500 000

（2）20×1年5月宣告发放现金股利。

借：应收股利（100 000×80%） 80 000
　贷：投资收益 80 000

（3）20×2年5月宣告发放现金股利。

借：应收股利（350 000×80%） 280 000
　贷：投资收益 280 000

2. 甲公司账务处理如下：

（1）取得投资。

借：长期股权投资——投资成本 5 000 000
　贷：银行存款 5 000 000

（2）20×1年5月乙公司宣告发放现金股利。

借：应收股利（1 000 000×30%） 300 000
　贷：长期股权投资——损益调整 300 000

（3）20×1年乙公司实现利润。

确认投资收益＝(2 000 000－1 000 000÷20)×30%＝585 000(元)

借：长期股权投资——损益调整 585 000
　贷：投资收益 585 000

（4）20×1年乙公司其他综合收益增加。

借：长期股权投资——其他综合收益调整（300 000×30%） 90 000
　贷：其他综合收益 90 000

3. 甲公司账务处理如下：

(1) 借：长期股权投资——投资成本 220 000
　　贷：银行存款 220 000

(2) 承担亏损份额 60 000 元（300 000×20%）。

借：投资收益 60 000
　贷：长期股权投资——损益调整 60 000

确认其他综合收益=100 000×20%=20 000(元)

借：长期股权投资——其他综合收益调整 20 000
　贷：其他综合收益 20 000

(3) 借：资产减值损失 40 000
　　贷：长期股权投资减值准备 40 000

(4) 承担亏损份额=800 000×20%=160 000(元)

长期股权投资账面价值=220 000−60 000+20 000−40 000=140 000(元)

确认投资损失=140 000(元)

未确认投资损失=160 000−140 000−20 000(元)

借：投资收益 140 000
　贷：长期股权投资——损益调整 140 000

(5) 分享收益份额 10 000 元（50 000×20%）。

未确认投资损失转回=10 000(元)

确认投资收益=0

(6) 分享收益份额=250 000×20%=50 000(元)

未确认投资损失转回=20 000−10 000=10 000(元)

确认投资收益=50 000−10 000=40 000(元)

借：长期股权投资——损益调整 40 000
　贷：投资收益 40 000

20×4 年年末长期股权投资账面价值：

长期股权投资——投资成本=220 000(元)

长期股权投资——损益调整=−60 000−140 000+40 000=−160 000(元)

长期股权投资——其他综合收益调整=20 000(元)

“长期股权投资”科目余额=220 000−160 000+20 000=80 000(元)

“长期股权投资减值准备”科目余额=−40 000(元)

长期股权投资账面价值=80 000−40 000=40 000(元)

第 7 章　固定资产

学习指导

本章讲述了固定资产的核算。

固定资产在企业生产经营过程的若干个生产经营周期中发挥作用，并保持其原有的实物形态，其价值则由于损耗而逐渐减少。这部分减少的价值以折旧的形式分期转移到产品成本或费用中去，并在销售收入中得到补偿。一般来说，生产经营用的劳动资料，使用年限在 1 年以上，单位价值较高，就应列为固定资产；否则，应列为低值易耗品。

固定资产可以按照经济用途分类，按照使用情况分类，以分别提供不同的固定资产信息。

固定资产的计价标准一般有原始价值、重置价值、折余价值、现值四种。

企业取得的固定资产，主要包括外购的固定资产、自行建造的固定资产和投资转入的固定资产等。不同方式取得的固定资产的原始价值构成有所不同。对于特殊行业的特殊固定资产，在确定其原始价值时还应考虑弃置费用。

固定资产折旧是指固定资产由于损耗而减少的价值。固定资产损耗分为有形损耗和无形损耗两种。企业分期计算提取折旧时，应考虑的因素有固定资产应计提折旧总额和预计使用年限或预计工作总量。

常用的固定资产折旧计算方法可以分为直线法和加速折旧法两类。直线法包括年限平均法和工作量法；加速折旧法包括双倍余额递减法和年数总和法。

固定资产的后续支出是指固定资产投入使用以后发生的修理和改扩建等支出。

固定资产的清理是指在固定资产出售或不能继续使用而报废时对固定资产进行的处置。

如果固定资产出现减值迹象，应对固定资产进行减值测试，其可收回金额低于账面价值的差额应确认为减值损失。固定资产减值损失一经确认，在以后会计期间不得转回。

练习题

一、名词解释

1. 固定资产
2. 原始价值
3. 重置价值
4. 折余价值
5. 现值
6. 弃置费用
7. 固定资产折旧
8. 有形损耗
9. 无形损耗
10. 固定资产应计提折旧总额
11. 固定资产预计使用年限
12. 固定资产预计工作总量
13. 直线折旧法
14. 加速折旧法
15. 固定资产的改扩建
16. 固定资产可收回金额

二、判断题

1. 暂时闲置的房屋应归类为使用中的固定资产。（　　）

2. 当预计弃置一项固定资产将发生大额的弃置费用时，应当将该弃置费用的现值计入固定资产的原始价值。（　　）

3. 预计弃置费用应采用实际利率法逐期确认其价值的增加额，计入财务费用。（　　）

4. 企业尚未办理竣工决算的固定资产交付使用时，应根据估计的固定资产原值借记“固定资产”科目，贷记“在建工程”科目。（　　）

第 7 章判断题
即测即评

5. 采用加速折旧法计提折旧时，不需要考虑固定资产应计提的折旧总额。（　　）

6. 企业对因更新改造而停止使用的固定资产应当照提折旧。（　　）

7. 不论采用何种方法计提折旧，固定资产使用期满时，其账面净值均应为预计净残值。（　　）

8. 固定资产使用期满时，如果账面净值大于预计净残值，则意味着使用期内多提了折旧。（　　）

9. 固定资产在年末不论是否发生减值迹象，均应进行减值测试。（　　）

三、单项选择题

1. 甲公司于 20×1 年 1 月 1 日建造完成核电站反应堆并交付使用，建造成本为 2 000 000 万元，预计使用年限为 40 年。根据法律规定，企业应承担环境保

第7章单项选择题
即测即评

护和生态恢复等义务。预计40年后该核电站设施在弃置时，将发生弃置费用200 000万元，折现值为28 400万元，则此核电站反应堆的入账价值为（　　）万元。

A. 2 000 000　　B. 2 200 000

C. 2 028 400　　D. 2 171 600

2. 下列各项中，属于计提固定资产折旧时不需要考虑的因素是（　　）。

A. 实际支付的买价　　B. 实际净残值

C. 预计使用年限　　D. 预计工作总量

3. 下列各项中，不需要考虑折旧年限的折旧方法是（　　）。

A. 年限平均法　　B. 工作量法

C. 双倍余额递减法　　D. 年数总和法

4. 企业取得固定资产出售收入时，应贷记的科目是（　　）。

A. “固定资产”　　B. “累计折旧”

C. “固定资产清理”　　D. “营业外收入”

5. 下列各项中，不应计提折旧的固定资产是（　　）。

A. 闲置的房屋　　B. 长期租入的设备

C. 临时出租的设备　　D. 使用期满的设备

6. 甲公司为增值税一般纳税人，购入一台需要安装的生产设备，取得的增值税专用发票上注明的设备买价为40 000元，增值税为5 200元，支付的运输费为1 000元，运输费增值税为90元；设备安装时领用材料价值1 130元，设备安装时支付有关人员工资1 500元。该固定资产的成本为（　　）元。

A. 40 000　　B. 43 500　　C. 43 630　　D. 48 920

7. 企业对暂时闲置的固定资产也应计提折旧，计提的折旧计入（　　）。

A. 管理费用　　B. 销售费用

C. 制造费用　　D. 营业外支出

8. 下列各项中，不应计入固定资产入账价值的是（　　）。

A. 固定资产购入过程中发生的运杂费支出

B. 固定资产达到预定可使用状态前发生的借款利息

C. 固定资产达到预定可使用状态后至竣工决算前发生的借款利息

D. 固定资产改良过程中领用原材料负担的消费税

9. 某设备的账面原价为50 000元，预计使用年限为4年，预计净残值率为4%，采用双倍余额递减法计提折旧，该设备在第3年应计提的折旧额为（　　）元。

A. 9 600　　B. 6 250　　C. 6 000　　D. 5 250

10. 甲公司20×1年9月30日自行建造的一条生产线投入使用，该生产线建造成本为 740 万元，预计使用年限为 5 年，预计净残值为 20 万元。采用年数总和法计提折旧，20×2 年该设备应计提的折旧额为（　　）万元。

A. 180　　B. 192　　C. 224　　D. 228

11. 甲公司对账面原值为 1 000 万元，累计折旧为 600 万元的一栋房屋进行处置。处置时发生不含增值税的相关处置费用 5 万元，取得处置收入 800 万元，增值税 72 万元。该固定资产的处置净收益为（　　）万元。

A. 395　　B. 400　　C. 405　　D. 467

12. 某项固定资产的账面原价为 80 000 元，预计使用年限为 5 年，预计净残值为 5 000 元，按年数总和法计提折旧。若该项固定资产在使用的第 3 年年末，因技术陈旧等原因首次计提减值准备，金额为其账面价值的 10%，则该项固定资产在第 3 年年末的账面价值为（　　）元。

A. 13 500　　B. 15 000　　C. 18 000　　D. 20 000

13. 企业作为一般纳税人购入房屋，支付的增值税进项税额应借记的科目是（　　）。

A. “固定资产”　　B. “营业外支出”

C. “在建工程”　　D. “应交税费”

14. 固定资产改良过程中取得的变价收入应贷记的科目是（　　）。

A. “其他业务收入”　　B. “在建工程”

C. “营业外收入”　　D. “固定资产清理”

15. 采用年数总和法对固定资产计提折旧与年限平均法相比，将使（　　）。

A. 计提折旧的初期，企业利润减少，固定资产净值减少

B. 计提折旧的初期，企业利润增加，固定资产净值增加

C. 计提折旧的后期，企业利润减少，固定资产净值增加

D. 计提折旧的后期，企业利润增加，固定资产净值减少

16. 某项固定资产采用年数总和法计提折旧，预计使用年限为 20 年，则第 12 年折旧率的分子为（　　）。

A. 7　　B. 8　　C. 9　　D. 12

17. 对固定资产多提折旧，将使企业的资产负债表中的（　　）。

A. 资产减少　　B. 资产增加

C. 负债增加　　D. 负债减少

18. 计提固定资产折旧时，可先不考虑固定资产残值的计算方法是（　　）。

A. 年限平均法　　B. 工作量法

C. 双倍余额递减法　　D. 年数总和法

19. 某企业对甲设备进行改良，以延长其使用寿命。该设备原价为 1 200 万元，已提折旧 300 万元，已提减值准备 60 万元。改良时发生相关支出 500 万元，

处理废料取得变价收入10万元，不考虑增值税，则该设备改良后的账面价值为（　　）万元。

A. 840　　B. 1 330　　C. 1 340　　D. 1 690

20. 对在建工程项目发生的净损失，如为非常损失造成的报废或毁损，应将其净损失计入（　　）。

A. 在建工程成本　　B. 固定资产成本

C. 管理费用　　D. 营业外支出

21. 企业辅助生产车间为生产设备改良提供的水电费支出，原已抵扣的增值税进项税额应当（　　）。

A. 转出并计入管理费用　　B. 转出并计入在建工程

C. 转出并计入制造费用　　D. 不予结转

22. 某行政管理部门的管理设备在大修理期间发生的支出，应计入（　　）。

A. 固定资产成本　　B. 在建工程成本

C. 管理费用　　D. 营业外支出

23. 某企业对原有仓库进行改建，账面原值为6 000万元，已提折旧1 200万元，改建过程中，发生各项支出2 300万元，变价收入100万元，不考虑增值税，则该企业改建后的仓库账面价值应为（　　）万元。

A. 7 000　　B. 7 100　　C. 8 200　　D. 8 400

四、多项选择题

第7章多项选择题即测即评

1. 一般纳税人购入需要安装的生产用固定资产，其入账价值包括（　　）。

A. 买价　　B. 增值税

C. 运杂费　　D. 关税

E. 安装成本

2. 下列固定资产中，应计提折旧的有（　　）。

A. 季节性停用的机器设备

B. 大修理停用的机器设备

C. 暂时闲置的机器设备

D. 按规定单独估价作为固定资产入账的土地

E. 长期租入的机器设备

3. 采用“计提折旧基数×折旧率”方式计算折旧额，下列方法中，计提折旧基数固定不变的有（　　）。

A. 年限平均法　　B. 工作量法

C. 双倍余额递减法　　D. 年数总和法

E. 以上各种折旧方法

4. 采用“计提折旧基数×折旧率”方式计算折旧额，下列方法中，折旧率固定不变的有（　　）。

A. 年限平均法　B. 工作量法

C. 双倍余额递减法　D. 年数总和法

E. 以上各种折旧方法

5. 下列各项中，应增加固定资产账面价值的有（　　）。

A. 固定资产日常修理费支出　B. 固定资产大修理费支出

C. 固定资产扩建支出　D. 固定资产安装费支出

E. 固定资产改良支出

6. 下列各项中，属于固定资产清理核算内容的有（　　）。

A. 固定资产出售　B. 固定资产报废

C. 固定资产盘盈　D. 固定资产盘亏

E. 固定资产减值

7. 下列各项中，应记入“在建工程”科目的有（　　）。

A. 购入不需安装的固定资产支付的价款

B. 购入需要安装的固定资产支付的价款

C. 固定资产的改扩建支出

D. 固定资产的大修理支出

E. 工程项目领用工程物资

8. “固定资产清理”科目贷方登记的项目有（　　）。

A. 转入清理的固定资产净值　B. 固定资产变价收入

C. 结转的清理净收益　D. 结转的清理净损失

E. 应交的增值税

9. 一般纳税人确定生产设备处置损益时，应考虑的因素有（　　）。

A. 累计折旧　B. 增值税

C. 固定资产原值　D. 清理费用

E. 保险赔偿

10. 下列关于固定资产后续支出的表述中，正确的有（　　）。

A. 生产设备的日常修理费用，应当计入当期费用

B. 生产设备的改良支出，应当计入生产设备成本

C. 管理设备的扩建支出，应当计入当期损益

D. 房屋的大修理费用，应当计入房屋成本

E. 固定资产改扩建拆除的原有部件，其残料计价回收时，应冲减改扩建工程支出

五、会计核算题

1. 甲公司为增值税一般纳税人，20×1 年发生的有关自行建造机器设备的经济业务如下：

（1）4 月 10 日，领用生产用原材料一批，价值 30 000 元，增值税税率为 13%，购进该批原材料时支付的进项税额 3 900 元已经抵扣。

（2）4 月 20 日，领用本企业产品一批，账面价值 20 000 元，对外售价 25 000 元。

（3）4 月 30 日，分配建造人员薪酬 10 000 元。

（4）5 月 5 日，该机器设备建造完毕，交付使用。

要求：根据以上资料，编制有关会计分录。

2. 甲公司为增值税一般纳税人，有关购入需要安装的生产设备的经济业务如下：

（1）20×1 年 12 月 3 日购买设备一台，价款为 400 000 元，增值税税率为 13%，以银行存款支付，直接进行安装。

（2）购买材料 50 000 元，增值税税率为 13%，以银行存款支付，直接用于安装工程。

（3）应付安装工程人员薪酬 50 000 元。

（4）安装工程完工，交付使用。

（5）该设备预计使用 10 年，净残值率为 5%，采用年限平均法计提折旧，计算年折旧额。

（6）该设备于 20×6 年 12 月 20 日出售，不含增值税的售价为 360 000 元，增值税税率为 13%，款项收到存入银行，另以银行存款付清理费 1 000 元（未取得增值税专用发票）。

要求：编制有关会计分录。

3. 甲公司采用出包方式自行建造一幢厂房，发生业务如下（假定不考虑增值税）：

（1）20×1 年 6 月 30 日，从银行取得建房长期借款 2 000 000 元，还款期限为 3 年，年利率为 6%，到期一次还本分期付息，付息日为 12 月 31 日。

（2）20×1 年 7 月 1 日，预付工程款 2 000 000 元。

（3）20×1 年 12 月 31 日，支付本年利息。

（4）20×1 年 12 月 31 日，结算工程进度款 2 500 000 元，以银行存款支付差额 500 000 元。

（5）20×2 年 5 月 31 日，工程完工，已达到预定可使用状态，交付使用，但尚未办理竣工决算，预计应付工程款 300 000 元。

（6）20×2 年 5 月 31 日，结算 1—5 月应付利息并结转固定资产原值。

（7）20×2 年 6 月 30 日，办理竣工决算，实际支付工程款 285 000 元。

（8）20×2 年 6 月 30 日，结算 6 月份应付利息并调整固定资产原值。

（9）20×2 年 12 月 31 日，支付全年利息。

要求：根据以上资料，逐笔编制有关会计分录（假定不考虑增值税）。

4. 甲公司一台精密机床，原值为 350 000 元，预计净残值率为 6%，预计能完成的总工作量为 13 160 小时。5 月份该机床实际工作 220 小时。

要求：根据以上资料，采用工作量法，计算该精密机床 5 月份应计提折旧额。

5. 某企业某项固定资产的原值为 1 000 000 元，预计使用年限为 10 年。

要求：采用双倍余额递减法，计算净残值率分别为 30%、20%、11%、9%、7%和 5%时各年的折旧额（当剩余年限采用年限平均法计提的折旧额大于采用双倍余额递减法计提的折旧额时，改为年限平均法计提折旧），填列表 7-1。

表 7-1　固定资产折旧额　　单位：元

时间	净残值率					
	30%	20%	11%	9%	7%	5%
第 1 年						
第 2 年						
第 3 年						
第 4 年						
第 5 年						
第 6 年						
第 7 年						
第 8 年						
第 9 年						
第 10 年						
合计						

6. 甲公司 20×1 年 9 月 30 日购入某项固定资产的原值为 450 000 元，预计使用年限为 8 年，预计净残值率为 4%。

要求：采用年数总和法计算 20×1 年至 20×9 年各年的折旧额。

7. 甲公司 4 月 28 日扩建厂房一幢，原值为 3 000 000 元，预计使用年限为 40 年，预计净残值率为 2%，采用年限平均法计提折旧，4 月末已提折旧为 1 102 500 元；扩建期间用银行存款支付工程款 469 000 元，8 月 10 日完工交付使用，原预计使用年限不变，预计净残值调整为 68 500 元。

要求： 根据以上资料，编制有关改扩建核算的各项会计分录，并计算该项固定资产9月份应提折旧额（假定不考虑增值税）。

8. 20×1年12月15日，某企业购入一套需要安装的生产设备，并于20×1年12月20日安装完毕，投入使用。设备原价1 650 000元，预计净残值50 000元，预计可使用8年，采用年限平均法计提折旧。20×4年12月31日，在对该设备进行检查时发现，该设备的可收回金额为650 000元，预计净残值和预计使用年限未发生变动。以后期间未发生减值迹象。

要求：

（1）编制设备安装完毕投入使用的会计分录。

（2）计算该设备20×2年的折旧额。

（3）编制20×4年年末计提固定资产减值准备的会计分录。

（4）计算该设备20×5年的折旧额。

9. 甲公司20×4年5月31日由于自然灾害报废机器设备一台。该设备于20×1年8月31日购入，原值为90 000元，预计使用年限为5年，预计净残值率为4%，采用年数总和法计提折旧。该设备报废时用银行存款支付清理费600元（未取得增值税专用发票），残料计价4 000元入库，应收保险公司不含增值税赔款10 000元，设备清理完毕。

要求： 根据以上资料，编制有关设备清理报废的各项会计分录。

六、简答题

1. 简述固定资产在不同标准下的分类。
2. 简述固定资产计价标准的种类及各自的特点。
3. 简述固定资产折旧的直线法和加速折旧法的特点及优缺点。
4. 简述固定资产修理核算与改扩建核算的不同之处。
5. 简述固定资产正常报废和提前报废核算的不同之处。
6. 判断固定资产发生减值的迹象有哪些？

练习题答案

一、名词解释

1. 固定资产是企业生产经营过程中的重要劳动资料。它能够在若干个生产经营周期中发挥作用，并保持其原有的实物形态，但其价值则由于损耗而逐渐减少。企业在生产经营过程中，并不是将所有的劳动资料全部列为固定资产。一般来说，生产经营用的劳动资料，使用年限在1年以上，单位价值较高，就应列为固定资产。

2. 原始价值也称为原价或原值，是指购建的固定资产在达到使用状态之前所发生的全部耗费的货币表现。

3. 重置价值是指企业在当前的条件下，重新购置同样的固定资产所需的全部耗费的货币表现。重置价值的构成内容与原值的构成内容相同。

4. 折余价值也称为净值，是指固定资产原值减去已提折旧后的余额。

5. 现值是指固定资产在使用期间以及处置时产生的未来净现金流量的折现值。

6. 弃置费用通常是指根据国家有关规定，企业因承担环境保护、生态恢复等义务而在未来弃置固定资产时预计发生的支出。

7. 固定资产折旧是指固定资产由于损耗而减少的价值。这部分减少的价值在长期使用过程中，随着损耗程度，以折旧费项目分期计入产品成本或费用，并通过取得相应的收入而得到补偿。

8. 有形损耗是指固定资产在使用过程中由于使用和自然力的影响在使用价值和价值上的损耗。

9. 无形损耗是指由于技术进步而引起的固定资产价值上的损耗。

10. 固定资产应计提折旧总额是指单项固定资产从开始使用至报废清理的全部使用年限内应计提的折旧总额，为固定资产原值减去预计净残值后的余额。

11. 固定资产预计使用年限是指固定资产预计的经济使用年限，应考虑固定资产的有形损耗和无形损耗。

12. 固定资产预计工作总量是指固定资产从开始使用至报废清理的全部使用年限内预计完成的工作总量。固定资产预计工作总量由各企业根据本企业各项固定资产的具体情况自行确定。

13. 直线折旧法是指按照时间或完成的工作量平均计提折旧的方法，主要包括年限平均法和工作量法。

14. 加速折旧法也称为递减费用法，是指在固定资产使用初期计提折旧较多而在后期计提折旧较少，从而相对加速折旧的方法。采用加速折旧法，各年的折旧额呈递减趋势。

15. 固定资产的改扩建是指对原有固定资产进行的改良和扩充。固定资产改良（即改建）是指为了提高固定资产的质量而采取的措施，如以自动装置代替非自动装置等。固定资产扩充（即扩建）是指为了提高固定资产的生产能力而采取的措施，如房屋增加楼层等。由于固定资产改扩建后可以使固定资产的质量有所提高，或在实物量上有所增加，因而其原值也会有所增加。固定资产改扩建后，有些会延长使用年限从而增加生产能力，有些则仅仅会提高产品质量或增加生产能力而不延长使用年限。

16. 固定资产可收回金额是固定资产的公允价值减去处置费用后的净额与固定资产预计未来现金流量的现值两者之间的较高者。

二、判断题

1. × 2. √ 3. √ 4. √ 5. ×

6. × 7. √ 8. × 9. ×

三、单项选择题

1. C 2. B 3. B 4. C 5. D
6. C 7. A 8. C 9. B 10. D
11. A 12. C 13. D 14. B 15. A
16. C 17. A 18. C 19. B 20. D
21. D 22. C 23. A

四、多项选择题

1. ACDE 2. ABCE 3. AD 4. AC 5. CDE
6. AB 7. BCE 8. BD 9. ACDE 10. BE

五、会计核算题

1.（1）领用原材料。

借：在建工程 30 000
　贷：原材料 30 000

（2）领用本企业产品。

借：在建工程 20 000
　贷：库存商品 20 000

（3）分配职工薪酬。

借：在建工程 10 000
　贷：应付职工薪酬 10 000

（4）工程完毕，转为固定资产。

借：固定资产 60 000
　贷：在建工程 60 000

2.（1）购买设备。

借：在建工程——设备 400 000
　　应交税费——应交增值税（进项税额） 52 000
　贷：银行存款 452 000

（2）购买材料。

借：在建工程——设备 50 000
　　应交税费——应交增值税（进项税额） 6 500
　贷：银行存款 56 500

（3）应付工程人员薪酬。

借：在建工程——设备 50 000
　贷：应付职工薪酬 50 000

（4）工程完工，交付使用。

借：固定资产　　500 000
　贷：在建工程——设备　　500 000

(5) 年折旧额=500 000×(1−5%)/10=47 500(元)

借：制造费用　　47 500
　贷：累计折旧　　47 500

(6) 出售设备。

净值=500 000−47 500×5=262 500(元)

借：固定资产清理　　262 500
　　累计折旧　　237 500
　贷：固定资产　　500 000
借：银行存款　　406 800
　贷：固定资产清理　　360 000
　　应交税费——应交增值税（销项税额）　　46 800
借：固定资产清理　　1 000
　贷：银行存款　　1 000
借：固定资产清理　　96 500
　贷：资产处置损益　　96 500

3. 编制如下会计分录：

(1) 借：银行存款　　2 000 000
　　贷：长期借款　　2 000 000
(2) 借：在建工程——预付工程款　　2 000 000
　　贷：银行存款　　2 000 000

(3) 支付利息=2 000 000×6%×6/12=60 000(元)

借：在建工程　　60 000
　贷：银行存款　　60 000
(4) 借：在建工程——工程成本　　2 500 000
　　贷：在建工程——预付工程款　　2 000 000
　　　银行存款　　500 000
(5) 借：在建工程　　300 000
　　贷：应付账款　　300 000

(6) 应付利息=2 000 000×6%×5/12=50 000(元)

借：在建工程——工程成本　　50 000
　贷：应付利息　　50 000

固定资产原值＝60 000＋2 500 000＋300 000＋50 000
＝2 910 000(元)

借：固定资产　2 910 000
　贷：在建工程——工程成本　2 910 000

(7) 借：应付账款　300 000
　贷：在建工程——工程成本　15 000
　　银行存款　285 000

(8) 应付利息＝2 000 000×6%×1/12＝10 000(元)

借：财务费用　10 000
　贷：应付利息　10 000

调减固定资产原值15 000元。

借：在建工程——工程成本　15 000
　贷：固定资产　15 000

(9) 支付全年利息＝2 000 000×6%＝120 000(元)

借：财务费用　60 000
　应付利息　60 000
　贷：银行存款　120 000

4. 计算如下：

(1) 单位工作量折旧额＝$\frac{350\ 000\times(1-6\%)}{13\ 160}$＝25(元)

(2) 5月份应提折旧额＝25×220＝5 500(元)

5. 各年折旧额见表7-2。

表7-2　固定资产折旧额　单位：元

时间	净残值率					
	30%	20%	11%	9%	7%	5%
第1年	200 000	200 000	200 000	200 000	200 000	200 000
第2年	160 000	160 000	160 000	160 000	160 000	160 000
第3年	128 000	128 000	128 000	128 000	128 000	128 000
第4年	102 400	102 400	102 400	102 400	102 400	102 400
第5年	81 920	81 920	81 920	81 920	81 920	81 920
第6年	27 680	65 536	65 536	65 536	65 536	65 536
第7年	0	52 429	52 429	52 429	52 429	53 036
第8年	0	9 715	41 943	41 943	46 572	53 036
第9年	0	0	33 554	38 886	46 572	53 036
第10年	0	0	24 218	38 886	46 571	53 036
合计	700 000	800 000	890 000	910 000	930 000	950 000

6. 计算各年折旧额如下：

应计提折旧总额＝450 000×(1－4%)＝432 000(元)

年数总和＝$8\times\frac{8+1}{2}$＝36(年)

20×1 年计提折旧额：

432 000×8/36×1/4＝24 000(元)

20×2 年计提折旧额：

432 000×8/36×3/4＋432 000×7/36×1/4＝93 000(元)

20×3 年计提折旧额：

432 000×7/36×3/4＋432 000×6/36×1/4＝81 000(元)

20×4 年计提折旧额：

432 000×6/36×3/4＋432 000×5/36×1/4＝69 000(元)

20×5 年计提折旧额：

432 000×5/36×3/4＋432 000×4/36×1/4＝57 000(元)

20×6 年计提折旧额：

432 000×4/36×3/4＋432 000×3/36×1/4＝45 000(元)

20×7 年计提折旧额：

432 000×3/36×3/4＋432 000×2/36×1/4＝33 000(元)

20×8 年计提折旧额：

432 000×2/36×3/4＋432 000×1/36×1/4＝21 000(元)

20×9 年计提折旧额：

432 000×1/36×3/4＝9 000(元)

7. (1) 4 月 28 日停用，当月照提折旧。

(2) 将改扩建厂房的净值转入在建工程。

净值＝3 000 000－1 102 500＝1 897 500(元)

借：在建工程	1 897 500	
累计折旧	1 102 500	
贷：固定资产		3 000 000

(3) 支付工程款。

借：在建工程　　469 000
　贷：银行存款　　469 000

(4) 工程完工交付使用。

改扩建后原值＝1 897 500＋469 000＝2 366 500(元)

借：固定资产　　2 366 500
　贷：在建工程　　2 366 500

(5) 计算 9 月份应提折旧额。

该项固定资产原每月折旧额＝3 000 000×(1－2%)÷40÷12＝6 125(元)
该项固定资产已使用年数＝1 102 500÷6 125÷12＝15(年)
该项固定资产尚可使用年数＝40－15＝25(年)
9 月份应提折旧额＝(2 366 500－68 500)÷25÷12＝7 660(元)

8. (1) 安装完毕投入使用。

借：固定资产　　1 650 000
　贷：在建工程　　1 650 000

(2) 该设备 20×2 年折旧额。

年折旧额＝(1 650 000－50 000)÷8＝200 000(元)

(3) 20×4 年 12 月 31 日，计提固定资产减值准备。

应计提固定资产减值准备＝(1 650 000－200 000×3)－650 000＝400 000(元)

借：资产减值损失　　400 000
　贷：固定资产减值准备　　400 000

(4) 该设备 20×5 年折旧额。

年折旧额＝(650 000－50 000)÷5＝120 000(元)

9. (1) 计算累计折旧。

20×1 年 9 月至 20×2 年 8 月：90 000×(1－4%)×5/15＝28 800(元)
20×2 年 9 月至 20×3 年 8 月：90 000×(1－4%)×4/15＝23 040(元)
20×3 年 9 月至 20×4 年 5 月：90 000×(1－4%)×3/15×9/12＝12 960(元)

合计　　64 800 元

(2) 注销原值及累计折旧。

借：固定资产清理　　25 200
　　累计折旧　　64 800
　贷：固定资产　　90 000

（3）支付清理费。

借：固定资产清理　　600

　　贷：银行存款　　600

（4）残料入库。

借：原材料　　4 000

　　贷：固定资产清理　　4 000

（5）应收保险公司赔款。

借：其他应收款　　10 000

　　贷：固定资产清理　　10 000

（6）结转净损失＝25 200＋600　4 000－10 000＝11 800（元）

借：营业外支出　　11 800

　　贷：固定资产清理　　11 800

六、简答题

1. 企业固定资产的种类繁多，为了正确进行固定资产核算，应按不同标准对固定资产进行分类。

（1）按经济用途分类。固定资产按经济用途分类，可以分为房屋及建筑物、机器设备、运输设备、动力传导设备、工具器具和管理用具等。

（2）按使用情况分类。固定资产按使用情况分类，可以分为使用中固定资产、暂时闲置固定资产和待售固定资产。

使用中固定资产是指正在使用的各种固定资产。

暂时闲置固定资产是指尚未投入使用或暂停使用的各种固定资产。

2. 为了正确反映固定资产价值的增减变动，应按一定的标准对固定资产进行计价。固定资产的计价标准一般有以下几种：

（1）原始价值。原始价值也称为原价或原值，是指购建的固定资产在达到预定可使用状态之前所发生的全部耗费的货币表现。企业采用不同方式购建的固定资产，其原值的构成有所不同。一般来说，企业从外部取得的固定资产，其原值中包括固定资产的买价、运输途中发生的各种包装运杂费以及在使用前发生的各种安装调试费；企业自行建造的固定资产，其原值中包括建造过程中发生的全部耗费。

（2）重置价值。重置价值是指企业在当前的条件下，重新购置同样的固定资产所需的全部耗费的货币表现。重置价值的构成内容与原值的构成内容相同。

（3）折余价值。折余价值也称为净值，是指固定资产原值减去已提折旧后的余额。

（4）现值。现值是指固定资产在使用期间以及处置时产生的未来净现金流量的折现值。

3. 采用直线法计提折旧，固定资产的转移价值平均摊配于其使用的各个会计期间或完成的工作量，优点是使用方便，易于理解。但是，这种方法没有考虑固定资产使用过程中相关支出摊配于各个会计期间或完成的工作量的均衡性。因为随着固定资产使用时间的推移，其磨损程度也会逐渐增加，使用后期的维修费支出将会高于使用前期的维修费支出，即使各个会计期间或单位工作量负担的折旧费相同，各个会计期间或单位工作量负担的固定资产使用成本（折旧费与维修费之和）也会不同。

采用加速折旧法计提折旧，克服了直线法的不足。因为这种方法前期计提的折旧费较多而维修费较少，后期计提的折旧费较少而维修费较多，从而保持了各个会计期间负担的固定资产使用成本的均衡性。此外，由于这种方法前期计提的折旧费较多，能够使固定资产投资在前期较多地收回，在税法允许将各种方法计提的折旧费作为税前费用扣除的前提下，还能够减少前期的所得税额，符合谨慎性原则。但是，在固定资产各期工作量不均衡的情况下，这种方法可能导致单位工作量负担的固定资产使用成本不够均衡。此外，由于这种方法不适宜采用分类折旧方式，在固定资产数量较多的情况下，计提折旧的工作量较大。

4. 固定资产修理核算与改扩建核算的不同之处在于：

（1）固定资产修理成本支出作为成本费用处理，不增加固定资产账面价值；改扩建支出将增加固定资产账面价值，在以后使用期间通过折旧方式进行补偿。

（2）固定资产修理期间照提折旧；改扩建期间固定资产不提折旧，其净值应由固定资产转入在建工程，改扩建工程完工后再将改扩建前的净值与改扩建净支出之和作为固定资产原值处理。

5. 正常报废的固定资产已提足折旧，其账面价值应为预计净残值。但由于实际净残值与预计净残值可能有所不同，因而在清理过程中也可能发生净损益。

提前报废的固定资产未提足折旧，为了简化核算工作，未提足的折旧也不再补提，而是在计算清理净损益时一并考虑。此外，毁损的固定资产根据其毁损原因，有可能收回一部分赔偿款。企业取得的赔偿款也视为清理过程中的一项收入，在计算清理净损益时应一并考虑。

6. 每年年末，企业应对固定资产的账面价值进行检查。如果出现下列情况之一，表明该固定资产已出现减值迹象，应对固定资产的可收回金额进行估计。

（1）固定资产的市价当期大幅度下跌，其跌幅明显高于因时间的推移或者正常使用而预计的下跌。

（2）企业经营所处的经济、技术或者法律等环境以及固定资产所处的市场在当期或者将在近期发生重大变化，对企业产生不利影响。

（3）市场利率或者其他市场投资报酬率在当期已经提高，影响企业计算固定资产预计未来现金流量现值的折现率，导致固定资产可收回金额大幅度降低。

（4）有证据表明固定资产已经陈旧过时。

（5）固定资产已经或者将被闲置、终止使用或者计划提前处置。

（6）企业内部报告的证据表明固定资产的经济绩效已经低于或者将低于预期，如固定资产所创造的净现金流量或者实现的营业利润（或者亏损）远远低于（或者高于）预计金额等。

（7）其他表明固定资产可能已经发生减值的迹象。

教材练习题解析

1. 折旧计算见表 7－3。

表 7－3　固定资产折旧计算表　　单位：万元

时间	期初净值	年折旧率（%）	年折旧额	累计折旧	期末净值
20×1 年 8 月至 20×2 年 7 月	2 000	25	500	500	1 500
20×2 年 8 月至 20×3 年 7 月	1 500	25	375	875	1 125
20×3 年 8 月至 20×4 年 7 月	1 125	25	281	1 156	844
20×4 年 8 月至 20×5 年 7 月	844	25	211	1 367	633
20×5 年 8 月至 20×6 年 7 月	633	25	158	1 525	475
20×6 年 8 月至 20×7 年 7 月	475	—	125*	1 650	350
20×7 年 8 月至 20×8 年 7 月	350	—	125	1 775	225
20×8 年 8 月至 20×8 年 9 月	225	—	21	1 796	204

* 475×25%＝119＜(475－100)÷3＝125，年折旧额按年限平均法计算。

20×1 年应计折旧额＝500×5/12＝208(万元)

20×2 年应计折旧额＝500×7/12＋375×5/12＝448(万元)

20×3 年应计折旧额＝375×7/12＋281×5/12＝336(万元)

20×4 年应计折旧额＝281×7/12＋211×5/12＝252(万元)

20×5 年应计折旧额＝211×7/12＋158×5/12＝189(万元)

20×6 年应计折旧额＝158×7/12＋125×5/12＝144(万元)

20×7 年应计折旧额＝125×7/12＋125×5/12＝125(万元)

20×8 年应计折旧额＝125×7/12＋125×2/12＝94(万元)

20×8 年 9 月进行清理：

累计折旧＝500＋375＋281＋211＋158＋125＋125＋125×2/12
　　　　＝1 796(万元)

净值＝2 000－1 796＝204(万元)

(1) 借：固定资产 20 000 000
　　应交税费——应交增值税（进项税额） 2 600 000
　贷：银行存款 22 600 000

(2) 借：固定资产清理 2 040 000
　　累计折旧 17 960 000
　贷：固定资产 20 000 000

(3) 支付清理费。

借：固定资产清理 200 000
　贷：银行存款 200 000

(4) 收到价款。

借：银行存款 3 390 000
　贷：固定资产清理 3 000 000
　　应交税费——应交增值税（销项税额） 390 000

(5) 结转净损益。

$$净损益=300-(204+20)=76(万元)$$

借：固定资产清理 760 000
　贷：资产处置损益 760 000

2.(1) 会计分录如下：

1) 改建时。

借：在建工程 9 500 000
　　累计折旧 2 000 000
　　固定资产减值准备 500 000
　贷：固定资产 12 000 000

2) 领用工程物资时。

借：在建工程 2 000 000
　贷：工程物资 2 000 000

3) 领用材料时。

借：在建工程 300 000
　贷：原材料 300 000

4) 分配应负担的工程人员工资。

借：在建工程 800 000
　贷：应付职工薪酬 800 000

5) 支付辅助费用。

借：在建工程 500 000
　贷：生产成本——辅助生产成本 500 000

6）完工结转时。

固定资产成本＝950＋200＋30＋80＋50＝1 310(万元)

借：固定资产 13 100 000

贷：在建工程 13 100 000

(2) 20×2年折旧计算见表7-4。

表7-4 折旧计算 单位：万元

时间	应计折旧总额	年折旧率	年折旧额	累计折旧
20×1年11月1日至20×2年10月31日	1 310－50＝1 260	5/15	420	420
20×2年11月1日至20×3年10月31日	1 260	4/15	336	756

20×2年应计折旧额＝420×10/12＋336×2/12＝406(万元)

第 8 章 无形资产与投资性房地产

学习指导

本章讲述了无形资产和投资性房地产的核算。

无形资产是指企业拥有或者控制的没有实物形态，且为企业带来多少经济利益具有较大不确定性的可辨认经济资源。一般来说，无形资产同时具有无实体性、长期性、不确定性、可辨认性的特征。

无形资产按其反映的经济内容，可以分为专利权、非专利技术、商标权、著作权、土地使用权和特许权等；按其来源途径，可以分为外来无形资产和自创无形资产；按是否具备确定的经济寿命期限，可以分为期限确定的无形资产和期限不确定的无形资产。

企业购入无形资产的实际成本，包括购买价款、相关税费以及直接归属于使该项资产达到预定用途所发生的如律师费、咨询费、公证费、鉴定费、注册登记费等其他支出。土地使用权根据不同情况，分别进行确认。

企业自行研究开发项目的支出，应当区分研究阶段支出与开发阶段支出。研究阶段发生的支出应予以费用化；开发阶段发生的支出，同时满足一定条件的，应予以资本化，否则应予以费用化。

使用寿命有限的无形资产，其应摊销金额应当在使用寿命内系统合理摊销；使用寿命不确定的无形资产不应摊销。无形资产的摊销方法，可以采用年限平均法、工作量法、双倍余额递减法和年数总和法等。无法可靠确定预期实现方式的，应当采用年限平均法摊销。

期末应对无形资产进行减值测试，其可收回金额低于账面价值的差额应确认为减值损失。无形资产减值损失一经确认，在以后会计期间不得转回。

投资性房地产是指为赚取租金或资本增值，或两者兼有而持有的房地产，主要包括：已出租的建筑物、已出租的土地使用权、持有并准备增值后转让的土地使用权等。企业取得的投资性房地产，不论是外购还是自行建造或开发，均应按照取得成本进行初始计量。投资性房地产对外出租取得的租金收入，属于其他业务收入。

投资性房地产的计量模式有成本模式和公允价值模式。一个企业的投资性房地产只能采用一种计量模式，计量模式一经确定，不得随意变更。

企业将自用或作为存货的房地产转换为公允价值模式计量的投资性房地产，应将公允价值高于账面价值的差额计入其他综合收益；将公允价值低于账面价值的差额计入当期损益。企业的投资性房地产转换为自用房地产时，应按照账面价值进行计量。

练习题

一、名词解释

1. 无形资产　　2. 期限确定的无形资产
3. 期限不确定的无形资产　　4. 无形资产可收回金额
5. 投资性房地产

二、判断题

第 8 章判断题
即测即评

1. 只有很可能为企业带来经济利益且其成本能够可靠计量的无形资产才能予以确认。（　）

2. 无实体性是无形资产区别于其他各种资产的唯一特征。（　）

3. 使用寿命不确定的无形资产的价值不应进行摊销。（　）

4. 企业购入用于建造自用房屋的土地使用权，应计入建造房屋的成本。（　）

5. 无形资产减值损失一经确认，在以后会计期间不得转回。（　）

6. 企业取得的投资性房地产，不论是外购还是自行建造或开发，均应按照当天的公允价值进行初始计量。（　）

7. 已采用公允价值模式计量的投资性房地产，可以从公允价值模式转为成本模式。（　）

8. 采用公允价值模式计量的投资性房地产转换为自用房地产时，应当以其转换日的公允价值作为自用房地产的入账价值。（　）

9. 企业自用的房地产转换为以公允价值模式进行后续计量的投资性房地产，

转换日其公允价值高于账面价值的差额，应计入当期损益。（　　）

10. 将投资性房地产的后续计量由成本模式转换为公允价值模式，转换日其公允价值高于账面价值的差额，应计入当期损益。（　　）

三、单项选择题

第8章单项选择题
即测即评

1. 下列各项中，不应确认为无形资产的是（　　）。

A. 著作权　　B. 土地使用权

C. 特许权　　D. 商誉

2. 企业摊销无形资产价值时，应贷记的科目是（　　）。

A. “无形资产”　　B. “累计摊销”

C. “管理费用”　　D. “累计折旧”

3. 企业出售无形资产发生的净损失，应当计入（　　）。

A. 主营业务成本　　B. 其他业务成本

C. 营业外支出　　D. 资产处置损益

4. 下列关于土地使用权确认的表述中，不正确的是（　　）。

A. 企业购入用于建造绿地的土地使用权应确认为无形资产

B. 企业购入用于建造房屋的土地使用权应确认为无形资产

C. 企业购入用于建造商品房的土地使用权应确认为无形资产

D. 企业购入房屋支付价款中包含的土地使用权价值应确认为无形资产

5. 荣氏公司20×1年1月1日购入一项无形资产，该无形资产实际成本为700万元，采用年限平均法进行价值摊销，摊销年限为10年，无残值。20×5年12月31日，该无形资产发生减值，预计可收回金额为280万元，计提减值准备后，该无形资产原摊销年限不变。20×6年12月31日，该无形资产的账面价值为（　　）万元。

A. 350　　B. 294　　C. 280　　D. 224

6. 自用房地产或存货转换为以公允价值模式计量的投资性房地产时，转换日的公允价值低于原账面价值的差额应计入（　　）。

A. 公允价值变动损益　　B. 其他综合收益

C. 营业外收入　　D. 主营业务收入

7. 以成本模式计量的投资性房地产，在资产负债表中的列示金额为（　　）。

A. 初始成本

B. 公允价值

C. 初始成本扣除累计折旧和减值准备后的净额

D. 公允价值扣除累计折旧和减值准备后的净额

8. 某公司20×1年1月1日开始自建一栋房屋，20×2年6月30日竣工验收，实际建设成本6 000万元，当日即作为投资性房地产入账。公司准备采用公允价值模式进行计量。20×2 年 12 月 31 日，房地产市场陷入低迷，该房屋的公允价值降为 5 600 万元。20×3 年 12 月 31 日，该房屋的公允价值重新升为 5 850 万元。该房屋至 20×3 年年末累计确认的公允价值变动损益为（　　）万元。

A. −150　　B. −400　　C. 150　　D. 250

四、多项选择题

1. 下列各项中，属于无形资产特点的有（　　）。

A. 无实体性　　B. 长期性

C. 不确定性　　D. 可辨认性

E. 有偿性

第 8 章多项选择题
即测即评

2. 下列关于企业自行研发无形资产的表述中，正确的有（　　）。

A. 企业研究阶段发生的职工薪酬支出，应予以费用化

B. 企业研究阶段发生的实验材料支出，应予以资本化

C. 企业开发阶段发生的实验材料支出，应予以资本化

D. 企业开发阶段发生的培训支出，应予以费用化

E. 无法区分研究阶段支出和开发阶段支出的，应全部予以费用化

3. 下列关于无形资产摊销的表述中，正确的有（　　）。

A. 使用寿命有限的无形资产应当自取得月份的下月起在预计使用年限内分期摊销

B. 合同规定受益年限但法律未规定有效年限的，摊销年限不应超过合同规定的受益年限

C. 合同未规定受益年限但法律规定有效年限的，摊销年限不应超过法律规定的有效年限

D. 合同规定了受益年限，法律也规定了有效年限，摊销年限以受益年限与有效年限中较短者为上限

E. 使用寿命不确定的无形资产不应摊销

4. 某企业 20×1 年 6 月 30 日将投资性房地产的后续计量由成本模式转换为公允价值模式。投资性房地产的原始价值为 30 000 万元，累计折旧为 10 000 万元；转换日的公允价值为 36 000 万元，20×1 年年初的公允价值为 34 000 万元。该企业按照净利润的 10%计提法定盈余公积。下列各项中，属于该企业 20×1 年 6 月 30 日应调整的项目和金额为（　　）。

A. 冲减投资性房地产原始价值 30 000 万元

B. 冲减投资性房地产累计折旧 10 000 万元

C. 确认盈余公积 1 600 万元

D. 确认未分配利润 14 400 万元

E. 确认公允价值变动收益 2 000 万元

5. 下列各项中，属于投资性房地产的有（　　）。

A. 已出租的房屋建筑物

B. 已出租的土地使用权

C. 准备出租的房屋建筑物

D. 持有并准备增值后转让的土地使用权

E. 持有并准备增值后转让的商品住宅楼

6. 下列关于投资性房地产采用公允价值模式进行后续计量的表述中，正确的有（　　）。

A. 不计提折旧或摊销，但应进行减值测试，计提减值准备

B. 资产负债表日，应以公允价值基础对账面价值进行调整

C. 资产负债表日，公允价值与账面价值的差额应计入当期损益

D. 由成本模式计量转为公允价值模式计量，公允价值与账面价值的差额计入其他综合收益

E. 出售投资性房地产确认的其他业务成本为出售时的账面价值

7. 下列各项中，应将相关资产转换为投资性房地产的有（　　）。

A. 将作为存货的房屋改用于出租

B. 将自用的房屋改用于出租

C. 将自用的房屋改用于增值后出售

D. 将自用的土地使用权改用于出租

E. 将自用的土地使用权改用于增值后出售

五、会计核算题

1. 某企业购入一项专利权，实际支付买价 500 000 元，增值税 30 000 元；支付登记费 400 元（未取得增值税专用发票），共计 530 400 元，转让协议中未规定使用年限，但法律规定有效期为 20 年。

要求：根据以上资料，编制购入无形资产以及按月进行摊销的会计分录。

2. 20×1 年 1 月 1 日，A 公司购入一项无形资产，以银行存款支付买价 6 000 万元，增值税 360 万元。20×2 年年末和 20×3 年年末，A 公司预计该项无形资产的可收回金额分别为 4 000 万元和 3 556 万元。该项无形资产的预计使用年限为 10 年，按月摊销。A 公司于每年年末对无形资产计提减值准备，计提减值准备后，原预计使用年限不变。

要求：假定不考虑其他因素，计算：

（1）A 公司 20×2 年年末和 20×3 年年末为该无形资产计提的减值准备。

（2）该项无形资产 20×4 年 6 月 30 日的账面价值。

3. 20×1 年 1 月 1 日，甲公司从乙企业购入一项专利权，以银行存款支付买

价 1 000 000 元，增值税 60 000 元。该专利权的法定有效期限为 15 年，合同规定的法定有效期限为 10 年，假定甲公司于每年年末进行无形资产摊销。20×3 年 1 月 1 日，甲公司将该专利权出售给丙公司，取得买价 900 000 元，增值税 54 000 元，存入银行。

要求：

(1) 编制甲企业购入专利权的会计分录。

(2) 计算甲企业该项专利权的年摊销额并编制有关会计分录。

(3) 编制与该项专利权出售有关的会计分录。

4. 20×1 年 1 月 1 日，甲公司外购用于某产品生产的 A 无形资产，实际支付的买价为 1 000 000 元，增值税 60 000 元。根据相关法律，A 无形资产的有效年限为 10 年，已使用 1 年。甲企业估计 A 无形资产尚可使用年限为 5 年。20×2 年 12 月 31 日，由于与 A 无形资产相关的经济因素发生不利变化，致使其发生减值。甲公司估计其可收回金额为 180 000 元。

要求：编制甲公司 20×1 年至 20×3 年与该无形资产相关的会计分录。

5. 甲公司 20×1 年 1 月开始自行研究开发某项专利权，研究阶段和开发阶段发生应予以费用化的支出 250 000 元，开发阶段发生的符合资本化条件的支出 600 000 元，增值税 30 000 元。20×2 年 1 月 1 日，该专利权开发成功，申请专利，发生注册费 12 000 元，均以银行存款支付。

要求：根据以上资料，编制相关的会计分录。

6. 20×1 年 12 月 31 日，甲公司购入一栋房屋，以银行存款支付买价 1 000 000 元，增值税 90 000 元；确认为投资性房地产，并按公允价值模式对其进行后续计量。20×2 年 1 月 1 日，甲公司将该房屋出租，每年年初收取租金 80 000 元，增值税 7 200 元。20×2 年 12 月 31 日，该投资性房地产的公允价值为 1 250 000 元。

要求：根据以上资料，编制相关会计分录。

7. 20×1 年 1 月 1 日，甲公司购入一栋房屋，以银行存款支付买价 6 000 000 元，增值税 540 000 元；确认为固定资产，折旧年限为 20 年，预计净残值为 0，按年限平均法计提折旧。20×3 年 1 月 23 日，公司搬迁到新的办公楼，将该楼用于出租，转换当日的公允价值为 7 600 000 元，采用公允价值模式进行后续计量。

要求：

(1) 编制甲公司 20×1 年 1 月 1 日关于购入该办公楼的会计分录。

(2) 编制甲公司 20×3 年 1 月 23 日将该办公楼转换为投资性房地产的会计分录。

8. 20×1 年 12 月 31 日，甲公司购入一栋楼房用于出租，确认为投资性房地产，采用成本模式进行后续计量，原始价值为 15 000 000 元，折旧年限为 20 年，预计净残值为0，按年限平均法计提折旧。20×3年6月30日，该公司决定自当日起改为以公允价值模式进行后续计量。已知20×2年12月31日该楼房的公允价值为16 000 000元，20×3年6月30日的公允价值为16 300 000元。

要求：根据以上资料，编制甲公司20×3年6月30日的会计分录。

六、简答题

1. 简述无形资产的特征。
2. 自行研究开发无形资产在开发阶段发生的支出应予以资本化的条件是什么？
3. 简述出售无形资产和出租无形资产的区别。
4. 投资性房地产采用公允价值模式进行后续计量应满足什么条件？
5. 简述其他资产转换为采用公允价值模式计量的投资性房地产的会计处理。
6. 简述采用公允价值模式计量的投资性房地产处置的会计处理。

练习题答案

一、名词解释

1. 无形资产是指企业拥有或者控制的没有实物形态且为企业带来多少经济利益具有较大不确定性的可辨认经济资源，主要包括专利权、非专利技术、商标权、著作权、土地使用权和特许权等。

2. 期限确定的无形资产是指在有关法律中规定有最长有效期限的无形资产，如专利权、商标权、著作权、土地使用权和特许权等。

3. 期限不确定的无形资产是指没有相应法律规定其有效期限，其经济寿命难以预先准确估计的无形资产，如非专利技术。

4. 无形资产可收回金额是指无形资产的公允价值减去处置费用后的净额与无形资产预计未来现金流量的现值两者之间的较高者。

5. 投资性房地产是指为赚取租金或资本增值，或两者兼有而持有的房地产，主要包括：已出租的建筑物、已出租的土地使用权、持有并准备增值后转让的土地使用权等。

二、判断题

1. √	2. ×	3. √	4. ×	5. √
6. ×	7. ×	8. √	9. ×	10. ×

三、单项选择题

1. D	2. B	3. D	4. C	5. D
6. A	7. C	8. A		

四、多项选择题

1. ABCD	2. ACDE	3. BCDE	4. BE	5. ABD
6. BC	7. ABDE			

五、会计核算题

1. 会计分录如下：

(1) 购入。

借：无形资产	500 400	
应交税费——应交增值税（进项税额）	30 000	
贷：银行存款		530 400

(2) 摊销。

月摊销额=500 400×1/20×1/12=2 085(元)

借：管理费用	2 085	
贷：累计摊销		2 085

2. (1) 20×2 年 12 月 31 日无形资产账面价值为 4 000 万元。

计提减值准备=(6 000−6 000×2/10)−4 000=800(万元)

20×3 年 12 月 31 日无形资产账面价值为 3 500 万元（4 000−4 000/8），可收回金额为 3 556 万元，不计提减值准备。

(2) 20×4 年 6 月 30 日无形资产账面价值为 3 250 万元（3 500−3 500×1/7×6/12）。

3. 会计分录如下：

(1) 购入。

借：无形资产	1 000 000	
应交税费——应交增值税（进项税额）	60 000	
贷：银行存款		1 060 000

(2) 摊销。

年摊销额=1 000 000÷10=100 000(元)

20×1 年 12 月 31 日、20×2 年 12 月 31 日摊销：

借：管理费用	100 000	
贷：累计摊销		100 000

(3) 转让。

借：银行存款	954 000	
累计摊销	200 000	
贷：应交税费——应交增值税（销项税额）		54 000
无形资产		1 000 000
资产处置损益		100 000

4. 会计分录如下：

(1) 20×1 年 1 月 1 日购入时。

借：无形资产　1 000 000
　　应交税费——应交增值税（进项税额）　60 000
　贷：银行存款　1 060 000

(2) 20×1年摊销，甲公司估计该无形资产尚可使用年限为5年，按5年摊销。

年摊销额＝1 000 000÷5＝200 000(元)

借：制造费用　200 000
　贷：累计摊销　200 000

(3) 20×2年摊销。

借：制造费用　200 000
　贷：累计摊销　200 000

(4) 20×2年12月31日计提减值准备。

账面余额＝1 000 000－200 000×2＝600 000(元)

减值损失＝600 000－180 000＝420 000(元)

借：资产减值损失　420 000
　贷：无形资产减值准备　420 000

(5) 20×3年摊销。

年摊销额＝180 000÷3＝60 000(元)

借：制造费用　60 000
　贷：累计摊销　60 000

5. 会计分录如下：

(1) 20×1年发生各项支出。

借：研发支出——费用化支出　250 000
　　　　　　——资本化支出　600 000
　　应交税费——应交增值税（进项税额）　30 000
　贷：银行存款　880 000

(2) 20×1年12月31日，结转费用化支出。

借：研发费用　250 000
　贷：研发支出——费用化支出　250 000

(3) 20×2年1月1日，登记注册后。

借：无形资产——专利权　612 000
　贷：研发支出——资本化支出　600 000
　　　银行存款　12 000

6. 会计分录如下：

(1) 20×1年12月31日购入房屋。

借：投资性房地产　1 000 000
　　应交税费——应交增值税（进项税额）　90 000
　贷：银行存款　1 090 000

（2）20×2 年 1 月 1 日收取租金。

借：银行存款　87 200
　贷：其他业务收入　80 000
　　　应交税费——应交增值税（销项税额）　7 200

（3）20×2 年 12 月 31 日确认公允价值变动。

借：投资性房地产——公允价值变动　250 000
　贷：公允价值变动损益　250 000

7. 会计分录如下：

（1）20×1 年 1 月 1 日购入时。

借：固定资产　6 000 000
　　应交税费——应交增值税（进项税额）　540 000
　贷：银行存款　6 540 000

（2）20×3 年 1 月 23 日。

累计折旧＝6 000 000÷20×2＝600 000(元)

借：投资性房地产——成本　7 600 000
　　累计折旧　600 000
　贷：固定资产　6 000 000
　　　其他综合收益　2 200 000

8. 会计分录如下：

（1）冲销 20×2 年计提的折旧。

20×2 年折旧额＝15 000 000÷20＝750 000(元)

借：投资性房地产累计折旧（摊销）　750 000
　贷：利润分配——未分配利润　750 000

（2）冲销 20×3 年 1—6 月计提的折旧。

20×3 年 1—6 月折旧额＝15 000 000÷20÷2＝375 000(元)

借：投资性房地产累计折旧（摊销）　375 000
　贷：其他业务成本　375 000

（3）将投资性房地产的价值调整为 20×3 年 6 月 30 日的公允价值。

公允价值变动＝16 300 000－15 000 000＝1 300 000(元)

以前年度损益＝16 000 000－15 000 000＝1 000 000(元)

当年损益＝16 300 000－16 000 000＝300 000(元)

借：投资性房地产——公允价值变动　　1 300 000
　贷：利润分配——未分配利润　　1 000 000
　　公允价值变动损益　　300 000

六、简答题

1. 无形资产的特征主要有以下几个方面：

（1）无实体性。无形资产没有实物形态。这一特征主要是相对于固定资产等具有实物形态的资产而言的。但需要指出的是，没有实物形态并不是无形资产独有的特征，其他许多资产也不具有实物形态，如应收账款、对外投资等。

（2）长期性。无形资产应能在较长时期内供企业使用，一般来说，使用年限应在 1 年以上。这一特征主要是相对于应收账款等没有实物形态的流动资产而言的。但是，需要指出的是，能在较长时期内供企业使用也不是无形资产的独有特征，其他许多资产也能在较长时期内供企业使用，如债权投资等。

（3）不确定性。无形资产能为企业带来多少未来的经济利益具有较大的不确定性。当代科学技术的迅猛发展，使得许多无形资产的经济寿命难以准确地预计，也使得无形资产能为企业带来多少未来的经济利益难以准确地预计。这一特征主要是相对于长期投资等既没有实物形态又能在较长时期内供企业使用的资产而言的。

（4）可辨认性。无形资产能够从企业中分离或者划分出来，并能单独或者与相关合同、资产或负债一起，用于出售、转移、授予许可、租赁或者交换。这一特征主要是相对于商誉等不可辨认经济资源而言的。

2. 企业自行研究开发项目在开发阶段发生的支出，同时满足下列条件的，应当予以资本化：

（1）完成该无形资产以使其能够使用或出售在技术上具有可行性；

（2）具有完成该无形资产并使用或出售的意图；

（3）能够证明无形资产产生经济利益的方式，包括能够证明运用该无形资产生产的产品存在市场或无形资产自身存在市场，无形资产将在内部使用的，应当证明其有用性；

（4）有足够的技术、财务资源和其他资源支持，以完成该无形资产的开发，并有能力使用或出售该无形资产；

（5）归属于该无形资产开发阶段的支出能够可靠地计量。

3. 出售无形资产与出租无形资产的区别是：出售无形资产不确认收入，出售无形资产取得的价款扣除其摊余价值以及应缴纳的税费后的差额，作为资产处置损益处理。出租无形资产取得的价款确认为其他业务收入，摊销的相关成本和支付的相关税费作为其他业务成本处理，其差额为其他业务利润。

4. 采用公允价值模式计量的投资性房地产，应当同时满足以下条件：

（1）投资性房地产所在地有活跃的房地产交易市场，投资性房地产可以在房地产交易市场中直接交易；

（2）企业能够从房地产交易市场上取得同类或类似房地产的市场价格及其他相关信息，从而对投资性房地产的公允价值作出科学合理的估计。

5. 自用房地产或存货转换为采用公允价值模式计量的投资性房地产时，应将转换当日的公允价值作为投资性房地产的入账价值。转换当日的公允价值小于原账面价值的，其差额计入当期损益，借记“投资性房地产”“累计折旧”“累计摊销”“公允价值变动损益”等科目，贷记“固定资产”“无形资产”“库存商品”等科目；转换当日的公允价值大于原账面价值的，其差额计入其他综合收益，借记“投资性房地产”“累计折旧”“累计摊销”等科目，贷记“固定资产”“无形资产”“库存商品”“其他综合收益”等科目。如果其他资产发生减值，计提的减值准备也应一并结转。

6. 采用公允价值模式计量的投资性房地产处置时，应根据实际收到的价款，借记“银行存款”等科目，贷记“其他业务收入”科目；根据应缴纳的税费，贷记“应交税费”科目。结转投资性房地产成本，根据公允价值变动，借记或贷记“投资性房地产——公允价值变动”科目；根据投资性房地产的成本，贷记“投资性房地产——成本”科目；根据投资性房地产账面价值，借记“其他业务成本”科目。同时，还要按投资性房地产公允价值变动额，借记或贷记“公允价值变动损益”科目，贷记或借记“其他业务成本”科目。如果其他资产转换为投资性房地产时有计入其他综合收益的金额，也应一并结转，借记“其他综合收益”科目，贷记“其他业务成本”科目。

教材练习题解析

1. 会计分录如下：

（1）20×1年1月1日购入非专利技术。

借：无形资产	2 000 000	
应交税费——应交增值税（进项税额）	120 000	
贷：银行存款		2 120 000

（2）20×1年摊销非专利技术成本。

年摊销额＝2 000 000÷10＝200 000(元)

借：制造费用	200 000	
贷：累计摊销		200 000

（3）20×2年、20×3年摊销非专利技术成本。

年摊销额＝(2 000 000－200 000)÷6＝300 000(元)

借：制造费用	300 000
贷：累计摊销	300 000

（4）20×3年12月31日计提减值准备。

计提减值额＝2 000 000－(200 000＋300 000×2)－1 000 000
＝200 000(元)

借：资产减值损失	200 000
贷：无形资产减值准备	200 000

（5）20×4年摊销非专利技术成本。

年摊销额＝1 000 000÷4＝250 000(元)

借：制造费用	250 000
贷：累计摊销	250 000

（6）20×2年12月31日出售非专利技术。

摊余成本＝2 000 000－(200 000＋300 000×2)－200 000－250 000
＝750 000(元)

出售净损益＝848 000－48 000－750 000＝50 000(元)

借：银行存款	848 000	
无形资产减值准备	200 000	
累计摊销	1 050 000	
贷：应交税费——应交增值税（销项税额）		48 000
无形资产		2 000 000
资产处置损益		50 000

2. 会计分录如下：

（1）研制过程。

借：研发支出——费用化支出	300 000	
贷：应付职工薪酬		100 000
银行存款		200 000
借：研发费用	300 000	
贷：研发支出——费用化支出		300 000

（2）开发过程。

借：研发支出——费用化支出	100 000	
——资本化支出	600 000	
贷：应付职工薪酬		200 000
银行存款		500 000

借：研发费用	100 000	
贷：研发支出——费用化支出		100 000

(3) 申请专利权。

借：无形资产——专利权	610 000	
贷：研发支出——资本化支出		600 000
银行存款		10 000

3. 会计分录如下：

(1) 20×1 年 12 月 31 日购入房屋。

借：固定资产	50 000 000	
应交税费——应交增值税（进项税额）	4 500 000	
贷：银行存款		54 500 000

(2) 20×2 年计提折旧。

年折旧额＝50 000 000÷50＝1 000 000(元)

借：管理费用	1 000 000	
贷：累计折旧		1 000 000

(3) 20×2 年 12 月 31 日转换为投资性房地产。

借：投资性房地产——成本	48 500 000	
累计折旧	1 000 000	
公允价值变动损益	500 000	
贷：固定资产		50 000 000

(4) 20×3 年收取租金。

借：银行存款	1 635 000	
贷：其他业务收入		1 500 000
应交税费——应交增值税（销项税额）		135 000

(5) 20×3 年 12 月 31 日公允价值变动。

借：公允价值变动损益	300 000	
贷：投资性房地产——公允价值变动		300 000

(6) 20×4 年 1 月 10 日出售。

借：银行存款	52 102 000	
贷：其他业务收入		47 800 000
应交税费——应交增值税（销项税额）		4 302 000
借：其他业务成本	48 200 000	
投资性房地产——公允价值变动	300 000	
贷：投资性房地产——成本		48 500 000
借：其他业务成本	800 000	
贷：公允价值变动损益		800 000

第 9 章　流动负债

学习指导

本章讲述了流动负债的核算。

流动负债是指企业在 1 年或超过 1 年的一个营业周期内，需要以流动资产或增加其他负债来抵偿的债务，主要包括短期借款、应付票据、应付账款、合同负债（或预收账款）、应付职工薪酬、应付股利、应付利息、应交税费和其他应付款等。

流动负债一般按照业务发生时的金额计价。

短期借款是指企业从银行或其他金融机构借入的偿还期在 1 年以内的款项。

应付票据是指企业采用商业汇票结算方式延期付款购入货物应付的票据款。

应付账款是指企业在正常的生产经营过程中因购进货物或接受劳务应在 1 年以内偿付的债务。

应付职工薪酬是指企业为获得职工提供的服务或解除劳动关系而给予的各种形式的报酬或补偿。职工薪酬包括短期薪酬、离职后福利、辞退福利和其他长期职工福利。企业提供给职工配偶、子女、受赡养人、已故员工遗属及其他受益人等的福利，也属于职工薪酬。

应交税费是指企业在生产经营过程中产生的应向国家缴纳的各种税费，主要包括增值税、消费税、城市维护建设税、教育费附加和所得税等。

其他应付款是指除了短期借款、应付票据、应付账款、应付职工薪酬、应交税费、应付股利、应付利息以外的各种偿付期在 1 年以内的款项，如出租、出借包装物收取的押金等。

合同负债是指企业已收客户对价而应向客户转让商品的义务，如企业在转让承诺的商品之前已收取的款项。

练习题

一、名词解释

1. 流动负债
2. 货币性流动负债
3. 非货币性流动负债
4. 融资活动形成的流动负债
5. 营业活动形成的流动负债
6. 短期借款
7. 应付票据
8. 职工薪酬
9. 短期薪酬
10. 离职后福利计划
11. 消费税

二、判断题

第9章判断题 即测即评

1. 企业收回委托加工的应税消费品，如果用于连续生产应税消费品，按税法规定，可以抵扣应纳消费税。（　　）

2. 一般纳税人购入免税农产品，可以按照买价的9%作为进项税额抵扣。（　　）

3. 应付账款一般按到期的应付金额现值入账。（　　）

4. 开出并承兑的商业承兑汇票如果不能如期支付，应在票据到期时，将应付票据账面余额转入“应付账款”科目。（　　）

5. 一般纳税人销售玻璃门窗并负责安装，则销售门窗收入和安装费收入一并按照13%征收增值税。（　　）

6. 一般纳税人购买并销售免税货物所发生的运输费用，可以根据运输部门开具的增值税专用发票注明的增值税额作为进项税额抵扣。（　　）

7. 一般纳税人用产品或原材料对外投资时，会计核算上不确认营业收入，但应根据其计税基础计算缴纳增值税销项税额。（　　）

8. 小规模纳税人购入货物收到增值税专用发票的，其支付的增值税额可以由销项税额抵扣。（　　）

9. 委托加工应税消费品的纳税人，必须在委托加工合同上如实注明材料成本，凡未提供材料成本的，受托方所在地主管税务机关有权核定其材料成本。（　　）

三、单项选择题

第9章单项选择题 即测即评

1. 企业缴纳的下列税款中，不需要通过“税金及附加”科目核算的是（　　）。

A. 增值税

B. 消费税

C. 印花税

D. 城市维护建设税

2. 企业购进商品取得的现金折扣，应确认为（　　）。

A. 理财收益　　B. 货物采购成本的减少

C. 理财费用　　D. 货物采购成本的增加

3. 下列各项中，不计入损益的是（　　）。

A. 应交增值税　　B. 应交所得税

C. 应交消费税　　D. 应交车船税

4. 企业无法支付的应付账款，经确认后，应计入（　　）。

A. 其他业务收入　　B. 营业外收入

C. 其他综合收益　　D. 待处理财产损溢

5. 下列各项中，属于非货币性负债的是（　　）。

A. 短期借款　　B. 应付票据

C. 合同负债　　D. 应付账款

6. 某企业委托外单位加工一批应税消费品（非金银首饰），该批材料收回后直接用于销售。该企业收回委托加工应税消费品时，应将受托单位代扣代缴的消费税记入（　　）。

A. “委托加工物资”科目的借方

B. “应交税费——应交消费税”科目的借方

C. “应交税费——应交消费税”科目的贷方

D. “税金及附加”科目的借方

7. 企业开出并承兑的商业汇票到期时，如无力支付票款，应进行的账务处理是（　　）。

A. 转作短期借款　　B. 转作应付账款

C. 转作其他应付款　　D. 不进行账务处理

8. 企业购进货物用于免征增值税项目时，该货物负担的增值税额应当计入（　　）。

A. 营业外支出　　B. 销售费用

C. 货物的采购成本　　D. 管理费用

9. 企业缴纳当月的增值税，应借记的会计科目是（　　）。

A. “应交税费——未交增值税”

B. “应交税费——应交增值税（转出未交增值税）”

C. “应交税费——应交增值税（转出多交增值税）”

D. “应交税费——应交增值税（已交税金）”

10. 企业收取包装物押金以及其他各种暂收款项时，应贷记的会计科目是（　　）。

A. “营业外收入”　　B. “其他业务收入”

C. “其他应付款”　　D. “其他应收款”

11. 下列项目中，不属于职工薪酬的是（　　）。

A. 辞退福利　　B. 医疗保险费

C. 非货币性福利　　D. 职工出差的交通费补贴

12. 企业为职工支付的下列保险费中，不属于短期薪酬的是（　　）。

A. 医疗保险费　　B. 工伤保险费

C. 待业保险费　　D. 养老保险费

13. 企业作为增值税一般纳税人，当月购入房屋支付的增值税，经税务机关认证可以抵扣，则应借记的会计科目是（　　）。

A. “应交税费——待认证进项税额”

B. “应交税费——待转销项税额”

C. “应交税费——应交增值税（已交税金）”

D. “应交税费——应交增值税（进项税额）”

四、多项选择题

1. 企业依法缴纳的税金中，应计入税金及附加的有（　　）。

A. 房产税　　B. 车船税

C. 增值税　　D. 消费税

E. 印花税

第 9 章多项选择题
即测即评

2. 企业缴纳的各种税金中，按照税法规定可以在净利润前扣除的有（　　）。

A. 车船税　　B. 房产税

C. 增值税　　D. 消费税

E. 所得税

3. 一般纳税人购入货物时即能认定其进项税额不能抵扣的项目有（　　）。

A. 购进机器设备用于生产经营　　B. 购入货物用于集体福利

C. 购入货物用于免税项目　　D. 购入货物用于产品生产

E. 购入货物用于对外投资

4. 下列各项中，不应计入一般纳税人相关资产成本的有（　　）。

A. 购进用于生产经营的货物支付的增值税

B. 购进用于生产经营的房屋支付的增值税

C. 收回直接用于销售的委托加工应税消费品支付的消费税

D. 收回用于继续加工的委托加工应税消费品支付的消费税

E. 签订购买合同缴纳的印花税

5. 企业下列行为应视同销售，计算缴纳增值税销项税额的有（　　）。

A. 将产成品对外投资

B. 自建生产用机器设备领用本企业生产的产品

C. 自建房屋领用本企业生产的产品

D. 将原材料对外捐赠

E. 销售代销货物

6. 下列关于职工薪酬的表述中，正确的有（　　）。

A. 累积带薪缺勤应当在职工未享受带薪缺勤期间确认相关成本费用

B. 工会经费和职工教育经费不属于职工薪酬的范围

C. 应付职工社会保险费和住房公积金，应当按照职工的工作性质进行分配，计入相关成本费用

D. 辞退福利应当按照职工的工作性质进行分配，计入相关成本费用

E. 职工薪酬中的非货币性福利应当按照职工的工作性质进行分配，计入相关成本费用

7. 企业作为增值税一般纳税人，购入货物支付的增值税用于下列项目，不得抵扣的有（　　）。

A. 集体福利设施

B. 对外投资

C. 简易计税项目

D. 免税项目

E. 生产经营

五、会计核算题

1. 甲公司为增值税一般纳税人，销售货物适用的增值税税率为13%，销售应税消费品适用的消费税税率为10%；销售不动产适用的增值税税率为9%；原材料按实际成本核算，销售商品的价格中均不含增值税。该公司发生下列经济业务：

（1）向乙公司采购A材料，增值税专用发票上注明的货款为800 000元，增值税额为104 000元，发票账单已经到达，增值税尚未经税务机关认证，货物尚未到达，货款已经支付。

（2）向丙公司采购B材料，增值税专用发票上注明的货款为50 000元，增值税额为6 500元，经税务机关认证可以抵扣，材料已经到达并验收入库，企业开出并承兑不带息商业汇票。

（3）销售甲产品（应税消费品）5 000件，不含增值税的单位售价为250元，单位成本为150元，货款尚未收到。

（4）支付上述采购B材料的货款。

（5）购入设备一台，增值税专用发票上注明货款为900 000元，增值税额为117 000元，经税务机关认证可以抵扣，发生安装调试费用3 000元（未取得增值税专用发票），设备及安装费用均以银行存款支付，设备已交付使用。

（6）收购农副产品，实际支付价款160 000元，农副产品已验收入库，增值税尚未经税务机关认证。

（7）委托丁公司加工原材料（应税消费品），原材料成本为 130 000 元，加工费为 50 000 元，增值税额为 6 500 元，由受托单位代扣代缴消费税。材料加工完毕验收入库，准备直接对外销售。加工费和增值税已用银行存款支付。月末，将该材料全部出售，收到价款 200 000 元，增值税额 26 000 元。

（8）出口 D 产品（非应税消费品）一批，产品的销售价格为 650 000 元，销售成本为 400 000 元。货已发出，货款尚未收到。该批产品的进项税额为 26 000 元，企业收到退回的税款 18 000 元，经批准可以抵减内销产品的销项税额。

（9）出售一栋办公用房，原价 15 000 000 元，已提折旧 11 000 000 元，不含增值税的出售价款为 10 000 000 元，清理费用支出 60 000 元（未取得增值税专用发票），房屋已清理完毕。收支均通过银行存款。

（10）取得简易计税项目的非主营劳务收入价税合计 206 000 元，存入银行。

（11）以银行存款支付简易计税项目服务费不含增值税价款 100 000 元，增值税 6 000 元。

要求：根据以上资料，编制会计分录。

2. 某企业 20×6 年 4 月 1 日向银行借入短期借款 3 000 000 元，年利率为 6%，借款期限为 3 个月，借款利息随本金到期时一并付清。

要求：根据上述经济业务，编制会计分录。

3. 甲公司为增值税一般纳税人，销售商品适用的增值税税率为 13%，消费税税率为 10%。甲公司委托外单位加工一批应税消费品（非金银首饰），发生如下经济业务：

（1）发出原材料 300 000 元。

（2）材料加工完成支付加工费 60 000 元，增值税 7 800 元（经税务机关认证可以抵扣），由受托方代收代缴消费税 40 000 元；收回的材料继续加工 A 产品。

（3）收回的材料验收入库。

（4）生产 A 产品领用全部收回的材料，分配职工薪酬 50 000 元，分配制造费用 30 000 元。

（5）A 产品加工完成验收入库。

（6）A 产品全部对外销售，收取价款 700 000 元，增值税额 91 000 元。

（7）结转 A 产品销售成本。

（8）结转销售 A 产品应交消费税。

（9）实际缴纳消费税。

要求：根据上述经济业务，编制会计分录。

4. 甲公司为增值税一般纳税人，销售商品适用的增值税税率为 13%，消费税税率为 10%。甲公司委托外单位加工一批应税消费品（非金银首饰），发生如下经济业务：

（1）发出原材料 300 000 元。

（2）材料加工完成支付加工费 60 000 元，增值税 7 800 元（经税务机关认证可以抵扣），由受托方代收代缴消费税 40 000 元；收回的材料直接出售。

（3）收回的材料验收入库。

（4）将该批材料全部对外出售，收取价款 400 000 元，增值税额 52 000 元。

（5）结转材料销售成本。

要求：根据上述经济业务，编制会计分录。

5. 甲公司通过银行转账方式发放职工工资 447 100 元，结转代扣款 75 000 元，结转代扣个人所得税 7 900 元。月份终了，分配工资费用，其中生产工人工资 350 000 元，车间管理人员工资 90 000 元，厂部管理人员工资 50 000 元，在建工程人员工资 40 000 元。

要求：根据上述经济业务，编制会计分录。

六、简答题

1. 简述流动负债的性质、分类和计价。

2. 简述不带息应付票据的会计处理。

3. 简述职工薪酬的主要内容。

4. 简述视同销售行为的会计处理。

练习题答案

一、名词解释

1. 流动负债是指企业在 1 年或超过 1 年的一个营业周期内，需要以流动资产或增加其他负债来抵偿的债务，主要包括短期借款、应付票据、应付账款、合同负债（或预收账款）、应付职工薪酬、应付股利、应付利息、应交税费和其他应付款等。

2. 货币性流动负债是指需要以货币资金来偿还的流动负债，主要包括短期借款、应付票据、应付账款、应付职工薪酬、应付股利、应付利息、应交税费和其他应付款。

3. 非货币性流动负债是指不需要用货币资金来偿还的流动负债，主要为预收账款。

4. 融资活动形成的流动负债是指企业从银行和其他金融机构筹集资金形成的流动负债，主要包括短期借款、应付股利和应付利息。

5. 营业活动形成的流动负债是指企业在正常的生产经营活动中形成的流动负债，可以分为外部结算业务形成的流动负债和内部往来形成的流动负债。外部结算业务形成的流动负债主要包括应付票据、应付账款、预收账款、应交税费、其他应付款中应付外单位的款项等；内部往来形成的流动负债主要包括应付职工薪酬和其他应付款中应付企业内部单位或职工的款项。

6. 短期借款是指企业从银行或其他金融机构借入的偿还期在 1 年以内（特殊情况下在超过 1 年的一个营业周期以内）的款项。

7. 应付票据是指企业采用商业汇票结算方式延期付款购入货物应付的票据款。在我国，商业汇票的付款期限最长为 6 个月，因而应付票据即短期应付票据。

8. 职工薪酬是指企业为获得职工提供的服务或解除劳动关系而给予的各种形式的报酬或补偿。职工薪酬包括短期薪酬、离职后福利、辞退福利和其他长期职工福利。企业提供给职工配偶、子女、受赡养人、已故员工遗属及其他受益人等的福利，也属于职工薪酬。

9. 短期薪酬是指企业在职工提供相关服务的年度报告期间结束后 12 个月内需要全部予以支付的职工薪酬。短期薪酬具体包括：职工工资、奖金、津贴和补贴，职工福利费，医疗保险费、工伤保险费、待业保险费和生育保险费等社会保险费，住房公积金，工会经费和职工教育经费，短期带薪缺勤，短期利润分享计划，非货币性福利以及其他短期薪酬。

10. 离职后福利计划是指企业与职工就离职后福利达成的协议，或者企业为向职工提供离职后福利制定的规章或办法等。企业应当将离职后福利计划分类为设定提存计划和设定受益计划。

11. 消费税是指对消费品和特定的消费行为按消费流转额征收的一种商品税。在我国境内生产、委托加工和进口应征消费税的消费品的单位和个人，为消费税的纳税义务人。

二、判断题

1. √	2. √	3. ×	4. √	5. √
6. ×	7. ×	8. ×	9. √	

三、单项选择题

1. A	2. A	3. A	4. B	5. C
6. A	7. B	8. C	9. D	10. C
11. D	12. D	13. D		

四、多项选择题

1. ABDE	2. ABDE	3. BC	4. ABDE	5. ADE
6. ACE	7. ACD			

五、会计核算题

1. 甲公司编制如下会计分录：

(1) 借：在途物资	800 000	
应交税费——待认证进项税额	104 000	
贷：银行存款		904 000

（2）借：原材料	50 000	
应交税费——应交增值税（进项税额）	6 500	
贷：应付票据		56 500
（3）借：应收账款	1 412 500	
贷：主营业务收入		1 250 000
应交税费——应交增值税（销项税额）		162 500

应交消费税＝1 250 000×10%＝125 000(元)

借：税金及附加	125 000	
贷：应交税费——应交消费税		125 000
借：主营业务成本	750 000	
贷：库存商品		750 000
（4）借：应付票据	56 500	
贷：银行存款		56 500
（5）借：在建工程	900 000	
应交税费——应交增值税（进项税额）	117 000	
贷：银行存款		1 017 000
借：在建工程	3 000	
贷：银行存款		3 000
借：固定资产	903 000	
贷：在建工程		903 000
（6）借：原材料	145 600	
应交税费——待认证进项税额	14 400	
贷：银行存款		160 000

（7）应交消费税。

计税价格＝(130 000＋50 000)÷(1－10%)＝200 000(元)

应交消费税＝200 000×10%＝20 000(元)

借：委托加工物资	130 000	
贷：原材料		130 000
借：委托加工物资	70 000	
应交税费——应交增值税（进项税额）	6 500	
贷：银行存款		76 500
借：原材料	200 000	
贷：委托加工材料		200 000

出售时：

借：银行存款 226 000
　贷：其他业务收入 200 000
　　应交税费——应交增值税（销项税额） 26 000
借：其他业务成本 200 000
　贷：原材料 200 000
(8) 借：应收账款 650 000
　贷：主营业务收入 650 000
借：主营业务成本 400 000
　贷：库存商品 400 000
借：应交税费——应交增值税（出口抵减内销产品应纳税额） 18 000
　贷：应交税费——应交增值税（出口退税） 18 000
借：主营业务成本 8 000
　贷：应交税费——应交增值税（进项税额转出） 8 000

(9) 应交增值税＝10 000 000×9%＝900 000(元)

借：固定资产清理 4 000 000
　累计折旧 11 000 000
　贷：固定资产 15 000 000
借：银行存款 10 900 000
　贷：固定资产清理 10 000 000
　　应交税费——应交增值税（销项税额） 900 000
借：固定资产清理 60 000
　贷：银行存款 60 000
借：固定资产清理 5 940 000
　贷：资产处置损益 5 940 000
(10) 借：银行存款 206 000
　贷：其他业务收入 200 000
　　应交税费——简易计税 6 000
(11) 借：其他业务成本 106 000
　贷：银行存款 106 000

2. 企业编制如下会计分录：

(1) 4月份借款时。

借：银行存款 3 000 000
　贷：短期借款 3 000 000

借款利息＝3 000 000×6%×1/12＝15 000(元)

借：财务费用 15 000

　贷：应付利息 15 000

（2）5 月份借款利息。

借：财务费用 15 000

　贷：应付利息 15 000

（3）6 月份偿还本息。

借：短期借款 3 000 000

　　财务费用 15 000

　　应付利息 30 000

　贷：银行存款 3 045 000

3. 账务处理如下：

（1）借：委托加工物资 300 000

　　贷：原材料 300 000

（2）借：委托加工物资 60 000

　　　应交税费——应交增值税（进项税额） 7 800

　　　　　　——应交消费税 40 000

　　贷：银行存款 107 800

（3）借：原材料 360 000

　　贷：委托加工物资 360 000

（4）借：生产成本——A 产品 440 000

　　贷：原材料 360 000

　　　　应付职工薪酬 50 000

　　　　制造费用 30 000

（5）借：库存商品 440 000

　　贷：生产成本——A 产品 440 000

（6）借：银行存款 791 000

　　贷：主营业务收入 700 000

　　　　应交税费——应交增值税（销项税额） 91 000

（7）借：主营业务成本 440 000

　　贷：库存商品 440 000

（8）应交消费税＝700 000×10%＝70 000(元)

借：税金及附加 70 000

　贷：应交税费——应交消费税 70 000

（9）缴纳消费税＝70 000－40 000＝30 000(元)

借：应交税费——应交消费税 30 000
　贷：银行存款 30 000

4. 账务处理如下：

(1) 借：委托加工物资 300 000
　　贷：原材料 300 000

(2) 借：委托加工物资 100 000
　　　应交税费——应交增值税（进项税额） 7 800
　　贷：银行存款 107 800

(3) 借：原材料 400 000
　　贷：委托加工物资 400 000

(4) 借：银行存款 452 000
　　贷：其他业务收入 400 000
　　　　应交税费——应交增值税（销项税额） 52 000

(5) 借：其他业务成本 400 000
　　贷：原材料 400 000

5. 账务处理如下：

(1) 借：应付职工薪酬 447 100
　　贷：银行存款 447 100

(2) 借：应付职工薪酬 75 000
　　贷：其他应付款 75 000

借：应付职工薪酬 7 900
　贷：应交税费——应交个人所得税 7 900

(3) 借：生产成本 350 000
　　　管理费用 50 000
　　　制造费用 90 000
　　　在建工程 40 000
　　贷：应付职工薪酬 530 000

六、简答题

1. 流动负债是指企业在 1 年或超过 1 年的一个营业周期内，需要以流动资产或增加其他负债来抵偿的债务，主要包括短期借款、应付票据、应付账款、合同负债（或预收账款）、应付职工薪酬、应付股利、应付利息、应交税费和其他应付款等。

流动负债按照不同的标准，可以分为不同的类别，以满足不同的需要。按照偿付手段分类，可以分为货币性流动负债和非货币性流动负债。货币性流动负债是指需要以货币资金来偿还的流动负债；非货币性流动负债是指不需要用货币资金来偿还的流动负债。按照偿付金额是否确定分类，可以分为金额可以确定的流动负债和金额需要估计的流动负债。金额可以确定的流动负债是指有确切的债权人和偿付日期并有确切的偿付金额的流动负债；金额需要估计的流动负债是指没有确切的债权人和偿付日期，或虽有确切的债权人和偿付日期但其偿付金额需要估计的流动负债。按照形成方式分类，可以分为融资活动形成的流动负债和营业活动形成的流动负债。融资活动形成的流动负债是指企业从银行和其他金融机构筹集资金形成的流动负债；营业活动形成的流动负债是指企业在正常的生产经营活动中形成的流动负债。

负债是企业应在未来偿付的债务，从理论上讲，应按未来应付金额的现值计价。流动负债也是负债，从理论上讲也不应例外。但是，流动负债的偿付时间一般不超过 1 年，未来应付的金额与贴现值相差不多，按照重要性原则，其差额往往忽略不计，因此，流动负债一般按照业务发生时的金额计价。

2. 不带息应付票据的会计处理如下：

（1）签付不带息商业汇票，按票面价值入账。企业取得结算凭证并签付商业汇票后，应按票面价值借记“原材料”“应交税费”等科目，贷记“应付票据”科目。企业向银行申请承兑支付的手续费，应计入财务费用。

（2）商业汇票到期时，如果有能力支付票据款，企业在收到开户银行的付款通知时，核销应付票据，借记“应付票据”科目，贷记“银行存款”科目。如果无力支付票据款，采用商业承兑汇票进行结算的，企业应将应付票据款转为应付账款，按票面价值借记“应付票据”科目，贷记“应付账款”科目；采用银行承兑汇票进行结算的，承兑银行将代为支付票据款，并将其转为对企业的逾期贷款，企业应按票面价值借记“应付票据”科目，贷记“短期借款”科目。企业支付的罚息，应计入财务费用。

3. 职工薪酬是指企业为获得职工提供的服务或解除劳动关系而给予的各种形式的报酬或补偿。职工薪酬包括短期薪酬、离职后福利、辞退福利和其他长期职工福利。企业提供给职工配偶、子女、受赡养人、已故员工遗属及其他受益人等的福利，也属于职工薪酬。

（1）短期薪酬，是指企业在职工提供相关服务的年度报告期间结束后 12 个月内需要全部予以支付的职工薪酬。短期薪酬具体包括：职工工资、奖金、津贴和补贴，职工福利费，医疗保险费、工伤保险费、待业保险费和生育保险费等社会保险费，住房公积金，工会经费和职工教育经费，短期带薪缺勤，短期利润分享计划，非货币性福利以及其他短期薪酬。

（2）离职后福利，是指企业为获得职工提供的服务而在职工退休或与企业解除劳动关系后提供的各种形式的报酬和福利。

（3）辞退福利，是指企业在职工劳动合同到期之前解除与职工的劳动关系，或者为鼓励职工自愿接受裁减而给予职工的补偿。

（4）其他长期职工福利，是指除短期薪酬、离职后福利、辞退福利之外所有的职工薪酬，包括长期带薪缺勤、长期残疾福利、长期利润分享计划等。

4. 视同销售行为是指企业在会计核算中未作销售处理而税法中要求按照销售行为缴纳增值税的行为。主要包括：

（1）将自产或委托加工的货物用于免税项目；

（2）将自产或委托加工的货物用于集体福利或个人消费；

（3）将自产、委托加工或购买的货物以及无形资产、不动产用于投资、提供给其他单位或个体经营者；

（4）将自产、委托加工或购买的货物分配给股东或投资者；

（5）将自产、委托加工或购买的货物以及无形资产、不动产无偿赠送他人；

（6）向其他单位或者个人无偿提供服务。

上述视同销售行为中，均应按照资产处置的方法进行处置。

教材练习题解析

1. 甲公司账务处理如下：

（1）借：原材料	201 000	
应交税费——应交增值税（进项税额）	26 090	
贷：银行存款		227 090
（2）借：原材料	100 000	
应交税费——待认证进项税额	13 000	
贷：应付账款		113 000
（3）借：原材料	9 100	
应交税费——应交增值税（进项税额）	900	
贷：银行存款		10 000
（4）借：在建工程	22 600	
贷：原材料		20 000
应交税费——应交增值税（进项税额转出）		2 600
（5）借：固定资产	30 000 000	
应交税费——应交增值税（进项税额）	2 700 000	
贷：银行存款		32 700 000
（6）借：长期股权投资——投资成本	678 000	
贷：其他业务收入		600 000
应交税费——应交增值税（销项税额）		78 000
借：其他业务成本	500 000	
贷：原材料		500 000

(7) 借：应收账款	4 520 000	
贷：主营业务收入		4 000 000
应交税费——应交增值税（销项税额）		520 000
借：主营业务成本	3 600 000	
贷：库存商品		3 600 000
(8) 借：在建工程	40 000	
贷：库存商品		40 000
(9) 借：应收账款	5 650 000	
贷：主营业务收入		5 000 000
应交税费——待转销项税额		650 000
借：主营业务成本	3 000 000	
贷：库存商品		3 000 000
以后各月收款时：		
借：银行存款	1 130 000	
贷：应收账款		1 130 000
借：应交税费——待转销项税额	130 000	
贷：应交税费——应交增值税（销项税额）		130 000
(10) 借：银行存款	3 000 000	
贷：其他债权投资——成本		2 682 000
投资收益		318 000
借：投资收益（318 000÷(1+6%)×6%）	18 000	
贷：应交税费——转让金融商品应交增值税		18 000
(11) 借：待处理财产损溢	30 000	
贷：原材料		30 000
借：管理费用	30 000	
贷：待处理财产损溢		30 000
(12) 借：应交税费——未交增值税	100 000	
贷：银行存款		100 000

(13) 本月应交增值税：

进项税额=26 090+900+2 700 000=2 726 990(元)

进项税额转出=2 600(元)

销项税额=78 000+520 000=598 000(元)

已交税金=0

转让金融商品应交增值税=18 000(元)

“应交增值税”明细科目借方余额 $=2\,726\,990-2\,600-598\,000=2\,126\,390$(元)

各有关增值税明细科目余额：应交增值税 2 126 390 元（借方余额）；未交增值税＝100 000－100 000＝0；待认证进项税额 13 000 元（借方余额）；待转销项税额 650 000 元（贷方余额）；转让金融商品应交增值税 18 000 元（贷方余额）。

资产负债表列示：其他流动资产 2 139 390 元（2 126 390＋13 000）；应交税费 18 000 元；其他流动负债 650 000 元。

2. 甲公司账务处理如下：

（1）借：委托加工物资	170 000	
贷：原材料		170 000
借：委托加工物资	30 000	
应交税费——应交增值税（进项税额）	1 300	
贷：银行存款		31 300
借：原材料	200 000	
贷：委托加工物资		200 000
（2）借：银行存款	226 000	
贷：其他业务收入		200 000
应交税费——应交增值税（销项税额）		26 000
借：其他业务成本	200 000	
贷：原材料		200 000

第 10 章 非流动负债

学习指导

本章介绍非流动负债的会计确认、计量、记录与报告的基本原理。非流动负债是除流动负债以外的所有负债。主要包括长期借款、应付债券等。通过本章的学习，应该掌握非流动负债的性质与种类、借款费用金额的确定与会计处理的一般问题，长期借款的会计处理、应付债券的会计处理、借款费用资本化的会计处理。

本章的学习重点是长期借款和应付债券的会计处理。学习难点是摊余成本的确定和借款费用资本化的会计处理。

长期借款的会计处理包括借款的取得、借款的利息费用的确认、借款的偿还。关键是要辨明借款费用是否符合资本化的条件，符合条件的予以资本化，计入相关资产的成本；不符合条件的，则计入当期损益（财务费用）。

应付债券可以分为不可转换公司债券与可转换公司债券。不可转换公司债券发行时的初始直接费用需要计入债券的初始计量金额，以能够使债券的未来现金流量的现值等于债券的初始计量金额的折现率作为债券的实际利率。应付债券在期末按摊余成本计量，实际上就是按照基于实际利率的未来现金流量的现值进行计量。

对于可转换公司债券，我国会计准则要求采用确认转换权价值的方法。也就是在初始计量时，按可转换公司债券包含的负债成分的公允价值确认负债。

按照《企业会计准则第 17 号——借款费用》的规定，借款费用在满足一定条件的情况下可以计入有关资产的成本，也就是借款费用资本化，否则计入当期损益。借款费用资本化需要解决的具体问题有：符合资本化条件的资产有哪些；

其借款费用可以资本化的借款有哪些；借款费用何时开始资本化；借款费用资本化的金额如何确定；借款费用何时暂停资本化，何时停止资本化。

练习题

一、名词解释

1. 可转换公司债券　　2. 非流动负债
3. 诱导转换　　4. 借款费用

二、判断题

第 10 章判断题
即测即评

1. 非流动负债的利息既可能是分期支付，也可能是到期还本时一次支付。非流动负债的应付未付利息本身既可能是流动负债，也可能是非流动负债。（　　）

2. 根据我国企业会计准则的规定，如果固定资产的购建活动发生非正常中断，并且中断时间连续超过 3 个月，应当暂停借款费用的资本化，将其确认为当期费用，直至资产的购建活动重新开始。但如果中断是使购建的固定资产达到预定可使用状态所必要的程序，则借款费用的资本化应当继续进行。（　　）

3. 采用实际利率法摊销债券溢价或折价，是为了明确发行公司对债权人实际负担的利息费用，使各期的利息费用随着债券账面价值的变动而变动。（　　）

4. 对于可转换公司债券而言，在确认转换权价值的情况下，采用实际利率法摊销溢价或折价时，所用实际利率应为附转换权条件下债券的实际利率；在不确认转换权价值的情况下，采用实际利率法摊销溢价或折价时，所用实际利率应为不附转换权条件下债券的实际利率。（　　）

5. 根据谨慎性原则，如果企业按高于账面价值的价格收回债券，应确认债券购回损失；如果按低于账面价值的价格收回债券，则不应确认债券购回收益。（　　）

三、单项选择题

第 10 章单项选择题
即测即评

1. 甲企业 20×2 年 1 月从银行取得长期借款 1 000 万元，用于企业的经营周转，期限为 5 年，年利率为 10%，按复利计算，每年计息一次，到期一次还本付息，则 20×4 年年末甲企业该项长期借款的账面价值为（　　）万元。

A. 1 331　　B. 1 000
C. 1 210　　D. 1 300

2. 甲公司于 20×2 年 1 月 1 日发行面值为 1 000 万元、利率为 8%、5 年期的可转换公司债券，用于企业经营周转。规定每年 6 月 30 日与 12 月 31 日各付息一次。发行2年后，可按每1 000元面值转换为该企业每股面值为1元的普通股600股。可转换公司债券的实际发行价格为980万元，实际利率为9%。已知不附转换权时，该债券的发行价格为960万元，实际利率为10%。如果该公司确认转换权价值，则在发行日可转换公司债券的转换权价值和债券折价分别为（　　）万元和（　　）万元。

A. 20，20　　B. 20，40

C. 40，20　　D. 40，40

3. 长期借款的利息应记入（　　）科目。

A. “长期借款”　　B. “应付利息”

C. “其他业务成本”　　D. “其他应付款”

4. 某企业于20×1年7月1日发行5年期面值总额为1 000万元的债券，债券票面年利率为10%，利息按年支付，市场利率为8%，则债券的发行价格为（　　）万元（债券发行费用略）。

A. 1 079.85　　B. 1 000

C. 1 085.6　　D. 1 004.6

5. 下列有关可转换公司债券的说法不正确的是（　　）。

A. 企业发行的可转换公司债券作为非流动负债，在资产负债表中的非流动负债项目下反映

B. 从理论上讲，可转换公司债券的发行价格由两部分构成：一是债券面值及票面利息按市场利率折算的现值；二是转换权的价值

C. 在诱导转换的情况下，如果采用市价法，则应按多交付的证券及资产的公允市价确认债券转换费用

D. 如果将可转换公司债券的提前偿付视同不可转换公司债券的提前偿付，则债券收回价格与债券账面价值之间的差额，应当确认为当期损益

6. 下列各项中，属于流动负债的是（　　）。

A. 长期应付款　　B. 预计负债

C. 应付债券　　D. 将于1年内到期的长期借款

7. 企业委托银行发行债券而支付的手续费，应当在实际支付时计入（　　）。

A. 财务费用

B. 长期待摊费用

C. 管理费用

D. 如果是溢价发行，在债券溢价中扣除；如果折价发行，则增加债券的折价

四、多项选择题

1. 下列说法中正确的有（　　）。

A. 对于分期付息债券而言，如果债券的票面利率等于实际利率，则债券必然按面值发行

B. 对于到期一次付息债券而言，如果利息按单利计算，债券的现值按复利折算，那么即使票面利率等于实际利率，债券也不会按面值发行

第 10 章多项选择题
即测即评

C. 对于到期一次付息债券而言，如果利息按复利计算，债券的现值按复利折算，在票面利率等于实际利率时，债券按面值发行

D. 对于到期一次付息债券，当票面利率等于实际利率，债券并不按面值发行

E. 对于分期还本债券，当票面利率等于实际利率，债券并不按面值发行

2. 甲公司于 20×2 年 1 月 1 日发行面值为 800 万元、利率为 10%、5 年期的可转换公司债券，用于企业经营周转。规定每年 12 月 31 日各付息一次。发行 2 年后，可按每 1 000 元面值转换为该企业每股面值为 1 元的普通股 600 股。可转换公司债券的实际发行价格为 812 万元，实际利率为 9%。已知不附转换权时，该债券的发行价格为 792 万元，实际利率为 11%。下列说法中正确的有（　　）。

A. 如果甲公司确认转换权价值，则该批可转换公司债券的转换权价值为 20 万元

B. 如果甲公司确认转换权价值，则该批可转换公司债券在发行日的债券溢价为 12 万元

C. 如果甲公司确认转换权价值，则该批可转换公司债券在发行日的债券折价为 8 万元

D. 如果甲公司不确认转换权价值，则该批可转换公司债券在发行日的债券溢价为 12 万元

E. 如果甲公司不确认转换权价值，则该批可转换公司债券在发行日的债券折价为 8 万元

3. 下列因素会影响债券发行价格的有（　　）。

A. 债券的票面利率　　B. 债券的实际利率

C. 债券的期限　　D. 债券偿还本金和支付利息的方式

E. 债券是否附有其他权利

五、会计核算题

甲公司于 20×2 年 1 月 1 日发行面值为 800 万元、利率为 10%、8 年期的可转换公司债券，用于企业经营周转。规定每年 12 月 31 日付息。发行 2 年后，可按每 1 000 元面值转换为该企业每股面值为 1 元的普通股 600 股。可转换公司债券的实际发行价格为 840 万元，实际利率为 8%。已知不附转换权时，该债券的发行价格为 816 万元，实际利率为 9%。甲公司采用直线法摊销债券溢价或折价。

要求：

（1）假定20×4年1月1日，甲公司可转换公司债券的持有者行使转换权，将该公司20×2年1月1日发行可转换公司债券的80%转换为普通股。如果甲公司确认转换权价值，不确认转换损益，编制相关的会计分录。

（2）假设甲公司20×4年1月1日从证券市场上购回本公司于20×2年1月1日发行的可转换公司债券的80%，购买价格为645万元，编制相关的会计分录。

（3）假设甲公司20×3年1月1日诱导转换20×2年1月1日发行的全部可转换公司债券。其具体措施是：将转换比例提高为面值1 000元的债券可转换普通股股票800股。转换日该公司普通股的每股市价为2元。请按账面价值法和市价法分别编制会计分录。

六、简答题

1. 非流动负债和流动负债相比有何特殊性，对会计处理有何影响？

2. 什么是应付债券的利息调整借差和利息调整贷差？

3. 应付债券利息调整摊销的直线法与实际利率法有何区别？它们对报表结果有何影响？

4. 简要阐述债券的发行价格、票面利率与实际利率之间的关系。

5. 可转换公司债券会带来什么特殊的会计问题？解决问题的方法有哪些？对这些方法作简要评述。

6. 对于与非流动负债有关的借款费用的会计处理主要有哪两种观点？简要评述。

练习题答案

一、名词解释

1. 可转换公司债券是指可以在一定期间之后按规定的转换比率或转换价格转换为发行企业股票的债券。可转换公司债券具有债权性证券与权益性证券的双重性质，因而可称为混合性证券。

2. 非流动负债是指偿还期限在1年或长于1年的一个营业周期以上的债务，与流动负债相比，非流动负债具有偿还期限较长、金额较大的特点。

3. 可转换公司债券的发行企业按照比原规定更为优惠的条件促使债券持有者提前转换，这种转换称为诱导转换。诱导转换的手段一般有三种：提高转换比率，发给额外的认股权，转移现金或其他资产。

4. 借款费用是指企业因借款而发生的利息、折价或溢价的摊销和辅助费用，以及因外币借款而发生的汇兑差额。

二、判断题

1. √　　2. √　　3. √　　4. ×　　5. ×

三、单项选择题

1. A　2. B　3. A　4. A　5. C
6. D　7. D

四、多项选择题

1. ABC　2. ACD　3. ABCDE

五、会计核算题

甲公司相关计算及账务处理如下：

（1）确认转换权价值，不确认转换损益。

1）20×2年1月1日发行日。

确认转换权价值＝840－816＝24(万元)

利息调整贷差＝816－800＝16(万元)

借：银行存款	8 400 000	
贷：应付债券——可转换公司债券——面值		8 000 000
——利息调整		160 000
其他权益工具		240 000

2）20×2年12月31日与20×3年12月31日支付利息，摊销利息调整。

借：财务费用	780 000	
应付债券——可转换公司债券——利息调整	20 000	
贷：银行存款		800 000

3）20×4年1月1日转换日。

已转换债券的账面价值＝812×80%＝649.6(万元)

已转换债券的未摊销利息调整贷差＝12×80%＝9.6(万元)

转换为普通股的股数＝$\frac{800}{1\ 000}$×600×80%＝384(万股)

应贷记“股本”的金额＝384×1＝384(万元)

应借记“其他权益工具”的金额＝24×80%＝19.2(万元)

应贷记“资本公积”的金额＝649.6＋19.2－384＝284.8(万元)

借：应付债券——可转换公司债券——面值	6 400 000	
——利息调整	96 000	
其他权益工具	192 000	
贷：股本		3 840 000
资本公积——股本溢价		2 848 000

（2）20×4年1月1日购回80%的可转换债券。

购回债券收益＝649.6＋19.2－645＝23.8(万元)

1）如果购回损益计入当期损益。

借：应付债券——可转换公司债券——面值　　6 400 000
　　　　　　　　　　　　　　——利息调整　　96 000
　　其他权益工具　　192 000
　贷：银行存款　　6 450 000
　　　财务费用　　238 000

2）如果购回损益调整其他权益工具。

借：应付债券——可转换公司债券——面值　　6 400 000
　　　　　　　　　　　　　　——利息调整　　96 000
　贷：银行存款　　6 450 000
　　　其他权益工具　　46 000

(3) 20×3 年 1 月 1 日诱导转换。

转换日债券的账面价值为 814 万元，未摊销溢价为 14 万元。

$$按原规定需换发股票=\frac{800}{1\ 000}\times600=480(万股)$$

$$按新条件需换发股票=\frac{800}{1\ 000}\times800=640(万股)$$

1）账面价值法。

诱导转换费用=(640−480)×2=320(万元)

股票的入账价值=814+24+320=1 158(万元)

应贷记“股本”的金额=640(万元)

应贷记“资本公积”的金额=1 158−640=518(万元)

借：应付债券——可转换公司债券——面值　　8 000 000
　　　　　　　　　　　　　　——利息调整　　140 000
　　其他权益工具　　240 000
　　财务费用　　3 200 000
　贷：股本　　6 400 000
　　　资本公积——股本溢价　　5 180 000

2）市价法。

应换发股票的总市价=640×2=1 280(万元)

债券转换损失=1 280−814=466(万元)

借：应付债券——可转换公司债券——面值　　8 000 000
　　　　　　　　　　　　　　——利息调整　　140 000
　　财务费用　　4 660 000
　贷：股本　　6 400 000
　　　资本公积——股本溢价　　6 400 000

六、简答题

1. 非流动负债是流动负债以外的负债，通常是指偿还期限在 1 年以上的债务。与流动负债相比，非流动负债具有偿还期限较长、金额较大的特点。这就决定了其会计处理也具有不同于流动负债的特点。

由于非流动负债的偿还期限较长且金额较大，未来的现金流出量（未来支付的利息和本金）与其现值之间的差额较大，因而从理论上讲，非流动负债宜按其现值入账，而不宜按其未来应偿付金额入账。由于非流动负债的利息额往往较大，因而利息的确定与计量对于如实反映企业的财务状况与经营成果便显得十分重要。此外，非流动负债的利息既可能是分期支付，也可能于到期还本时一次支付。因而，非流动负债的应付未付利息本身既可能是流动负债，也可能是非流动负债。

2. 在应付债券的会计处理中引入利息调整概念。利息调整＝面值－(发行价格－交易费用)。按此式计算的利息调整为正，则是利息调整借差；若为负，则是利息调整贷差。

利息调整代表了债券存续期间的全部利息总额（未折现的金额）的一部分，严格来说是全部筹资成本的一部分。应付债券的入账金额小于债券面值的差额称为利息调整借差，入账金额大于债券面值的差额称为利息调整贷差。利息调整借差本质上是债券筹资成本的组成部分，而贷差则是债券筹资成本的减项。

3. 应付债券通常按摊余成本进行后续计量，摊余成本的确定有两种方法：直线法和实际利率法。

按直线法确定摊余成本，就是将应付债券的初始利息调整总额在债券的存续期内平均分摊到各个会计期间。这种方法操作比较简单，但存在理论上的缺陷。因为从利息费用的确定来看，各期应付债券的账面价值会随着利息调整的摊销而发生变化，在利率相同的情况下，各期确认的利息费用应该不同，但按直线法所确定的各期利息费用是完全相同的。

采用实际利率法确定摊余成本，可以克服直线法的上述不足。首先，从应付债券的期末计价来看，实际利率法要求期末应付债券按未来现金流量的现值计量，计算现值要以债券发行时的实际利率作为折现率；其次，从利息费用的确认来看，实际利率法要求以期初债券的账面价值乘以债券发行时的实际利率，据以确定当期应确认的利息费用，再将其与当期的票面利息相比较，以两者的差额作为当期应摊销的利息调整金额。按这种方法确定的各期利息费用会随着债券账面价值的变动而变动，并与债券的账面价值保持同方向的固定比例关系。

4. 债券的发行价格与债券的票面利率、实际利率是相关的。一般来说，如果债券的票面利率大于实际利率，则债券将会溢价发行；如果债券的票面利率小于实际利率，则债券将会折价发行；如果债券的票面利率等于实际利率，则债券将会按面值发行。

但实际上，债券的发行价格还受很多因素的影响，如债券本金和利息支付的方式、债券利息计算的方式（按单利还是复利计算）、债券是否带有其他权利等。

5. 可转换公司债券是指可以在一定期间之后按规定的转换比率或转换价格转换为发行企业股票的债券。可转换公司债券具有债权性证券与权益性证券的双重性质，因而可称为混合性证券。正是可转换公司债券的这种特殊性，导致其会计处理的复杂性。

从理论上讲，可转换公司债券的发行价格由两部分构成：一是债券面值及票面利息按市场利率折算的现值；二是转换权的价值。可转换公司债券带来的特殊会计问题有两个：一是可转换公司债券发行时是否要确认转换权的价值；二是可转换公司债券转换时是否确认转换损益。对于第一个问题的会计处理方法有两种：

（1）不确认转换权价值。这种方法的优点是操作简单。缺点是不能区分可转换债券的负债成分与所有者权益成分。

（2）确认转换权价值。采用这种方法，在可转换公司债券发行时，要将转换权的价值单独确认入账。由于转换权的价值源于债券能转换为普通股，因而应列作其他权益工具。采用这种方法的前提条件是，能比较客观地确定转换权的价值。该方法的优点是能够区分可转换公司债券的负债成分与所有者权益成分。缺点是操作比较复杂。我国现行会计准则要求采用确认转换权价值的方法。

可转换公司债券转换会计处理的关键问题是：企业是否确认转换损益。对此，有账面价值法和市价法两种会计处理方法。我国现行会计准则要求采用账面价值法。账面价值法的特点是：将被转换债券的账面价值作为换发股票的价值不确认转换损益。其理由是：

（1）企业发行证券的交易不能产生损益，如有损益也应计入资本公积或冲减留存收益；

（2）企业发行可转换公司债券时，就已准备接受债券的转换，现在发生的债券转换，是按照预定条款办理的，由此发生的债券收回与股票发行是一笔不可分离的交易，因而无损益可言。

6. 对于与非流动负债有关的借款费用的会计处理主要有两种观点：一种是费用化，认为与非流动负债有关的借款费用应作为期间费用（财务费用）计入当期损益；另一种是资本化，认为与非流动负债有关的借款费用应当计入相关资产的成本。

（1）费用化。主张费用化者认为，企业举借债务所发生的借款费用属于筹资过程中发生的筹资费用，与借入资金的运用无关，因而应将其计入当期损益，而不应计入购置资产的成本。如果将其资本化，会使同类资产的取得成本仅仅由于筹资方式不同而产生差异，而且这种差异往往较大。

（2）资本化。主张资本化者认为，非流动负债往往是为了取得某项长期资产而借入的，其借款费用与所取得的资产有紧密联系，它与构成资产成本的其他要素并无本质上的区别，因而应将其计入所取得的资产的成本。此外，如果将借款费用费用化，会导致还款前的各个会计期间，由于巨额的借款费用而导致盈利偏少甚至亏损，而借款所购置的资产往往在还款之后的相当长时期内仍然发挥作用。因此，费用化不利于正确反映各期损益。

教材练习题解析

1.（1）方法一：运用差值法计算实际利率 r。

应付债券的入账金额＝11 000－500＝10 500（万元）

应确认的利息调整贷差＝10 500－10 000＝500（万元）

设实际利率为 r，则有

$$10\,500=10\,000\times(P/F,r,5)+10\,000\times4\%\times(P/A,r,5)$$

采用插值法确定债券的实际利率 r 为 2.92%。利息调整贷差摊销见表 10－1。

表 10－1 利息调整贷差摊销表 单位：万元

期次（年）	实付利息	利息费用	利息调整贷差摊销	利息调整贷差余额	账面价值
	(1)＝面值×4%	(2)＝期初(5)×2.92%	(3)＝(1)－(2)	(4)＝期初(4)－(3)	(5)＝面值＋(4)
0				500.00	10 500.00
1	400	306.60	93.40	406.60	10 406.60
2	400	303.87	96.13	310.47	10 310.47
3	400	301.07	98.93	211.54	10 211.54
4	400	298.18	101.82	109.72	10 109.72
5	400	290.28*	109.72	0	10 000.00

* 含尾差调整。

从表 10－1 中可知，该种债券第 1 年的利息调整摊销金额为 93.40 万元，第 2 年为 96.13 万元，第 3 年为 98.93 万元，第 4 年为 101.82 万元，第 5 年为 109.72 万元。

方法二：采用 Excel 函数 IRR 公式计算实际利率 r。其利息调整贷差摊销见表 10－2。

$$r=2.911\%$$

表10-2 利息调整贷差摊销表 单位：万元

期次（年）	实付利息	利息费用	利息调整贷差摊销	利息调整贷差余额	账面价值
	(1)=面值×4%	(2)=期初(5)×2.911%	(3)=(1)-(2)	(4)=期初(4)-(3)	(5)=面值+(4)
0				500.000	10 500.000
1	400	305.655	94.345	405.655	10 405.655
2	400	302.909	97.091	308.564	10 308.564
3	400	300.082	99.918	208.646	10 208.646
4	400	297.174	102.826	105.812	10 105.812
5	400	294.180	105.820	0	10 000.000

（2）方法一下的会计分录如下：

1）20×7年1月1日。

借：银行存款 105 000 000

　贷：应付债券——面值 100 000 000

　　　　　　——利息调整 5 000 000

2）20×7年12月31日。

借：财务费用 4 000 000

　贷：银行存款 4 000 000

借：应付债券——利息调整 934 000

　贷：财务费用 934 000

3）20×8年12月31日。

借：财务费用 4 000 000

　贷：银行存款 4 000 000

借：应付债券——利息调整 961 300

　贷：财务费用 961 300

4）20×9年12月31日。

借：财务费用 4 000 000

　贷：银行存款 4 000 000

借：应付债券——利息调整 989 300

　贷：财务费用 989 300

5）2×10年12月31日。

借：财务费用 4 000 000

　贷：银行存款 4 000 000

借：应付债券——利息调整 1 018 200

　贷：财务费用 1 018 200

6）2×11 年 12 月 31 日。

借：财务费用　　4 000 000

　贷：银行存款　　4 000 000

借：应付债券——利息调整　　1 097 200

　贷：财务费用　　1 097 200

7）2×12 年 1 月 1 日。

借：应付债券——面值　　100 000 000

　贷：银行存款　　100 000 000

方法二下的会计分录此处从略。

2. 计算如下：

(1) 计算 20×7 年专门借款利息费用资本化金额。

$$\text{20×7 年专门借款发生的利息金额} = 2\,000\times5\%+1\,500\times6\%\times6/12+1\,000\times4\%\times3/12 = 155(\text{万元})$$

$$\text{20×7 年短期投资收益} = 1\,500\times0.3\%\times3+500\times0.3\%\times3 = 18(\text{万元})$$

$$\text{20×7 年专门借款利息资本化金额} = 155-18=137(\text{万元})$$

(2) 计算 20×7 年一般借款利息费用资本化金额。

$$\text{20×7 年一般借款资本化率} = \frac{1\,000\times4\%+10\,000\times5\%\times6/12}{1\,000+10\,000\times6/12}\times100\% = 4.83\%$$

$$\text{20×7 年一般借款累计资产支出加权平均数} = 500\times180/360+1\,000\times90/360 = 500(\text{万元})$$

$$\text{20×7 年一般借款利息资本化金额} = 500\times4.83\% = 24.15(\text{万元})$$

$$\text{20×7 年实际发生的一般借款利息费用} = 1\,000\times4\%+10\,000\times5\%\times6/12 = 290(\text{万元})$$

上述计算的利息资本化金额没有超过两笔一般借款实际发生的利息费用，可以资本化。

综上所述，20×7 年公司建造该条生产线应予资本化的利息费用金额为 161.15 万元（137+24.15）。

第 11 章 所有者权益

学习指导

本章讲述了所有者权益的相关概念及其构成内容。

所有者权益是指企业所有者对企业净资产的要求权。所谓净资产，在数量上等于企业全部资产减去全部负债后的余额。

企业的所有者和债权人均是企业资金的提供者，二者之间的区别主要有：(1) 性质不同；(2) 权利不同；(3) 偿还期限不同；(4) 风险不同；(5) 计量不同。

公司制企业所有者权益按其构成，分为实收资本（或股本）、其他权益工具、资本公积、其他综合收益和留存收益五部分。

实收资本是指所有者在企业注册资本的范围内实际投入的资本。

其他权益工具是指企业发行的除普通股以外的归类为权益工具的各种金融工具，主要包括归类为权益工具的优先股、永续债（如长期限含权中期票据）、认股权、可转换公司债券等金融工具。

资本公积是指所有者投入的尚未确认为实收资本（或股本）的其他资本，主要包括资本或股本溢价、发行可转换公司债券、认股权证以及实行股权激励等形成的归属于所有者的资本。

其他综合收益是指在企业经营活动中形成的未计入当期损益但归所有者所共有的利得或损失，主要包括其他债权投资和其他权益工具投资公允价值变动、权益法下被投资单位其他综合收益调整、债权投资重分类为其他债权投资公允价值变动以及非投资性房地产转换为投资性房地产转换日公允价值高于账面价值差额等形成的利得或损失。

留存收益是指归所有者所共有的、由利润转化而形成的所有者权益，主要包括法定盈余公积、任意盈余公积和未分配利润。

公司制企业包括股份有限公司、有限责任公司等。公司制企业的特点是：（1）是法律主体；（2）以其全部资产对公司的债务承担有限责任；（3）是纳税主体；（4）股东持有的公司股份不得抽回但可以转让。

股份有限公司股东持有的股票，按其享有的权利，可以分为普通股和优先股两大类。

普通股股东的权利包括：（1）投票表决权；（2）优先认股权；（3）收益分配权；（4）剩余财产权。优先股股东与普通股股东相比，一般不具有投票表决权和优先认股权。其之所以“优先”，主要是在收益和剩余财产的分配方面具有优先权。优先股按公司当年未分配或分配不足的优先股股利以后是否补付分类，可以分为累积分派优先股和非累积分派优先股；按在分配优先股股利后是否参与剩余股利的分配，可以分为参与优先股和非参与优先股。

股份支付是指企业为获取职工提供的服务而授予股票期权等，或者承担以股票期权为基础确定的负债的交易。股份支付分为以权益结算的股份支付和以现金结算的股份支付。

库存股是指公司已发行但由于各种原因又回到公司手中，为公司所持有的股票。公司的库存股，主要有经批准减资而回购的股票、为奖励职工而回购的股票以及日后还要再出售而回购的股票。尚未发行的股票，不属于库存股。

练习题

一、名词解释

1. 所有者权益　　2. 实收资本
3. 资本公积　　4. 其他综合收益
5. 留存收益　　6. 优先股股票
7. 股份支付　　8. 库存股

二、判断题

1. 盈余公积的用途主要是弥补亏损和增加资本。（　）

2. 股份有限公司溢价发行股票时，股票溢价的净收入计入营业外收入。（　）

3. 其他综合收益与实收资本一样，都是由投资者对企业直接投入而形成的。（　）

4. 企业用税前利润弥补亏损时，应进行专门的会计处理。（　）

第 11 章判断题
即测即评

5. 用盈余公积弥补亏损或转增资本，不会引起所有者权益总额的变动。 （　　）

6. 分派股票股利，既不影响资产和负债，也不影响股东权益。 （　　）

7. 企业用税后利润弥补以前年度亏损，不需进行专门的账务处理。 （　　）

8. 以减资为目的收购本公司的股票，在股票注销时，超出股票面值的部分，应先冲销溢价收入，不足部分冲销留存收益。 （　　）

9. 股份公司发放股票股利时，将留存收益转为股本，对于股东权益总额及每股净资产均无影响。 （　　）

10. 公司持有的库存股属于公司的资产。 （　　）

三、单项选择题

第11章单项选择题即测即评

1. 所有者权益的总额应等于（　　）。

A. 资产总额

B. 资产总额减负债总额

C. 流动资产总额减流动负债总额

D. 长期资产总额减长期负债总额

2. 企业以盈余公积转增资本后，留存的盈余公积不得低于注册资本的比例为（　　）。

A. 10%　　B. 20%　　C. 25%　　D. 50%

3. 下列各项中，不属于盈余公积用途的是（　　）。

A. 支付股利　　B. 转增资本

C. 弥补亏损　　D. 购建集体福利设施

4. 某企业提取盈余公积30万元；以资本公积5万元、盈余公积10万元转增资本。该企业所有者权益增加额为（　　）万元。

A. 0　　B. 15　　C. 30　　D. 45

5. 某有限责任公司由A、B、C三位股东各自出资100万元设立，经过3年的经营，该公司的留存收益为150万元。如果D投资者愿意出资180万元而仅占有该公司25%的股份，则D股东投入资金中应记入“资本公积”科目的金额为（　　）万元。

A. 0　　B. 30　　C. 50　　D. 80

6. 下列各项中，属于资本公积核算范围的是（　　）。

A. 接受非货币性资产捐赠

B. 其他债权投资的公允价值变动

C. 享有的被投资单位其他综合收益变动的份额

D. 以权益结算的股份支付

7. 某企业20×1年发生纳税亏损100万元，年末未弥补亏损100万元；

20×2年至20×7年每年实现的利润总额均为12万元（假定与应纳税所得额相同）。该企业适用的所得税税率为25%，则20×7年年末该企业未弥补的亏损为（　　）万元。

A. 28　　B. 31　　C. 34　　D. 37

8. 下列各项中，不属于其他综合收益的是（　　）。

A. 其他权益工具投资公允价值变动

B. 发行认股权证取得的收入

C. 长期股权投资采用权益法核算确认的享有被投资企业其他综合收益变动的份额

D. 自用房地产转为按照公允价值计量的投资性房地产时公允价值高于账面价值的差额

9. 某股份有限公司委托某证券公司代理发行普通股100 000股，每股面值1元，每股按1.1元的价格出售，按协议规定，证券公司收取2%的手续费，从发行收入中扣除，则该公司计入资本公积的数额为（　　）元。

A. 7 800　　B. 8 000　　C. 9 800　　D. 10 000

10. 下列各项中，属于优惠幅度最大的优先股是（　　）。

A. 参与累积分派优先股　　B. 参与非累积分派优先股

C. 非参与累积分派优先股　　D. 非参与非累积分派优先股

四、多项选择题

1. 下列各项中，能同时引起资产和所有者权益发生增减变动的有（　　）。

第11章多项选择题
即测即评

A. 宣告分派现金股利

B. 减少实收资本

C. 投资者投入资本

D. 用盈余公积弥补亏损

E. 宣告分派股票股利

2. 企业弥补亏损的渠道有（　　）。

A. 用资本公积弥补　　B. 用盈余公积弥补

C. 用以后年度税前利润弥补　　D. 用以后年度税后利润弥补

E. 用实收资本弥补

3. 下列各项中，不会引起留存收益总额发生增减变动的有（　　）。

A. 提取任意盈余公积　　B. 用盈余公积弥补亏损

C. 用盈余公积分配现金股利　　D. 用未分配利润分配股票股利

E. 用盈余公积转增资本

4. 下列各项中，可引起所有者权益增减变动的有（　　）。

A. 接受投资者投入专利权　　B. 企业实现净利润

C. 用资本公积转增资本　　D. 宣告分派现金股利

E. 用盈余公积转增资本

5. 下列各项中，属于企业经营过程中直接计入所有者权益的利得或损失有（　　）。

A. 股本溢价

B. 认股权证

C. 交易性金融资产公允价值变动

D. 享有的被投资单位其他综合收益变动的份额

E. 其他债权投资公允价值变动

6. 下列各项中，属于库存股的有（　　）。

A. 经批准减资而回购的股票　　B. 为增资而发行的股票

C. 尚未发行的股票　　D. 为再次发行而回购的股票

E. 已发行在外的股票

7. 下列各项中，不会引起其他综合收益变动的有（　　）。

A. 享有的被投资单位其他综合收益变动

B. 其他债权投资的公允价值变动

C. 交易性金融资产的公允价值变动

D. 以非现金资产对外投资评估增值

E. 企业用资本公积转增资本

五、会计核算题

1. 甲公司为有限责任公司，发生下列有关接受投资的经济业务：

（1）收到 A 股东的货币资金投资 2 000 000 元，存入银行。

（2）收到 B 股东的固定资产投资，不含税的协议价值为 1 000 000 元，增值税额为 130 000 元。

（3）收到 C 股东的股权投资，确认为交易性金融资产，评估价值为 870 000 元。

（4）3 年后，有 D 股东希望加入。该公司的所有者权益总额为 6 000 000 元，D 股东拟占增资后注册资本的 1/5，按照该公司所有者权益账面价值以货币资金出资。

（5）4 年后，该公司以资本公积 500 000 元、盈余公积 1 500 000 元转增资本。

要求：根据上述经济业务，编制会计分录。

2. 甲股份有限公司 20×1 年 1 月 1 日股东权益为 100 000 万元，其中普通股为 50 000 万元（每股面值 1 元），累积参与优先股为 10 000 万元（每股面值 1 元），资本公积为 35 000 万元，盈余公积为 5 000 万元，未分配利润为 0。参与累积优先股的条件为：股利率为 6%，并可按普通股股利水平扣除当年已分派优先股股利（6%）后参与剩余股利分配。该公司按净利润的 10%提取法定盈余公积，并将当年可供股东分配的利润全部进行分配。该公司 20×1 年实现净利润 360 万元，20×2 年实现净利润 5 000 万元。

要求：计算 20×1 年、20×2 年分配的优先股股利及普通股股利，并编制股利分配的会计分录。

3. 甲公司为了激励职工更好地为企业服务，于 20×1 年 12 月批准了一项股份支付协议，协议规定，20×2 年 1 月 1 日起向 50 名管理人员每人授予 1 000 份股票期权，但必须从 20×2 年 1 月 1 日起在公司连续服务 3 年，服务期满才可以以每股 6 元购买 1 000 股该公司面值为 1 元的股票。当时该股票期权的公允价值为每股 6 元。

20×2 年年末，该公司估计 3 年中离开的管理人员比例将达到 20%；20×3 年年末，公司将估计的管理人员离开比例修正为 15%；20×4 年年末，公司确定最终离开的管理人员比例为 12%。20×5 年 1 月 1 日，未离开的管理人员全部行权获得股票。

要求：请根据以上资料，编制相关会计分录。

4. 乙公司 20×1 年 12 月批准了一项股份支付协议，协议规定，20×2 年 1 月 1 日起向 50 名管理人员每人授予 1 000 份股票增值权，但必须从 20×2 年 1 月 1 日起在公司连续服务 3 年，服务期满才可以根据股价的增值幅度行权获得现金。公司估计该期权在授予日（20×2 年 1 月 1 日）的公允价值为 6 元。

20×2 年年末，该公司估计 3 年中离开的管理人员比例将达到 20%，年末股票增值权的公允价值为 9 元；20×3 年年末，公司将估计的管理人员离开比例修正为 15%，年末股票增值权的公允价值为 12 元；20×4 年年末，公司确定最终离开的管理人员比例为 12%，年末股票增值权的公允价值为 14 元。20×5 年 1 月 1 日，未离开的管理人员全部行权获得现金。

要求：请根据以上资料，编制相关会计分录。

5. 沿用上述第 3 题的资料。假定 20×2 年 1 月 1 日，该公司以每股 12 元的价格购回 50 000 股本公司股票，用于股份支付。20×5 年 1 月 1 日职工行权后，该公司将剩余股票以每股 20 元的价格出售。

要求：请根据以上资料，编制回购股票、职工行权、出售剩余股票的会计分录。

六、简答题

1. 简述所有者权益与负债的主要区别。
2. 简述独资企业所有者权益的特点。
3. 简述合伙企业与独资企业的联系与区别以及合伙企业所有者权益的特点。

4. 简述其他综合收益包含的内容及其核算。
5. 简述普通股股东的主要权利。
6. 简述优先股的类别。
7. 简述库存股的性质、特点及其核算。
8. 简述股份支付的计量方法。

练习题答案

一、名词解释

1. 所有者权益是指企业所有者对企业净资产的要求权。所谓净资产在数量上等于企业全部资产减去全部负债后的余额，这可以通过对会计恒等式的变形来表示：资产－负债＝所有者权益。

2. 实收资本是指所有者在企业注册资本的范围内实际投入的资本。所谓注册资本，是指企业在设立时向工商行政管理部门登记的资本总额，也就是全部出资者设定的出资额之和。

在不同类型的企业中，实收资本的表现形式有所不同。在股份有限公司，实收资本表现为实际发行股票的面值，也称为股本；在其他企业，实收资本表现为所有者在注册资本范围内的实际出资额。

3. 资本公积是指所有者投入的尚未确认为实收资本（或股本）的其他资本，主要包括资本或股本溢价、发行可转换公司债券、认股权证以及实行股权激励等形成的归属于所有者的资本。

4. 其他综合收益是指在企业经营活动中形成的未计入当期损益但归所有者所共有的利得或损失，主要包括其他债权投资和其他权益工具投资公允价值变动、权益法下被投资单位其他综合收益调整、债权投资重分类为其他债权投资公允价值变动以及非投资性房地产转换为投资性房地产转换日公允价值高于账面价值差额等形成的利得或损失。

5. 留存收益是指归所有者所共有的、由利润转化而形成的所有者权益，主要包括法定盈余公积、任意盈余公积和未分配利润。

6. 优先股股票是一种处于公司债券和普通股股票之间的混合性证券。优先股股票规定有固定的股利率，这方面与公司债券相似；但其又没有固定的偿还日期，这方面又与普通股股票相似。优先股股东与普通股股东相比，一般不具有投票表决权和优先认股权，之所以“优先”，主要是在收益和剩余资产的分配方面具有优先权。

7. 股份支付是指企业为获取职工提供服务而授予股票期权等，或者承担以股票期权为基础确定的负债的交易。股份支付分为以权益结算的股份支付和以现金结算的股份支付。

8. 库存股是指公司已发行但由于各种原因又回到公司手中，为公司所持有的股票。公司的库存股主要有：经批准减资而回购的股票、为奖励职工而回购的股票以及日后还要再出售而回购的股票。尚未发行的股票，不属于库存股。

二、判断题

1. √	2. ×	3. ×	4. ×	5. √
6. ×	7. √	8. √	9. ×	10. ×

三、单项选择题

1. B	2. C	3. D	4. A	5. D
6. D	7. B	8. B	9. A	10. A

四、多项选择题

1. BC	2. ABCD	3. AB	4. ABD	5. DE
6. AD	7. CDE			

五、会计核算题

1. 编制如下会计分录：

	借方	贷方
（1）借：银行存款	2 000 000	
贷：实收资本		2 000 000
（2）借：固定资产	1 000 000	
应交税费——应交增值税（进项税额）	130 000	
贷：实收资本		1 130 000
（3）借：交易性金融资产	870 000	
贷：实收资本		870 000
（4）借：银行存款	1 500 000	
贷：实收资本		1 000 000
资本公积		500 000
（5）借：资本公积	500 000	
盈余公积	1 500 000	
贷：实收资本		2 000 000

2. 计算如下：

参与累积优先股按6%的股利率每年应分派股利=10 000×6%=600(万元)

20×1年可供股东分配的净利润=360×(1−10%)=324(万元)

20×1年分派优先股股利324万元，分配不足的276万元累积到以后年度予以补付。

20×2年可供股东分配的净利润=5 000×(1−10%)=4 500(万元)

20×2年补付20×1年的优先股股利276万元后，可供股东分配的净利润为4 224万元，每股股利率为7.04%（4 224÷60 000×100%），超过优先股的股利率6%，按照优先股的条件，可以参与剩余股利的分配，即与普通股的每股股利相同，可以分得股利704万元（10 000×7.04%），20×2年优先股股东共分得股利980万元（276+704）。普通股股利为3 520万元（50 000×7.04%）。

有关股利分配的会计分录如下：

20×1年：

借：利润分配——应付优先股股利　　3 240 000

　贷：应付股利——优先股股利　　3 240 000

20×2年：

借：利润分配——应付优先股股利　　9 800 000

　　　　　　——应付普通股股利　　35 200 000

　贷：应付股利——优先股股利　　9 800 000

　　　　　　——普通股股利　　35 200 000

3. 编制会计分录如下：

(1) 20×2年1月1日。

预计支付股份应负担的费用=6×1 000×50=300 000(元)

授予日不作账务处理。

(2) 20×2年12月31日。

预计支付股份应负担的费用=300 000×(1−20%)=240 000(元)

20×2年应负担的费用=240 000÷3=80 000(元)

借：管理费用　　80 000

　贷：资本公积——其他资本公积　　80 000

(3) 20×3年12月31日。

预计支付股份应负担的费用=300 000×(1−15%)=255 000(元)

20×3年年末累计应负担的费用=255 000×2/3=170 000(元)

20×3年应负担的费用=170 000−80 000=90 000(元)

借：管理费用　　90 000

　贷：资本公积——其他资本公积　　90 000

(4) 20×4年12月31日。

实际支付股份应负担的费用=300 000×(1−12%)=264 000(元)

20×4年应负担的费用=264 000−170 000=94 000(元)

借：管理费用　　94 000

　贷：资本公积——其他资本公积　　94 000

（5）20×5 年 1 月 1 日。

向职工发行股票收取价款＝6×1 000×50×(1－12%)＝264 000(元)

借：银行存款　　264 000

　　资本公积——其他资本公积　　264 000

　贷：股本　　44 000

　　　资本公积——股本溢价　　484 000

4. 编制会计分录如下：

（1）20×2 年 1 月 1 日。

授予日不作账务处理。

（2）20×2 年 12 月 31 日。

预计支付股份应负担的费用＝9×1 000×50×(1－20%)＝360 000(元)

20×2 年应负担的费用＝360 000÷3＝120 000(元)

借：管理费用　　120 000

　贷：应付职工薪酬——股份支付　　120 000

（3）20×3 年 12 月 31 日。

预计支付股份应负担的费用＝12×1 000×50×(1－15%)＝510 000(元)

20×3 年年末累计应负担的费用＝510 000×2/3＝340 000(元)

20×3 年应负担的费用＝340 000－120 000＝220 000(元)

借：管理费用　　220 000

　贷：应付职工薪酬——股份支付　　220 000

（4）20×4 年 12 月 31 日。

预计支付股份应负担的费用＝14×1 000×50×(1－12%)＝616 000(元)

20×4 年应负担的费用＝616 000－340 000＝276 000(元)

借：管理费用　　276 000

　贷：应付职工薪酬——股份支付　　276 000

（5）20×5 年 1 月 1 日。

借：应付职工薪酬——股份支付　　616 000

　贷：银行存款　　616 000

5. 编制会计分录如下：

（1）20×2 年 1 月 1 日回购股票。

借：库存股 600 000

　贷：银行存款 600 000

（2）20×5 年 1 月 1 日职工行权。

向职工发行股票收取价款=6×1 000×50×(1-12%)=264 000(元)

借：银行存款 264 000

　　资本公积——权益结算的股份支付 264 000

　贷：库存股 528 000

（3）出售剩余股票。

收取价款=20×50 000×12%=120 000(元)

借：银行存款 120 000

　贷：库存股 72 000

　　　资本公积——股本溢价 48 000

六、简答题

1. 企业的所有者和债权人均是企业资金的提供者，因而所有者权益和负债（债权人权益）二者均是对企业资产的要求权，但二者之间又存在明显的区别。其主要区别包括：

（1）性质不同。负债是企业对债权人负担的经济责任，债权人有优先获取企业用以清偿债务的资产的要求权；所有者权益则是所有者对剩余资产的要求权，这种要求权在顺序上置于债权人的要求权之后。

（2）权利不同。债权人只有获取企业用以清偿债务的资产的要求权，而没有经营决策的参与权和收益分配权；所有者则可以参与企业的经营决策及收益分配。

（3）偿还期限不同。企业的负债通常都有约定的偿还日期；所有者权益在企业的存续期内一般不存在抽回问题，即不存在约定的偿还日期，是企业的一项可以长期使用的资金，只有在企业清算时才予以偿还。

（4）风险不同。债权人获取的利息一般是按一定利率计算、预先可以确定的固定数额，企业不论盈利与否均应按期付息，风险较小；所有者获得多少收益，则视企业的盈利水平及经营政策而定，风险较大。

（5）计量不同。负债必须在发生时按照规定的方法单独计量；所有者权益则不必单独计量，而是对资产和负债计量以后形成的结果。

2. 独资企业是指由个人独立出资而建立的企业。独资企业具有以下特点：

（1）独资企业不是独立的法律主体。依照许多国家的法律规定，独资企业在法律上不具有独立的人格，因而不能单独拥有行为能力。也就是说，独资企业的财产和对外所负的债务，在法律上被视为出资人（习惯上称为业主）个人的财产和债务，企业行为实质上就是业主个人行为。

（2）业主对企业的债务单独负有无限的清偿责任。独资企业在清算时，如果企业的财产不足以清偿债务，则业主应以个人的财产予以清偿。

（3）独资企业不是纳税主体。由于独资企业不是法律主体，业主负有无限责任，企业的行为视为业主个人行为，因而企业的收益视为业主个人的收益，应按照个人所得税法计算缴纳个人所得税，而不是缴纳企业所得税。

（4）业主对企业的财产和赚取的利润具有完全的支配权。由于独资企业不是法律主体，业主负有无限责任，企业的行为视为业主个人行为，因而业主有权任意处置企业的财产和赚取的利润。

（5）开办手续简便。由于独资企业负有无限责任，一般来说，开办程序比较简单，开办费支出也比较少，能够较快完成注册登记手续。

3. 合伙企业是指两人以上按照协议出资、共同经营、共负盈亏的企业。合伙企业与独资企业基本相同，不是法律主体，负有无限责任，取得的收益由出资人（习惯上称为合伙人）按个人所得缴纳个人所得税。合伙企业与独资企业的主要区别在于：为了明确各合伙人之间的责、权、利关系，应订立书面形式的合伙契约，以契约形式规定企业收益的分配方法、合伙人出资额的转让方法以及企业的解散与清算的程序等。合伙企业由于合伙人之间存在的契约关系，具有以下几个显著的特征：

（1）各合伙人之间互为代理。一般来说，在合伙企业的业务范围内，任何一个合伙人所执行的业务，均视为所有合伙人共同执行的业务。

（2）合伙人对企业的债务负有无限连带责任。由于合伙人之间互为代理，因而作为合伙人，不论出资多少，均对合伙企业的债务负有连带清偿责任。也就是说，在合伙企业清算时，当某个合伙人的个人财产不足以清偿其应承担的相应份额的债务时，其他合伙人应以个人财产代为偿还。

（3）财产共有。各合伙人可以以现金或其他财产向合伙企业投资入伙，但在投入以后，投入的财产即成为全体合伙人的共有财产，原合伙人不能再对其投入的财产提出要求权。该项财产如果在将来变卖，变卖的损益也属于合伙人共有损益。

4. 其他综合收益主要包括以下内容：

（1）享有的被投资单位其他综合收益变动的份额。在长期股权投资采用权益法核算的情况下，被投资单位其他综合收益发生变动，企业应按持股比例计算享有的份额，计入其他综合收益。

（2）自用房地产或存货转换为投资性房地产公允价值与账面价值的差额。企业将自用房地产或存货转换为采用公允价值模式计量的投资性房地产时，转换当日的公允价值大于原账面价值的差额，应计入其他综合收益；处置该项投资性房地产时，应转销与其相关的其他综合收益。

（3）债权投资转换为其他债权投资公允价值与账面价值的差额。企业将债权投资转换为其他债权投资时，转换日该项债权投资的公允价值与其账面价值的差额，应计入其他综合收益；债权投资转换为其他债权投资时公允价值与账面价值的差额，属于企业在经营过程中形成的利得。

（4）其他债权投资和其他权益工具投资的公允价值变动。其他债权投资和其他权益工具投资的公允价值高于其账面余额的差额，应计入其他综合收益；反之，应冲减其他综合收益。

5. 普通股是股份有限公司的基本股份。普通股股东的权利主要有以下几项：

（1）投票表决权。股份有限公司的重大事项，一般应由股东会投票表决决定。普通股股东有权参加股东会，每一普通股股份即拥有一份投票权。按照我国公司法的规定，股东会作出决议，必须经出席股东会的普通股股东所持表决权的半数以上通过。股东会对公司合并、分立或解散作出决议，必须经出席股东会的普通股股东所持表决权的 2/3 以上通过。

（2）优先认股权。当股份有限公司增发股票时，普通股股东有按其持股比例优先认购新股的权利，以保持其在公司股份中的比例。

（3）收益分配权。普通股股东主要以收取公司分配的股利作为投资回报。但普通股股东能够获取多少股利，应以公司董事会的宣告为准，在董事会宣告分派股利之前，其对公司的净利润没有直接的要求权。

（4）剩余财产权。当股份有限公司清算时，全部资产变卖以后所得收入，在偿还债务和优先股股东的投资以后，如果还有剩余，将按普通股股东的持股比例予以分配。

6. 优先股可以分为以下类别：

（1）按公司当年未分配或分配不足的优先股股利以后是否补付分类，可以分为累积分派优先股和非累积分派优先股。

1）累积分派优先股。累积分派优先股是指公司当年未分配或分配不足的优先股股利，将累积到以后年度予以补付。

2）非累积分派优先股。非累积分派优先股是指公司当年未分配或分配不足的优先股股利，以后年度将不再补付。

（2）按在分派优先股股利后是否参与剩余股利的分配，可以分为参与优先股和非参与优先股。

1）参与优先股。参与优先股是指在按规定的股利率优先分得当期股利以外，还将按一定的方法同普通股一起再次参与剩余股利的分配。

2）非参与优先股。非参与优先股是指在按规定的股利率优先分得当期股利以后，不再参与剩余股利的分配。

上述两类优先股往往是结合在一起发行的，如参与累积分派优先股、参与非累积分派优先股、非参与累积分派优先股、非参与非累积分派优先股等。企业是否发行优先股，发行何种类型的优先股，应根据企业筹资政策而定。一般来说，优先股股东具有较多的“优先权”，风险较小，收益也应较普通股股东少一些，股份有限公司发行的优先股大多为非参与累积分派优先股。

7. 库存股是指公司已发行但由于各种原因又回到公司手中，为公司所持有的股票。公司的库存股主要有：经批准减资而回购的股票、为奖励职工而回购的股票以及日后还要再出售而回购的股票。尚未发行的股票，不属于库存股。为了反映库存股的收回和处置情况，应设置“库存股”科目。

（1）经批准减资而回购股票的会计处理。股份有限公司由于缩小经营规模而导致资本过剩时，经有关部门批准，可以在公司法规定的股份有限公司最低注册资本以上的范围内，回购已发行的股票，以核销股本。以减资为目的回购的库存股应按实际支付的价款，借记“库存股”科目，贷记“银行存款”等科目。回购的股票注销时，应按回购股票的面值，借记“股本”科目；回购股票实际成本大于面值的差额，首先应冲销该类股票（普通股或优先股）发行时形成的股本溢价（以股本溢价与股本总额的比例为限），其余部分则冲销留存收益，借记“资本公积——股本溢价”“盈余公积”“利润分配”等科目；同时按库存股的实际成本，贷记“库存股”科目。如果公司回购股票的实际成本低于面值，其差额应计入资本公积，增加股本溢价。

（2）为奖励职工而回购股票的会计处理。企业为激励本公司职工而回购的股票，应按实际支付价款，借记“库存股”科目，贷记“银行存款”等科目。企业将回购的股票奖励给本公司职工时，如果向职工收取一定的价款，应根据收到的价款，借记“银行存款”科目；根据奖励股票期权的公允价值，借记“资本公积——权益结算的股份支付”科目；根据奖励库存股的账面余额，贷记“库存股”科目；根据前述确认金额的差额，贷记或借记“资本公积——股本溢价”科目。

（3）日后再出售而回购股票的会计处理。公司回购股票时，应按实际支付的价款，借记“库存股”科目，贷记“银行存款”科目。日后再发行股票时，如果实际价款大于库存股成本，其差额一般作为股本溢价处理，按实际价款，借记“银行存款”科目，按库存股成本，贷记“库存股”科目，按其差额，贷记“资本公积——股本溢价”科目。如果实际价款小于库存股成本，其差额一般应先冲销以前由于库存股交易而形成的股本溢价，其余部分冲销该类股票初次发行时形成的股本溢价或留存收益。

8.（1）以权益结算的股份支付。企业以权益结算的股份支付换取职工提供的服务，应当以授予职工期权的公允价值计量。授予后立即可行权的换取职工服务的以权益结算的股份支付，应当在授予日按照权益工具的公允价值，借记“管理费用”等科目，贷记“资本公积——其他资本公积”科目。

职工完成约定期内的服务或达到规定的业绩条件才可行权的以权益结算的股份支付，在约定期内的每个资产负债表日，应当按照可行权期权数量的最佳估计数和期权授予日的公允价值确定的金额，分期计入相关成本费用，借记“管理费用”等科目，贷记“资本公积——其他资本公积”科目。

在资产负债表日，后续信息表明可行权期权的数量与以前估计不同的，应当进行调整，并在可行权日调整至实际可行权的期权数量。

企业在股份支付等待期，不再对已确认的相关成本费用和资本公积进行调整。

在行权日，企业应根据实际行权股票收取的价款与实际行权股票期权确认的资本公积，计算确定实际行权股票的发行价格，并分别转入股本和资本公积（股本溢价）。企业应根据收取的行权价款，借记“银行存款”等科目；根据已行权股票确认的资本公积，借记“资本公积——其他资本公积”科目；根据已行权股票的股本金额，贷记“股本”科目；根据前述确认金额的差额，贷记“资本公积——股本溢价”科目。

（2）以现金结算的股份支付。以现金结算的股份支付，应当按照企业承担的以股票增值权为基础计算确定的负债的公允价值计量。授予后立即可行权的以现金结算的股份支付，应当在授予日以企业承担负债的公允价值计入相关成本费用，相应增加负债，借记“管理费用”等科目，贷记“应付职工薪酬——股份支付”科目；行权时，借记“应付职工薪酬——股份支付”科目，贷记“银行存款”等科目。

完成约定期内的服务或达到规定业绩条件以后才可行权的以现金结算的股份支付，在约定期内的每个资产负债表日，应当按照可行权股票增值权的最佳估计数和资产负债表日股票增值权的公允价值计算确定的金额，分期计入相关成本费用，并确认相应负债，借记“管理费用”等科目，贷记“应付职工薪酬——股份支付”科目。

在资产负债表日，后续信息表明企业当期承担债务的公允价值与以前估计不同的，应当进行调整，并在可行权日调整至实际可行权水平。

在可行权日之后等待期内的每个资产负债表日以及行权日，应对负债的公允价值重新计量，将其公允价值变动计入当期损益，借记或贷记“公允价值变动损益”科目，贷记或借记“应付职工薪酬——股权支付”科目。

在行权日，企业应根据实际行权的金额，借记“应付职工薪酬——股份支付”科目，贷记“银行存款”等科目。

教材练习题解析

1. 计算如下：

20×1 年：

提取的盈余公积＝200×10%＝20(万元)

可供分配利润＝200－20＝180(万元)

应支付优先股股利＝5 000×6%＝300(万元)

实际支付优先股股利＝180(万元)

未分派的优先股股利＝300－180＝120(万元)

20×2 年：

提取的盈余公积＝2 875×10%＝287.5(万元)

可供分配利润＝2 875－287.5＝2 587.5(万元)

补付 20×1 年优先股股利＝120(万元)

20×2 年优先股股利＝5 000×6%＝300(万元)

剩余可供分配利润＝2 587.5－120－300＝2 167.5(万元)

普通股每股股利＝(2 167.5＋300)÷(30 000＋5 000)＝0.070 5(元)

普通股股利总额＝0.070 5×30 000＝2 115(万元)

优先股剩余股利＝0.070 5×5 000－300＝52.5(万元)

优先股股利总额＝120＋300＋52.5＝472.5(万元)

优先股每股股利＝472.5÷5 000＝0.094 5(元)

2. 会计处理如下：

(1) 20×1 年 1 月 1 日。

公司预计支付股份应负担的费用＝10×1 000×200＝2 000 000(元)

授予日不作会计处理。

(2) 20×1 年 12 月 31 日。

公司预计支付股份应负担的费用＝2 000 000×(1－10%)
＝1 800 000(元)

20×1 年应负担的费用＝1 800 000÷3＝600 000(元)

借：管理费用　600 000
　贷：资本公积——其他资本公积　600 000

(3) 20×2 年 12 月 31 日。

公司预计支付股份应负担的费用＝2 000 000×(1－8%)
＝1 840 000(元)

20×2 年累计应负担的费用＝1 840 000×2/3＝1 226 667(元)

20×2 年应负担的费用＝1 226 667－600 000＝626 667(元)

借：管理费用　626 667
　贷：资本公积——其他资本公积　626 667

(4) 20×3 年 12 月 31 日。

公司实际支付股份应负担的费用＝10×1 000×(200－3－3－1)
＝1 930 000(元)

20×3 年应负担的费用＝1 930 000－1 226 667＝703 333(元)

借：管理费用　703 333
　贷：资本公积——其他资本公积　703 333

(5) 20×4 年 1 月 1 日。

向职工发行股票收取价款＝5×1 000×(200－3－3－1)＝965 000(元)

借：银行存款　965 000
　　资本公积——权益结算的股份支付　1 930 000
　贷：股本　193 000
　　　资本公积——股本溢价　2 702 000

第12章 收入、费用与利润

学习指导

本章讲述了收入、费用与利润的核算。

本章所讲的收入是指广义收入。广义收入是指会计期间内经济利益的总流入，其表现形式为资产增加或负债减少而引起的所有者权益增加，但不包括与所有者出资、直接计入所有者权益的其他综合收益增加等有关的资产增加或负债减少。

本章所讲的费用是指广义费用。广义费用是指会计期间内经济利益的总流出，其表现形式为资产减少或负债增加而引起的所有者权益减少，但不包括与所有者分配、直接计入所有者权益的其他综合收益减少等有关的资产减少或负债增加。

成本概念有广义和狭义之分。广义成本是指为了取得资产或达到特定目的而实际发生或应发生的价值牺牲。狭义成本仅指生产成本。

支出是指各项资产的减少，包括偿债性支出、成本性支出、费用性支出和权益性支出等。

利润也称为净利润或净收益。从广义的收入、费用来讲，利润是指收入与费用的差额。

当企业与客户之间的合同同时满足下列条件时，企业应当在客户取得相关商品控制权时确认营业收入：（1）合同各方已批准该合同并承诺将履行各自义务；（2）该合同明确了合同各方与所销售商品或提供服务等相关的权利和义务；（3）该合同有明确的与所销售商品或提供服务等相关的支付条款；（4）该合同具有商业实质，即履行该合同将改变企业未来现金流量的风险、时间分布或金额；（5）企业因向客户销售商品或提供服务等而有权取得的对价很可能收回。

营业收入的确认，根据履约义务的时间，分为在某一时段内分期确认和在某一时点确认。合同开始日，满足下列条件之一的，属于在某一时段内履行履约义务；否则，属于在某一时点履行履约义务：（1）客户在企业履约的同时即取得并消耗企业履约所带来的经济利益；（2）客户能够控制企业履约过程中在建的商品或服务等；（3）企业履约过程中所产出的商品或服务等具有不可替代用途，且该企业在整个合同期间内有权就累计至今已完成的履约部分收取款项。

在确定交易价格时，企业应当考虑合同中存在的可变对价、重大融资成分、应付客户对价等因素的影响。

企业营业收入的确认与计量一般通过下列步骤：（1）识别客户合同；（2）识别合同中的单项履约义务；（3）确定交易价格；（4）将交易价格分摊至合同中的各单项履约义务；（5）企业在履行了履约义务时确认收入。

利润总额是指企业在扣除所得税费用之前实现的利润。

所得税费用是指应在会计税前利润中扣除的所得税费用，包括当期所得税费用和递延所得税费用（或收益）。所得税费用的确认应采用资产负债表债务法。

应纳税所得额是指企业按税法规定的项目计算确定的收益，是计算缴纳所得税的依据。由于企业会计税前利润与应纳税所得额的计算口径、计算时间可能不一致，因而两者之间可能存在差异，在确定应纳税所得额时应以利润总额为基础进行调整。

暂时性差异是指资产或负债的账面价值与其计税基础之间的差额。按照对未来期间应纳税所得额的影响，暂时性差异分为可抵扣暂时性差异和应纳税暂时性差异。

资产的计税基础是指企业收回资产账面价值的过程中，计算应纳税所得额时按照税法规定可以自应税经济利益中抵扣的金额。负债的计税基础是指负债的账面价值减去未来期间计算应纳税所得额时按照税法规定可予抵扣金额的差额。

递延所得税资产是指按照可抵扣暂时性差异和适用税率计算确定的资产。递延所得税负债是指按照应纳税暂时性差异和适用税率计算确定的负债。

净利润是指企业的利润总额扣除所得税费用后的余额。净利润的核算一般可以采用账结法和表结法两种方式。

企业净利润分配的内容主要包括弥补以前年度亏损、提取盈余公积和向投资者分配利润等。

练习题

一、名词解释

1. 收入　　2. 费用
3. 利润　　4. 可变对价
5. 重大融资成分　　6. 应付客户对价
7. 税金及附加　　8. 销售费用
9. 管理费用　　10. 研发费用
11. 财务费用　　12. 资产减值损失
13. 信用减值损失　　14. 公允价值变动损益
15. 投资收益　　16. 资产处置损益
17. 营业外收入　　18. 营业外支出
19. 暂时性差异　　20. 可抵扣暂时性差异
21. 应纳税暂时性差异　　22. 计税基础
23. 所得税费用确认的资产负债表债务法　　24. 递延所得税资产
25. 递延所得税负债　　26. 所得税费用

二、判断题

第 12 章判断题 即测即评

1. 发生成本性支出以后，会使一项资产减少，另一项资产增加，从而使资产总额保持不变。（　）

2. 根据履约义务的时间，营业收入分为在某一时段内分期确认和在某一时点确认。（　）

3. 履约义务是指合同中企业向客户销售商品、提供服务等的承诺，既包括合同中明确的承诺，也包括由于企业已公开宣布的政策、特定声明或以往的习惯做法等导致合同订立时客户合理预期企业将履行的承诺。（　）

4. 企业与客户签订的合同含有应付客户对价的，应当将该应付对价冲减交易价格，并在确认相关收入与支付客户对价二者孰早的时点冲减当期收入。（　）

5. 企业采用委托代销方式销售商品，应在商品发出时确认营业收入。（　）

6. “税金及附加”科目核算的内容有增值税、消费税、城市维护建设税、教育费附加、房产税、车船税和印花税等。（　）

7. 某商场实行“三包”政策，卖出的商品 3 个月内发现质量问题可以退货，如果售出商品退货的可能性无法估计，则在该商场售出商品当天不应确认销售收入。（　）

8. 企业提供跨年度的劳务，在资产负债表日，不论其结果能否可靠估计，其劳务收入的计算均应采用完工百分比法。（　）

9. 企业本年利润结算以后，“利润分配”科目除“未分配利润”二级科目以外，其他二级科目应无余额。（　）

10. 资产负债表日，企业应当对递延所得税资产的账面价值进行复核。（　）

11. 可抵扣暂时性差异一般应确认相应的递延所得税资产；应纳税暂时性差异一般应确认相应的递延所得税负债。（　）

三、单项选择题

1. 下列各项中，属于营业收入的是（　）。

A. 投资性房地产出售收入　　B. 固定资产出售收入

C. 股票出售收入　　D. 接受捐赠收入

第12章单项选择题即测即评

2. 下列各项中，属于费用性支出的是（　）。

A. 生产产品领用的原材料

B. 生产车间领用的消耗性材料

C. 管理部门领用的材料

D. 自行建造固定资产领用的材料

3. 下列各项中，属于成本性支出的是（　）。

A. 用银行存款偿还短期借款　　B. 用银行存款购买材料

C. 用银行存款支付广告费　　D. 用银行存款支付股利

4. 下列各项中，可以在一段时期内分期确认营业收入的是（　）。

A. 预收货款销售　　B. 代销商品销售

C. 分期收款销售　　D. 长期建造工程

5. 下列各项中，属于管理费用的是（　）。

A. 消费税　　B. 教育费附加

C. 董事会经费　　D. 广告费

6. 已知某公司20×1年的利润总额为5 000 000元，其中，财务费用30 000元（其中包括国债投资的利息收入2 000元），资产减值损失30 000元，非公益性捐赠支出60 000元，公允价值变动收益100 000元，该公司所得税税率为25%。假如不存在其他纳税调整事项，该公司20×1年应交所得税为（　）元。

A. 1 247 000　　B. 1 247 500

C. 1 250 000　　D. 1 265 000

7. 下列资产计提减值准备后价值又得以恢复，应在原已计提的减值准备金额内，按恢复增加的金额予以转回的是（　）。

A. 无形资产　　B. 在建工程
C. 长期股权投资　　D. 存货

8. 某企业 20×0 年 12 月购入一项固定资产，原值为 4 000 万元。会计规定按直线法计提折旧，折旧年限为 5 年；税法规定按直线法计提折旧，折旧年限为 8 年。假定无净残值。20×1 年年末该项固定资产的计税基础及相应的暂时性差异分别为（　　）。

A. 3 200 万元，300 万元　　B. 3 500 万元，300 万元
C. 3 200 万元，800 万元　　D. 3 500 万元，800 万元

9. 下列各项中，不属于利润分配核算内容的是（　　）。

A. 弥补以前年度亏损　　B. 提取盈余公积
C. 结转应交所得税　　D. 向所有者分配利润

10. 下列各项中，属于"本年利润"科目年末借方余额反映的内容的是（　　）。

A. 全年实现税后利润　　B. 累计未分配利润
C. 全年发生亏损　　D. 累计未弥补亏损

四、多项选择题

1. 广义收入包括的内容有（　　）。

A. 主营业务收入　　B. 公允价值变动收益
C. 投资收益　　D. 营业外收入
E. 其他业务收入

第 12 章多项选择题即测即评

2. 下列各项中，属于费用性支出的有（　　）。

A. 用现金支付生产工人工资
B. 用现金支付企业管理人员工资
C. 用现金支付销售人员工资
D. 用现金支付车间管理人员工资
E. 用现金支付在建工程人员工资

3. 下列各项中，属于判断客户是否已取得商品控制权迹象的有（　　）。

A. 客户已接受该商品
B. 企业已将该商品实物转移给客户
C. 企业就该商品享有现时收款权利
D. 企业已将该商品的法定所有权转移给客户
E. 企业已将该商品所有权上的主要风险和报酬转移给客户

4. 下列各项中，在计算应纳税所得额时应予以调整的有（　　）。

A. 企业购买国债取得的利息收入　　B. 非公益性捐赠支出
C. 资产减值损失　　D. 公允价值变动收益
E. 罚款支出

5. 下列各项中，属于税金及附加的有（　　）。

A. 增值税　　B. 消费税

C. 车船税　　D. 城市维护建设税

E. 教育费附加

6. 下列各项中，不属于营业外支出的有（　　）。

A. 固定资产出售损失　　B. 无形资产出售损失

C. 坏账损失　　D. 原材料非常损失

E. 固定资产减值损失

7. 下列计提减值准备的资产中，属于一经计提不得转回的有（　　）。

A. 债权投资　　B. 商誉

C. 长期股权投资　　D. 固定资产

E. 存货

8. “利润分配”科目所属明细科目中，在利润结算后应没有余额的有（　　）。

A. 提取盈余公积　　B. 盈余公积补亏

C. 分配优先股股利　　D. 未分配利润

E. 分配普通股股利

9. 下列各项中，应计入营业外收入的有（　　）。

A. 出租固定资产收入　　B. 出售无形资产净收益

C. 接受捐赠收入　　D. 罚款收入

E. 出售固定资产净收益

五、会计核算题

1. 甲公司12月份发生下列产品销售业务：

(1) 2日，采用商业汇票结算方式向A公司销售甲产品20件，价款50 000元，增值税6 500元，收到期限为3个月的银行承兑汇票一张。

(2) 8日，采用托收承付结算方式向B公司销售甲产品50件，价款125 000元，增值税16 250元，用银行存款代垫运杂费500元，已办妥托收手续。

(3) 13日，采用赊销方式向C公司销售乙产品30件，价款60 000元，增值税7 800元；付款条件为“2/10，1/20，n/30”（销售合同约定按不含税价款计算现金折扣），甲公司估计乙公司很可能在20天内付款。

(4) 14日，D公司因产品质量问题退回上月销售的甲产品5件，价款12 500元，增值税1 625元，该企业签发支票一张，支付退货款。

(5) 18日，由于A公司发现所购甲产品2件外观存在问题，该企业同意给予A公司10%的销售折让5 650元，以银行存款支付，开具红字增值税专用发票。

(6) 31日，尚未收到C公司支付的乙产品货款。

（7）31 日，采用托收承付结算方式向 F 公司销售甲产品 10 件，价款 25 000 元，增值税 3 250 元，成本 15 000 元，用银行存款代垫运杂费 100 元，尚未办妥托收手续。

（8）31 日，用银行存款支付广告费 6 000 元，增值税 360 元。

（9）月末，结转主营业务成本：甲产品单位成本 1 500 元；乙产品单位成本 1 000 元。

（10）月末，结转税金及附加：应交消费税 43 500 元，应交城市维护建设税 4 690 元，应交教育费附加 2 010 元。

要求：根据以上资料，逐笔编制会计分录，并计算 12 月份营业利润。

2. 甲公司 20×1 年发生下列与生产线相关的销售业务：

（1）1 月 13 日，与 X 公司签订一项生产线和备件销售、安装及后续技术服务合同，并经双方管理部门批准。该合同规定：甲公司应于 3 月 10 日前交付生产线，并于 3 月 31 日前安装调试完毕，并交付备件；4 月 1—30 日提供与该生产线相关的技术服务；不含增值税的总价为 950 万元，适用的增值税税率为 13%，安装及技术服务成本无法单独核算，属于混合业务。X 公司应于生产线安装调试完毕时支付全部价款。甲公司以往单独销售生产线的价格为 800 万元，单独销售备件的价格为 40 万元，单独提供安装的价格为 140 万元，单独提供一个月的技术服务的价格为 20 万元，合计 1 000 万元（以上价格均不含增值税）。

（2）3 月 8 日，甲公司向 X 公司交付生产线，生产线成本为 600 万元。

（3）3 月 31 日，甲公司完成生产线的安装调试工作，并交付备件，备件成本为 80 万元；生产线经 X 公司验收合格，甲公司收到 X 公司支付的价款 950 万元，增值税 123.5 万元。

（4）4 月 30 日，甲公司完成相关技术服务工作。

要求：

（1）确定合同中的单项履约义务。

（2）确定各单项履约义务的交易价格。

（3）编制相关的会计分录（金额以“万元”为单位）。

3. 某企业第 1～5 年各年的会计税前利润均为 200 000 元。固定资产采用年限平均法计提折旧，某项设备原值为 150 000 元，净残值为 0，税法规定折旧年限为 5 年，会计核算折旧年限为 3 年，当年 1 月份开始计提折旧。所得税税率为 25%，采用资产负债表债务法进行所得税费用的核算，假定在可抵扣暂时性差异转回的年份有足够的应税所得用以抵扣可抵扣暂时性差异。

要求：根据以上资料，计算并填制表 12 - 1 中各项金额，并编制结转所得税费用的会计分录。

表12-1　所得税费用的核算　　单位：元

项目	年次				
	1	2	3	4	5
年末账面价值					
年末计税基础					
年末可抵扣暂时性差异					
年末递延所得税资产的账面余额					
本年应确认的递延所得税资产					
本年应交所得税					
所得税费用					

4. 甲公司20×1年12月15日购入B公司股票，划分为交易性金融资产，实际支付价款200 000元（假定未发生交易费用）；20×1年12月31日，该股票的公允价值为230 000元；20×2年2月20日将该股票出售50%，收取价款110 000元；20×2年12月31日该股票剩余部分的公允价值为105 000元；20×3年1月10日将该股票全部出售，收取价款90 000元。假定甲公司各年的税前会计利润均为400 000元，所得税税率均为25%。

要求：

(1) 根据以上资料，编制甲公司有关交易性金融资产的相关会计分录（不考虑增值税）。

(2) 计算甲公司各年年末交易性金融资产的账面价值、计税基础、应纳税暂时性差异、应纳税所得额、应交所得税、递延所得税负债、所得税费用，并编制相关会计分录。

5. 甲公司20×1年12月15日购入B公司股票，划分为其他权益工具投资，实际支付价款200 000元（其中交易费用为3 000元）；20×1年12月31日，该股票的公允价值为230 000元；20×2年2月20日将该股票出售50%，收取价款110 000元；20×2年12月31日该股票剩余部分的公允价值为103 000元；20×3年1月10日将该股票全部出售，收取价款92 000元。假定甲公司各年的利润总额均为400 000元，所得税税率均为25%。

要求：

(1) 根据以上资料，编制甲公司有关其他权益工具投资的相关会计分录（不考虑增值税）。

(2) 计算甲公司各年年末其他权益工具投资的账面价值、其他综合收益计税基础、应纳税暂时性差异、应纳税所得额、应交所得税、递延所得税负债、所得税费用，并编制相关的会计分录。

6. 甲公司20×1年年末首次计提坏账准备，应收账款余额为100 000元；

20×2 年年末应收账款余额为 120 000 元，当年核销坏账 6 000 元。甲公司估计应收账款的 90%可以收回，估计可能发生的坏账比例为 10%，并按此比例计提坏账准备。假定甲公司各年税前会计利润均为 50 000 元，所得税税率为 25%。

要求：

（1）编制计提坏账准备的会计分录。

（2）计算各年年末应收账款的账面价值、计税基础、可抵扣暂时性差异、应纳税所得额、应交所得税、递延所得税资产、所得税费用，并编制相关的会计分录（假定在可抵扣暂时性差异转回的年份有足够的应纳税所得额用以抵扣可抵扣暂时性差异）。

7. 20×1 年 12 月 31 日，甲公司确认保修费用 1 000 元；20×2 年实际发生保修费用 800 元，年末计提保修费用 900 元。假定各年会计利润均为 50 000 元，所得税税率为 25%。

要求：计算甲公司各年年末的预计负债账面价值、计税基础，可抵扣暂时性差异，应纳税所得额，应交所得税，递延所得税资产，所得税费用，并编制相关会计分录（假定在可抵扣暂时性差异转回的年份有足够的应纳税所得额用以抵扣可抵扣暂时性差异）。

六、简答题

1. 简述成本、费用、支出的关系。
2. 简述营业收入确认的条件。
3. 简述营业收入的确认时间。
4. 简述确定交易价格应考虑的因素。
5. 简述营业收入的确认计量步骤。
6. 简述递延所得税资产和递延所得税负债的含义及核算要求。

练习题部分答案

一、名词解释

1. 广义收入是指会计期间内经济利益的总流入，其表现形式为资产增加或负债减少而引起的所有者权益增加，但不包括与所有者出资、直接计入所有者权益的其他综合收益增加等有关的资产增加或负债减少。广义的收入包括营业收入、投资收益、公允价值变动收益、资产处置损益、其他收益和营业外收入等。

2. 广义费用是指会计期间内经济利益的总流出，其表现形式为资产减少或负债增加而引起的所有者权益减少，但不包括与向所有者分配、直接计入所有者权益的其他综合收益减少等有关的资产减少或负债增加。广义费用包括营业成本、税金及附加、销售费用、管理费用、财务费用、投资损失、公允价值变动损失、资产减值损失、信用减值损失、资产处置损失、营业外支出和所得税费用等。

3. 利润也称为净利润或净收益。按其形成过程，分为税前利润和税后利润。税前利润也称为利润总额；税后利润是指税前利润扣除所得税费用后的余额，也称为净利润。

4. 可变对价是指对最终交易价格产生影响的不确定的对价。合同中存在可变对价的，企业应当按照期望值或最可能发生金额确定可变对价的最佳估计数。每一资产负债表日，企业应当重新估计应计入交易价格的可变对价金额。

5. 重大融资成分是指销售商品或提供服务等收款期较长导致分期收款的总对价高于其现销价格的差额。企业与客户签订的合同中存在重大融资成分的，应当按照假定客户在取得商品控制权时即以现金支付的应付金额确定交易价格。该交易价格与合同对价之间的差额，应当在合同期间内采用实际利率法摊销。

6. 应付客户对价是指企业销售商品明确承诺给予客户的优惠等。企业与客户签订的合同含有应付客户对价的，应当将该应付对价冲减交易价格，并在确认相关收入与支付客户对价二者孰晚的时点冲减当期收入。

7. 税金及附加是应由营业收入（包括主营业务收入和其他业务收入）补偿的各种税金及附加费，主要包括消费税、城市维护建设税、教育费附加、房产税、土地使用税、车船税、印花税等。

8. 销售费用是企业在产品销售过程中发生的各项费用以及专设销售机构的各项经费，包括应由企业负担的运输费、装卸费、包装费、保险费、广告费、展览费和售后服务费以及销售部门人员的工资、职工福利费、差旅费、办公费、折旧费、修理费和其他经费等。

9. 管理费用是企业行政管理部门为组织和管理经营活动而发生的各项费用，包括行政部门人员薪酬、劳动保护费、待业保险费、董事会费、咨询费、审计费、诉讼费、排污费、绿化费、技术转让费、无形资产摊销、业务招待费、存货盘亏和毁损（减盘盈）以及其他管理费用。

10. 研发费用是指自行研发无形资产发生的费用化支出。

11. 财务费用是企业在筹集资金过程中发生的各项费用，包括生产经营期间发生的不应计入固定资产价值的利息费用（减利息收入）、金融机构手续费、汇兑损失（减汇兑收益）以及其他财务费用。

12. 资产减值损失是指企业存货、长期股权投资、固定资产、在建工程、工程物资、无形资产等发生减值确认的减值损失。

13. 信用减值损失是指金融资产中的应收款项、债权投资、其他债权投资等资产价值下跌发生的损失。

14. 公允价值变动损益是交易性金融资产以及其他以公允价值计量的资产和负债因公允价值变动形成的损益。

15. 投资收益是企业从事各项对外投资活动取得的收益（各项投资业务取得

的收入大于其成本的差额)。

16. 资产处置损益主要是指处置固定资产、在建工程及无形资产等产生的损益。

17. 营业外收入是企业在营业利润以外取得的收入，主要包括捐赠收入、获得的赔款收入等。

18. 营业外支出是企业在营业利润以外发生的支出，包括固定资产盘亏、毁损、报废等的净损失，以及非常损失、对外捐赠支出、赔偿金和违约金支出等。

19. 暂时性差异是资产或负债的账面价值与其计税基础之间的差额；未作为资产和负债确认的项目，按照所得税法规定可以确定其计税基础的，该计税基础与其账面价值之间的差额也属于暂时性差异。按照暂时性差异对未来期间应纳税所得额的影响，分为可抵扣暂时性差异和应纳税暂时性差异。

20. 可抵扣暂时性差异是指在确定未来收回资产或清偿负债期间的应纳税所得额时，将导致产生可抵扣金额的暂时性差异。具体来说，资产的账面价值小于其计税基础或者负债的账面价值大于其计税基础，将产生可抵扣暂时性差异。按照税法规定允许抵减以后年度利润的可抵扣亏损，也视同可抵扣暂时性差异。

21. 应纳税暂时性差异是指在确定未来收回资产或清偿负债期间的应纳税所得额时，将导致产生应纳税金额的暂时性差异。具体来说，资产的账面价值大于其计税基础或者负债的账面价值小于其计税基础，将产生应纳税暂时性差异。

22. 资产的计税基础是指企业收回资产账面价值的过程中，计算应纳税所得额时按照税法规定可以自应税经济利益中抵扣的金额。负债的计税基础是指负债的账面价值减去未来期间计算应纳税所得额时，按照税法规定可予抵扣的金额。

23. 所得税费用确认的资产负债表债务法，既要确认当期所得税费用，也要确认递延所得税费用。我国现行会计准则规定，所得税费用的确认应采用资产负债表债务法。

24. 递延所得税资产是按照可抵扣暂时性差异和现行税率计算确定的资产，其性质属于预付的税款，在未来期间可抵扣应纳税款。

25. 递延所得税负债是按照应纳税暂时性差异和现行税率计算确定的负债，其性质属于应付的税款，在未来期间转为应纳税款。

26. 所得税费用是应在会计税前利润中扣除的所得税费用，包括当期所得税费用和递延所得税费用（或收益）。

二、判断题

1. √	2. √	3. √	4. ×	5. ×
6. ×	7. √	8. ×	9. √	10. √
11. √				

三、单项选择题

1. A	2. C	3. B	4. D	5. C

6. A　　7. D　　8. B　　9. C　　10. C

四、多项选择题

1. ABCDE　　2. BC　　3. ABCDE　　4. ABCDE　　5. BCDE

6. ABCE　　7. BCD　　8. ABCE　　9. CD

五、会计核算题

1. 企业编制如下会计分录：

(1) 借：应收票据	56 500	
贷：主营业务收入		50 000
应交税费——应交增值税（销项税额）		6 500
(2) 借：应收账款	141 750	
贷：主营业务收入		125 000
应交税费——应交增值税（销项税额）		16 250
银行存款		500
(3) 借：应收账款	67 200	
贷：主营业务收入		59 400
应交税费——应交增值税（销项税额）		7 800
(4) 借：主营业务收入	12 500	
应交税费——应交增值税（销项税额）	1 625	
贷：银行存款		14 125
(5) 借：主营业务收入	5 000	
应交税费——应交增值税（销项税额）	650	
贷：银行存款		5 650

(6) C公司20日内尚未付款，无法取得现金折扣。

借：应收账款	600	
贷：主营业务收入		600

(7) 尚未办妥托收手续，不做销售处理，代垫运费及应交增值税记入“应收账款”科目。

借：应收账款	3 350	
贷：银行存款		100
应交税费——应交增值税（销项税额）		3 250
借：发出商品	15 000	
贷：库存商品		15 000
(8) 借：销售费用	6 000	
应交税费——应交增值税（进项税额）	360	
贷：银行存款		6 360

(9) 甲产品成本＝1 500×(20＋50－5)＝97 500(元)

乙产品成本＝1 000×30＝30 000(元)

产品成本合计＝97 500＋30 000＝127 500(元)

借：主营业务成本　127 500

　贷：库存商品　127 500

(10) 借：税金及附加　50 200

　贷：应交税费——应交消费税　43 500

　　——应交城市维护建设税　4 690

　　——应交教育费附加　2 010

12 月份营业利润计算如下：

营业收入＝50 000＋125 000＋59 400－12 500－5 000＋600

＝217 500(元)

营业成本＝127 500(元)

税金及附加＝50 200(元)

销售费用＝6 000(元)

营业利润＝217 500－127 500－50 200－6 000＝33 800(元)

2. (1) 由于生产线安装完成后客户才能确认，生产线销售与安装不可明确区分，共同构成单项履约义务；备件销售可明确区分，构成单项履约义务；技术服务可明确区分，构成单项履约义务。

(2) 各单项履约义务的交易价格。

生产线销售、安装交易价格＝950×(800＋140)/1 000＝893(万元)

备件的交易价格＝950×40/1 000＝38(万元)

技术服务交易价格＝950×20/1 000＝19(万元)

(3) 编制会计分录。

1) 3 月 8 日，甲公司向 X 公司交付生产线，不确认收入。

借：发出商品　600

　贷：库存商品　600

2) 3 月 31 日，甲公司完成生产线的安装调试工作，并交付备件，收到款项，生产线销售、安装及备件销售符合收入确认条件，确认收入；技术服务尚未提供，不符合收入确认条件，不能确认收入。

借：银行存款　1 073.50

　贷：主营业务收入——生产线　893.00

　　——备件　38.00

　　合同负债　19.00

　　应交税费——应交增值税（销项税额）　123.50

借：主营业务成本——生产线　　600
　贷：发出商品　　600
借：主营业务成本——备件　　80
　贷：库存商品　　80

3）4月30日，甲公司完成相关技术服务工作，确认技术服务收入。

借：合同负债　　19
　贷：主营业务收入　　19

3. 计算填列如表12-2所示。

表12-2　所得税费用的核算　　单位：元

项目	年				
	1	2	3	4	5
年末账面价值	100 000	50 000	0	0	0
年末计税基础	120 000	90 000	60 000	30 000	0
年末可抵扣暂时性差异	20 000	40 000	60 000	30 000	0
年末递延所得税资产的账面余额	5 000	10 000	15 000	7 500	0
本年应确认的递延所得税资产	5 000	5 000	5 000	−7 500	−7 500
本年应交所得税	55 000	55 000	55 000	42 500	42 500
所得税费用	50 000	50 000	50 000	50 000	50 000

（1）第1年。

年末账面价值＝150 000－50 000(会计折旧)＝100 000(元)

年末计税基础＝150 000－30 000＝120 000(元)

年末可抵扣暂时性差异＝120 000－100 000＝20 000(元)

年末递延所得税资产的应有余额＝20 000×25%＝5 000(元)

本年应确认的递延所得税资产＝5 000－0＝5 000(元)

本年应交所得税＝(200 000＋20 000)×25%＝55 000(元)

本年所得税费用＝55 000－5 000＝50 000(元)

会计分录：

借：所得税费用——当期所得税费用　　55 000
　贷：应交税费——应交所得税　　55 000
借：递延所得税资产　　5 000
　贷：所得税费用——递延所得税费用　　5 000

（2）第2年。

年末账面价值＝100 000－50 000＝50 000(元)

年末计税基础＝120 000－30 000＝90 000(元)

年末可抵扣暂时性差异＝90 000－50 000＝40 000(元)

年末递延所得税资产的应有余额＝40 000×25%＝10 000(元)

年末应确认的递延所得税资产＝10 000－5 000＝5 000(元)

本年应交所得税＝(200 000＋20 000)×25%＝55 000(元)

本年所得税费用＝55 000－5 000＝50 000(元)

会计分录同第 1 年年末。

(3) 第 3 年。

年末账面价值＝50 000－50 000＝0

年末计税基础＝90 000－30 000＝60 000(元)

年末可抵扣暂时性差异＝60 000－0＝60 000(元)

年末递延所得税资产的应有余额＝60 000×25%＝15 000(元)

本年应确认的递延所得税资产＝15 000－10 000＝5 000(元)

本年应交所得税＝(200 000＋20 000)×25%＝55 000(元)

本年所得税费用＝55 000－5 000＝50 000(元)

会计分录同第 1 年年末。

(4) 第 4 年。

年末账面价值＝0

年末计税基础＝60 000－30 000＝30 000(元)

年末可抵扣暂时性差异＝30 000－0＝30 000(元)

年末递延所得税资产的应有余额＝30 000×25%＝7 500(元)

本年应确认的递延所得税资产＝7 500－15 000＝－7 500(元)

本年应交所得税＝(200 000－30 000)×25%＝42 500(元)

本年所得税费用＝42 500＋7 500＝50 000(元)

会计分录：

借：所得税费用——当期所得税费用	42 500	
贷：应交税费——应交所得税		42 500
借：所得税费用——递延所得税费用	7 500	
贷：递延所得税资产		7 500

(5) 第 5 年。

年末账面价值＝0

年末计税基础＝0

年末暂时性差异＝0

年末递延所得税资产的应有余额＝0

本年应确认的递延所得税资产＝0－7 500＝－7 500(元)

本年应交所得税＝(200 000－30 000)×25％＝42 500(元)

本年所得税费用＝42 500＋7 500＝50 000(元)

会计分录同第4年年末。

4.（1）20×1年。

1）12月15日购入B公司股票。

借：交易性金融资产——成本　　200 000

　贷：银行存款　　200 000

2）12月31日确认B公司股票公允价值变动损益。

公允价值变动收益＝230 000－200 000＝30 000(元)

借：交易性金融资产——公允价值变动　　30 000

　贷：公允价值变动损益　　30 000

交易性金融资产账面价值＝200 000＋30 000＝230 000(元)

交易性金融资产计税基础＝200 000(元)

应纳税暂时性差异＝230 000－200 000＝30 000(元)

应纳税所得额＝400 000－30 000＝370 000(元)

应交所得税＝370 000×25％＝92 500(元)

递延所得税负债＝30 000×25％＝7 500(元)

所得税费用＝92 500＋7 500＝100 000(元)

借：所得税费用——当期所得税费用　　92 500

　贷：应交税费——应交所得税　　92 500

借：所得税费用——递延所得税费用　　7 500

　贷：递延所得税负债　　7 500

（2）20×2年。

1）2月20日将持有B公司股票的50％出售。

借：银行存款　　110 000

　　投资收益　　5 000

　贷：交易性金融资产——成本　　100 000

　　　　　　　　　　——公允价值变动　　15 000

2）12月31日确认B公司股票剩余部分公允价值变动损益。

账面价值＝(200 000－100 000)＋(30 000－15 000)＝115 000(元)

公允价值变动损失＝115 000－105 000＝10 000(元)

借：公允价值变动损益　　10 000

　贷：交易性金融资产——公允价值变动　　10 000

交易性金融资产账面价值＝115 000－10 000＝105 000(元)

交易性金融资产计税基础＝200 000×50％＝100 000(元)

应纳税暂时性差异＝105 000－100 000＝5 000(元)

应纳税所得额＝400 000＋15 000＋10 000＝425 000(元)

应交所得税＝425 000×25％＝106 250(元)

递延所得税负债＝5 000×25％＝1 250(元)

当期递延所得税负债调整＝1 250－7 500＝－6 250(元)

所得税费用＝106 250－6 250＝100 000(元)

借：所得税费用——当期所得税费用	106 250	
贷：应交税费——应交所得税		106 250
借：递延所得税负债	6 250	
贷：所得税费用——递延所得税费用		6 250

(3) 20×3 年 1 月 10 日将持有剩余的 B 公司 50％股票全部出售。

借：银行存款	90 000	
投资收益	15 000	
贷：交易性金融资产——成本		100 000
——公允价值变动		5 000

交易性金融资产账面价值＝0

交易性金融资产计税基础＝0

应纳税暂时性差异＝0

应纳税所得额＝400 000＋5 000＝405 000(元)

应交所得税＝405 000×25％＝101 250(元)

递延所得税负债＝0

当期递延所得税负债调整＝0－1 250＝－1 250(元)

所得税费用＝101 250－1 250＝100 000(元)

借：所得税费用——当期所得税费用	101 250	
贷：应交税费——应交所得税		101 250
借：递延所得税负债	1 250	
贷：所得税费用——递延所得税费用		1 250

5. (1) 20×1 年。

1) 12 月 15 日购入 B 公司股票。

借：其他权益工具投资——成本	200 000	
贷：银行存款		200 000

2) 12 月 31 日确认 B 公司股票公允价值变动损益。

公允价值变动收益＝230 000－200 000＝30 000(元)

借：其他权益工具投资——公允价值变动　　30 000
　贷：其他综合收益——金融资产公允价值变动　　30 000

应纳税所得额＝400 000(元)

应交所得税＝400 000×25%＝100 000(元)

借：所得税费用——当期所得税费用　　100 000
　贷：应交税费——应交所得税　　100 000

其他权益工具投资账面价值＝200 000＋30 000＝230 000(元)

其他权益工具投资计税基础＝200 000(元)

应纳税暂时性差异＝230 000－200 000＝30 000(元)

递延所得税负债＝30 000×25%＝7 500(元)

借：其他综合收益——递延所得税　　7 500
　贷：递延所得税负债　　7 500

其他权益工具投资公允价值变动确认其他综合收益净额＝30 000－7 500＝22 500(元)

(2) 20×2年。

1) 2月20日将持有B公司股票的50%出售。

借：银行存款　　110 000
　　其他综合收益——金融资产公允价值变动　　5 000
　贷：其他权益工具投资——成本　　100 000
　　　　　　　　　　——公允价值变动　　15 000

同时，

结转公允价值变动＝15 000－5 000＝10 000(元)

借：其他综合收益——金融资产公允价值变动　　10 000
　贷：利润分配——未分配利润　　10 000

2) 12月31日确认B公司股票剩余部分公允价值变动损益。

账面价值＝(200 000－100 000)＋(30 000－15 000)＝115 000(元)

公允价值变动损失＝115 000－103 000＝12 000(元)

借：其他综合收益——金融资产公允价值变动　　12 000
　贷：其他权益工具投资——公允价值变动　　12 000

应纳税所得额＝400 000＋10 000＝410 000(元)

出售其他权益工具投资的净收益10 000元计入留存收益，调增应纳税所得额。

应交所得税＝410 000×25％＝102 500(元)

按照配比原则，计入留存收益净损益应交所得税 2 500 元，也应计入留存收益。

借：所得税费用——当期所得税费用　　100 000
　利润分配——未分配利润　　2 500
　贷：应交税费——应交所得税　　102 500

其他权益工具投资账面价值＝115 000－12 000＝103 000(元)
其他权益工具投资计税基础＝200 000×50％＝100 000(元)
应纳税暂时性差异＝3 000(元)
递延所得税负债＝3 000×25％＝750(元)
本年递延所得税负债调整＝750－7 500＝－6 750(元)

借：递延所得税负债　　6 750
　贷：其他综合收益——递延所得税　　6 750

其他权益工具投资公允价值变动确认其他综合收益净额：

公允价值变动＝30 000－5 000－10 000－12 000＝3 000(元)
递延所得税＝7 500－6 750＝750(元)
净额＝3 000－750＝2 250(元)

(3) 20×3 年 1 月 10 日将持有剩余的 B 公司 50％股票全部出售。

借：银行存款　　92 000
　其他综合收益——金融资产公允价值变动　　11 000
　贷：其他权益工具投资——成本　　100 000
　　　　　　　　　　——公允价值变动　　3 000

同时，

结转公允价值变动＝3 000－11 000＝－8 000(元)

借：利润分配——未分配利润　　8 000
　贷：其他综合收益——金融资产公允价值变动　　8 000

应纳税所得额＝400 000－8 000＝392 000(元)

出售其他权益工具投资的净损失 8 000 元计入留存收益，调减应纳税所得额。

应交所得税＝392 000×25％＝980 000(元)

按照配比原则，计入留存收益净损益应交所得税－2 000 元，也应计入留存收益。

借：所得税费用——当期所得税费用　　100 000
　贷：利润分配——未分配利润　　2 000
　　应交税费——应交所得税　　98 000

其他权益工具投资账面价值＝103 000－103 000＝0

其他权益工具投资计税基础＝0

应纳税暂时性差异＝0

递延所得税负债＝0

当年递延所得税负债调整＝0－750＝－750(元)

借：递延所得税负债　　750

　贷：其他综合收益——递延所得税　　750

其他权益工具投资公允价值变动确认其他综合收益净额：

公允价值变动＝3 000＋8 000－11 000＝0

递延所得税＝750－750＝0

净额＝0

6.（1）20×1 年。

年末估计可能发生的坏账＝100 000×10%＝10 000(元)

借：信用减值损失　　10 000

　贷：坏账准备　　10 000

应收账款账面价值＝100 000－10 000＝90 000(元)

应收账款计税基础＝100 000(元)

可抵扣暂时性差异＝100 000－90 000＝10 000(元)

应纳税所得额＝50 000＋10 000＝60 000(元)

应交所得税＝60 000×25%＝15 000(元)

递延所得税资产＝10 000×25%＝2 500(元)

所得税费用＝15 000－2 500＝12 500(元)

借：所得税费用——当期所得税费用　　15 000

　贷：应交税费——应交所得税　　15 000

借：递延所得税资产　　2 500

　贷：所得税费用——递延所得税费用　　2 500

（2）20×2 年核销坏账。

借：坏账准备　　6 000

　贷：应收账款　　6 000

核销坏账后，“坏账准备”科目贷方余额为 4 000 元（10 000－6 000）。

年末补提坏账准备＝120 000×10%－4 000＝8 000(元)

借：信用减值损失　8 000
　贷：坏账准备　8 000

补提坏账准备后，“坏账准备”科目贷方余额为 12 000 元（4 000＋8 000）。

应收账款账面价值＝120 000－12 000＝108 000(元)
应收账款计税基础＝120 000(元)
可抵扣暂时性差异＝120 000－108 000＝12 000(元)
应纳税所得额＝50 000＋8 000－6 000＝52 000(元)

按税法规定，当年计提的坏账准备 8 000 元不得在税前扣除；核销的坏账 6 000 元经批准后可以在税前扣除。

应交所得税＝52 000×25%＝13 000(元)
递延所得税资产＝12 000×25%＝3 000(元)
当年递延所得税资产调整＝3 000－2 500＝500(元)
所得税费用＝13 000－500＝12 500(元)

借：所得税费用——当期所得税费用　13 000
　贷：应交税费——应交所得税　13 000
借：递延所得税资产　500
　贷：所得税费用——递延所得税费用　500

7.（1）20×1 年计提保修费用。

借：销售费用　1 000
　贷：预计负债　1 000

预计负债账面价值＝1 000(元)
预计负债计税基础＝0
可抵扣暂时性差异＝1 000－0＝1 000(元)
应交所得税＝(50 000＋1 000)×25%＝12 750(元)
递延所得税资产＝1 000×25%＝250(元)
所得税费用＝12 750－250＝12 500(元)

借：所得税费用——当期所得税费用　12 750
　贷：应交税费——应交所得税　12 750
借：递延所得税资产　250
　贷：所得税费用——递延所得税费用　250

（2）20×2 年。

1）发生保修费用。

借：预计负债　800
　贷：生产成本等　800

2）年末计提保修费用。

借：销售费用 900

　贷：预计负债 900

预计负债账面价值＝1 000－800＋900＝1 100（元）

预计负债计税基础＝0

可抵扣暂时性差异＝1 100－0＝1 100（元）

应交所得税＝（50 000－800＋900）×25％＝12 525（元）

递延所得税资产＝1 100×25％＝275（元）

当期递延所得税资产调整＝275－250＝25（元）

所得税费用＝12 525－25＝12 500（元）

借：所得税费用——当期所得税费用 12 525

　贷：应交税费——应交所得税 12 525

借：递延所得税资产 25

　贷：所得税费用——递延所得税费用 25

六、简答题

1. 成本是指为了取得资产或达到特定目的而实际发生或应发生的价值牺牲，是一种对象化的耗费。费用是指会计期间内经济利益的减少，其表现形式为资产减少或负债增加而引起的所有者权益减少，但不包括与向所有者分配利润有关的资产减少或负债增加，是一种期间化的耗费。支出是指由于耗费引起的各项资产的减少，包括偿债性支出、成本性支出、费用性支出和权益性支出。

支出与费用、成本之间的关系可以概括为：支出是指资产的减少，不仅包括费用性支出和成本性支出，还包括其他支出；费用是一种引起利润减少的耗费，费用性支出形成费用，然而费用中还包括未形成支出的耗费，如预提的利息费用等；成本是一种对象化的耗费，成本性支出形成成本，然而成本中也包括未形成支出的耗费，如自建固定资产应付的工程款等。

2. 当企业与客户之间的合同同时满足下列条件时，企业应当在客户取得相关商品控制权时确认营业收入：

（1）合同各方已批准该合同并承诺将履行各自义务。

（2）该合同明确了合同各方与所销售商品或提供服务等相关的权利和义务。

（3）该合同有明确的与所销售商品或提供服务等相关的支付条款。

（4）该合同具有商业实质，即履行该合同将改变企业未来现金流量的风险、时间分布或金额。

（5）企业因向客户销售商品或提供服务等而有权取得的对价很可能收回。

3. 营业收入的确认，根据履约义务的时间，分为在某一时段内分期确认和在某一时点确认。

在某一时段内分期确认营业收入，是指一份合同所提供的商品或服务涉及多个会计期间，需要分期确认收入。合同开始日，企业应当对合同进行评估，识别该合同所包含的履约义务。满足下列条件之一的，属于在某一时段内履行履约义务；否则，属于在某一时点履行履约义务：

（1）客户在企业履约的同时即取得并消耗企业履约所带来的经济利益。

（2）客户能够控制企业履约过程中在建的商品或服务等。

（3）企业履约过程中所产出的商品或服务等具有不可替代用途，且该企业在整个合同期间内有权就累计至今已完成的履约部分收取款项。具有不可替代用途，是指因合同限制或实际可行性限制，企业不能轻易地将商品或服务等用于其他用途；有权就累计至今已完成的履约部分收取款项，是指在由于客户或其他方原因终止合同的情况下，企业有权就累计至今已完成的履约部分收取能够补偿其已发生成本和合理利润的款项，并且该权利具有法律约束力。

4. 企业应当根据合同条款，并结合以往的习惯做法确定交易价格。在确定交易价格时，企业应当考虑合同中存在的可变对价、重大融资成分、应付客户对价等因素的影响。

（1）存在可变对价。可变对价是指对最终交易价格产生影响的不确定的对价，例如，赊销商品承诺给予客户的现金折扣等。合同中存在可变对价的，企业应当按照期望值或最可能发生金额确定可变对价的最佳估计数。每一资产负债表日，企业应当重新估计应计入交易价格的可变对价金额。可变对价金额发生变动的，对于已履行的履约义务，后续变动额应当调整变动当期的营业收入。

（2）存在重大融资成分。重大融资成分是指销售商品或提供服务等收款期较长导致分期收款的总对价高于其现销价格的差额。企业与客户签订的合同中存在重大融资成分的，应当按照假定客户在取得商品控制权时即以现金支付的应付金额确定交易价格。该交易价格与合同对价之间的差额，应当在合同期间内采用实际利率法摊销。但合同开始日，企业预计客户取得商品控制权与客户支付价款间隔不超过一年的，根据重要性要求，可以不考虑合同中存在的融资成分，分期收款总额即为交易价格。

（3）存在应付客户对价。应付客户对价是指企业销售商品明确承诺给予客户的优惠等。企业与客户签订的合同含有应付客户对价的，应当将该应付对价冲减交易价格，并在确认相关收入与支付客户对价二者孰晚的时点冲减当期收入。

5. 营业收入的确认与计量一般采用下列步骤：

（1）识别客户合同。合同是指双方或多方之间达成的确立可执行权利和义务的协议。识别客户合同是指识别合同各方是否已批准该合同并承诺将履行各自义务。

（2）识别合同中的单项履约义务。合同包括向客户转让商品或服务的承诺。如果该商品或服务可明确区分，则对应的承诺即为单项履约义务；另外还要识别该单项履约义务是在一段时期内分期履行，还是在某一时点履行。

（3）确定交易价格。交易价格一般是固定的对价金额，但有时也可能包含可变对价、重大融资成分及应付客户对价等，企业应考虑这些因素，确定最终交易价格。

（4）将交易价格分摊至合同中的各单项履约义务。如果交易价格为多项履约义务的对价之和，则应按照一定标准将交易价格分摊至各单项履约义务。

（5）企业在履行了履约义务时确认收入。企业应在履行了向客户转让已承诺的商品或服务的履约义务时确认营业收入，营业收入的计量金额为分摊至已履行的履约义务的金额。

6. 递延所得税资产是指按照可抵扣暂时性差异和现行税率计算确定的资产，其性质属于预付的税款，在未来期间抵扣应纳税款。期末递延所得税资产大于期初递延所得税资产的差额应确认为递延所得税收益，冲减所得税费用，借记“递延所得税资产”科目，贷记“所得税费用”科目；反之，则应冲减递延所得税资产，并作为递延所得税费用处理，借记“所得税费用”科目，贷记“递延所得税资产”科目。

递延所得税负债是指按照应纳税暂时性差异和现行税率计算确定的负债，其性质属于应付的税款，在未来期间转为应纳税款。期末递延所得税负债大于期初递延所得税负债的差额，应确认为递延所得税费用，借记“所得税费用”科目，贷记“递延所得税负债”科目；反之，则应冲减递延所得税负债，并作为递延所得税收益处理，借记“递延所得税负债”科目，贷记“所得税费用”科目。

教材练习题解析

1.（1）20×1 年 12 月 5 日。

借：银行存款	1 800 000	
贷：合同负债		1 800 000
借：发出商品	3 800 000	
贷：库存商品		3 800 000

20×1 年 12 月 31 日，由于电梯的安装检验是销售合同的重要组成部分，此时，商品并未真正由买方控制，因而不能确认商品销售收入。

20×2 年 1 月 31 日，全部安装完成，确认收入。

借：合同负债	6 780 000	
贷：主营业务收入		6 000 000
应交税费——应交增值税（销项税额）		780 000

借：主营业务成本	3 800 000
贷：发出商品	3 800 000

(2) 20×1 年 12 月 10 日，客户虽未收到商品，但拥有实质控制权，应确认收入。

借：应收票据	339 000
贷：主营业务收入	300 000
应交税费——应交增值税（销项税额）	39 000
借：主营业务成本	160 000
贷：库存商品	160 000

(3) 20×1 年 12 月 15 日。

借：银行存款	226 000
贷：其他应付款	200 000
应交税费——应交增值税（销项税额）	26 000
借：发出商品	150 000
贷：库存商品	150 000

20×1 年 12 月 31 日：

应计提的利息费用＝(203 000－200 000)÷2÷2＝750(元)

借：财务费用	750
贷：其他应付款	750

20×2 年 2 月 15 日：

应计提的利息费用＝(203 000－200 000)÷2×1.5＝2 250(元)

借：财务费用	2 250
贷：其他应付款	2 250
借：库存商品	150 000
贷：发出商品	150 000
借：其他应付款	203 000
应交税费——应交增值税（进项税额）	26 390
贷：银行存款	229 390

2. (1) 20×1 年 12 月 15 日。

借：银行存款	1 130 000
贷：合同负债	1 130 000

(2) 20×1 年 12 月 31 日，符合采用产出法确认收入的条件。

确认的劳务收入＝5 000 000×50%－0＝2 500 000(元)

确认的劳务成本＝(2 000 000＋2 000 000)×50％－0＝2 000 000(元)

借：合同负债	2 825 000	
贷：主营业务收入		2 500 000
应交税费——应交增值税（销项税额）		325 000
借：主营业务成本	2 000 000	
贷：劳务成本		2 000 000

3.（1）20×1 年 12 月 31 日。

可抵扣暂时性差异＝1 000 000－(1 000 000－40 000)＝40 000(元)

20×1 年 12 月 31 日递延所得税资产＝40 000×25％＝10 000(元)

20×1 年应纳税所得额＝1 000 000＋40 000＝1 040 000(元)

20×1 年应交所得税＝1 040 000×25％＝260 000(元)

借：所得税费用——当期所得税费用	260 000	
贷：应交税费——应交所得税		260 000
借：递延所得税资产	10 000	
贷：所得税费用——递延所得税费用		10 000

（2）20×2 年 12 月 31 日。

可抵扣暂时性差异＝1 200 000－(1 200 000－48 000)＝48 000(元)

20×2 年 12 月 31 日递延所得税资产＝48 000×25％＝12 000(元)

20×2 年应确认的递延所得税资产＝12 000－10 000＝2 000(元)

20×2 年应纳税所得额＝1 200 000＋8 000＝1 208 000(元)

20×2 年应交所得税＝1 208 000×25％＝302 000(元)

借：所得税费用——当期所得税费用	302 000	
贷：应交税费——应交所得税		302 000
借：递延所得税资产	2 000	
贷：所得税费用——递延所得税费用		2 000

第 13 章　财务报表

学习指导

本章着重介绍财务报表的编制原理。通过本章的学习，应当理解财务报表的意义，熟练掌握资产负债表、利润表、现金流量表和所有者权益变动表的编制方法。认识报表附注的重要性，熟悉附注披露的主要内容。

本章的学习重点是资产负债表、利润表、所有者权益变动表和现金流量表的编制原理。学习难点是深刻认识四大报表之间的联系和现金流量表的编制原理。

财务会计是以财务报表为主线的。本章关于资产负债表、利润表和所有者权益变动表的编制实际上是对第 2 章至第 12 章内容的总结。因此，在学习时一定要有整体思路。

现金流量表是反映企业在一定会计期间现金和现金等价物的流入和流出情况的报表。现金流量要分别经营活动、投资活动和筹资活动予以列报；经营活动产生的现金流量要采用直接法列报。需要理解现金流量表上的经营活动产生的现金流量与净利润之间的联系与区别。可以说，不清楚这个问题，就没有真正掌握财务会计。

通过本章的学习，还需要充分认识附注的重要性。附注是财务报表不可或缺的组成部分，报表使用者了解企业的财务状况、经营成果和现金流量，应当全面阅读附注。

练习题

一、名词解释

1. 财务报表
2. 资产负债表
3. 营业周期
4. 利润表

二、判断题

第13章判断题
即测即评

1. 一个企业只有在保持投入资本完整无缺的情况下，才可能获得真正的利润。（　　）

2. 多步式利润表是常用的格式，它将企业日常经营活动过程中发生的广义收入和费用项目与在该过程外发生的收入与费用分开。划分这一界限的标准，主要是看一个项目是否关系到评价企业未来产生现金和现金等价物的能力，或者说，依据一个项目的预测价值。（　　）

3. 在确定销售商品、提供劳务收到的现金时，不需要考虑应收票据贴现和视同销售业务。（　　）

4. 企业为职工支付的养老等社会保险基金、补充养老保险、住房公积金，支付给职工的住房困难补助，为职工缴纳的商业保险金，以及企业支付给职工或为职工支付的其他福利费用等，应当在现金流量表的“支付给职工以及为职工支付的现金”项目中反映。（　　）

5. 实际支付的耕地占用税、矿产资源补偿费、印花税、房产税、土地增值税等税费都在现金流量表的“支付的各项税费”项目中反映。（　　）

6. 根据我国《企业会计准则第36号——关联方披露》，当存在共同控制或重大影响时，即使没有发生交易，也应该披露关联方关系。（　　）

7. 在资产负债表上，“无形资产”项目一般应当分别列示原始成本、累计摊销额和账面净值。（　　）

8. 资产负债表的“存货”项目应当根据若干个总账科目余额计算填列。（　　）

三、单项选择题

第13章单项选择题
即测即评

1. 在资产负债表中，所有者权益按照（　　）的顺序排列。

A. 流动性程度的高低　　B. 到期日由近至远

C. 永久性递减　　D. 金额的大小

2. 某企业本期实际支付工资100万元，各种奖金20万元，其中，经营人员工资74万元，奖金15万元；在建工程人员工资26万元，奖金5万元。则本期现金流量表中“支付给职工以及为职工支付的现金”项目为（　　）万元。

A. 120　　B. 89　　C. 100　　D. 115

3. 下列各项中，属于所有者权益变动表项目的是（　　）。

A. “提取盈余公积”　　B. “公允价值变动收益”

C. “资产减值损失”　　D. “资产处置收益”

4. 处置固定资产的净收入所对应的现金流量属于（　　）。

A. 经营活动产生的现金流量　　B. 投资活动产生的现金流量

C. 筹资活动产生的现金流量　　D. 不影响现金流量

5. 某企业为建设一新项目，获准发行 5 000 万元的长期债券。该企业与一证券公司签署协议，委托该证券公司代理发行，发行手续费为发行总额的 3.5‰，宣传及印刷费由证券公司代为支付，并从发行总额中扣除。该企业至委托协议签署为止，已支付咨询费、公证费等 4.5 万元。证券公司按面值发行，价款全部收到，支付宣传及印刷费等各种费用 6.4 万元。按协议将发行款划至企业银行账户上，则该企业现金流量表中“吸收投资收到的现金”项目为（　　）万元。

A. 4 982.5　　B. 4 971.6　　C. 4 976.1　　D. 5 000

6. 下列说法中正确的是（　　）。

A. 资产负债表的“长期借款”项目，应根据“长期借款”总账科目的余额填列

B. 资产负债表的“货币资金”项目，应根据“银行存款”和“库存现金”总账科目的借方余额之和计算填列

C. 资产负债表的“资本公积”项目，应根据“资本公积”总账科目余额填列

D. 资产负债表的“固定资产”项目，应根据“固定资产”总账科目余额直接填列

四、多项选择题

1. 资产负债表所提供的是企业一定日期的财务状况，主要包括的内容有（　　）。

第 13 章多项选择题
即测即评

A. 企业所拥有的各种经济资源（资产）

B. 企业所负担的债务（负债）

C. 企业所有者在企业里所持有的权益（所有者权益）

D. 企业未来财务状况的变动趋势

E. 企业的获利能力

2. 下列报表项目可以直接根据总账科目余额填列的有（　　）。

A. “库存股”　　B. “无形资产”

C. “货币资金”　　D. “存货”

E. “短期借款”

3. 现金流量表是用来提供企业有关现金流入、现金流出及投资与筹资活动方面信息的财务报表。报表使用者利用这些信息，可以评估企业以下（　　）方面的事项。

A. 企业在未来会计期间产生净现金流量的能力

B. 企业偿还债务及支付企业所有者的投资报酬（如股利）的能力

C. 企业的利润与经营活动所产生的净现金流量发生差异的原因

D. 会计年度内影响或不影响现金的投资活动与筹资活动

E. 企业在某一特定日期资产和权益变动的结果

4. 在确定“购买商品、接受劳务支付的现金”时，需要考虑的因素有（　　）。

A. 增值税进项税额　　B. 存货增减变化

C. 预付账款增减变化　　D. 存货盘亏

E. 计入本期生产成本的非材料费用

5. 将净利润调节为经营活动的现金流量需要调整的项目有（　　）。

A.“资产减值准备”

B.“公允价值变动损失”

C.“财务费用”

D.“递延所得税负债增加或减少”

E.“经营性应收项目的增加或减少”

6. 下列各项中，不属于筹资活动产生的现金流量的有（　　）。

A. 收回债券投资收到的现金　　B. 吸收权益性投资收到的现金

C. 发行债券收到的现金　　D. 借入资金收到的现金

E. 取得投资收益收到的现金

7. 在财务报表附注中，应当披露（　　）。

A. 关联方关系及其交易的说明　　B. 或有事项的说明

C. 资产负债表日后事项的说明　　D. 重要资产转让及其出售的说明

E. 企业合并、分立的说明

8. 按我国现行企业会计准则，利润表上应当单独列报（　　）。

A. 资产减值损失　　B. 公允价值变动收益

C. 投资收益　　D. 基本每股收益

E. 营业外收入

五、会计核算题

1. ABC 公司为增值税一般纳税人，生产销售的甲、乙两种产品均为应纳增值税产品，其中乙产品还应缴纳消费税。产成品按实际成本核算。企业按净利润的 20%提取盈余公积。该公司适用的有关税率如下：增值税税率 13%，消费税税率 10%，所得税税率 25%。所得税采用资产负债表债务法核算，20×6 年 12 月 31 日递延所得税负债科目有余额 21 000 元，该余额是由于固定资产的计税基础与账面价值不同而形成的。该公司 20×7 年年初未分配利润为20 000 元。

该公司 20×7 年发生的与利润确定有关的经济业务如下：

(1) 销售甲产品一批，不含税价格 125 000 元，成本 75 000 元，产品已发出，已开具增值税专用发票，款项尚未收到。

(2) 销售乙产品一批，不含税价格 300 000 元，成本 200 000 元，产品已发出，已开具增值税专用发票，并已收到承兑的商业汇票。

(3) 采用支票结算方式，销售原材料一批，不含税价格 50 000 元，成本

34 000 元，材料已发出，已开具增值税专用发票，全部款项已存入银行。

（4）转让一项专利技术使用权，转让价款 61 750 元，增值税额 3 705 元，款项已存入银行，同时以银行存款支付该项专利技术使用权的咨询费 1 750 元。

（5）将一台不需用的设备出售，该设备原价为 100 000 元，已提折旧 40 000 元，售价 76 000 元，增值税额 9 880 元，全部款项已存入银行。该设备的计税基础与账面价值相同。

（6）以银行存款支付违反税收规定的罚款 5 000 元，非公益性捐赠支出10 000 元。

（7）计提短期借款利息 5 000 元。

（8）以银行存款支付专设销售部门差旅费 2 400 元，办公费 3 600 元。

（9）计提本年销售应负担的教育费附加 3 000 元，其中产品销售应负担的教育费附加 2 000 元。

（10）计提本年销售应负担的城市维护建设税 8 000 元，其中产品销售应负担的城市维护建设税为 5 000 元。

（11）20×7 年度发生各种管理费用 40 000 元，其中研发费用 10 000 元，已用银行存款支付。

（12）年末固定资产的账面价值为 80 000 000 元，计税基础为 79 900 000 元。其他所有资产、负债项目的计税基础与账面价值相同。计算 20×7 年度应交所得税及所得税费用。

（13）年终结转全部收入与费用。

（14）按净利润的 20%提取盈余公积。

（15）分配股利 20 000 元。

要求：

（1）编制上述经济业务的会计分录。

（2）编制 20×7 年度的利润表（格式见表 13－1）。

（答案中的应交税费和利润分配科目必须写出明细科目，数字保留到小数点后两位。）

表 13－1　利润表

编制单位：ABC 公司　　　　20×7 年度　　　　单位：元

项目	上年累计数	本年累计数
一、营业收入	（略）	
减：营业成本		
税金及附加		
销售费用		
管理费用		

续表

项目	上年累计数	本年累计数
研发费用		
财务费用		
加：其他收益		
投资收益		
公允价值变动收益		
信用减值损失		
资产减值损失		
资产处置收益		
二、营业利润		
加：营业外收入		
减：营业外支出		
三、利润总额		
减：所得税费用		
四、净利润		
五、每股收益		

2. XYZ 公司为一家上市公司，20×7 年度资产负债表和利润表见表 13 - 2 和表 13 - 3。

表 13 - 2　资产负债表

编制单位：XYZ 公司　　20×7 年 12 月 31 日　　单位：元

资产	年初数	期末数	负债和所有者权益（或股东权益）	年初数	期末数
流动资产：			流动负债：		
货币资金	45 500	155 500	短期借款		
交易性金融资产	30 000	22 000	应付账款	178 500	200 000
应收账款	82 000	64 000	预收款项		
预付款项	13 500	8 500	应付职工薪酬		
其他应收款			应交税费		
存货	80 000	120 000	其他应付款		
一年内到期的非流动资产			一年内到期的非流动负债		
其他流动资产			其他流动负债		
流动资产合计	251 000	370 000	流动负债合计	178 500	200 000
非流动资产：			非流动负债：		
长期股权投资			长期借款	80 000	80 000
长期应收款			应付债券	89 500	119 500

续表

资产	年初数	期末数	负债和所有者权益（或股东权益）	年初数	期末数
投资性房地产			长期应付款		
固定资产	530 000	545 000	递延所得税负债		
无形资产			其他非流动负债		
开发支出			非流动负债合计	169 500	199 500
商誉			负债合计	348 000	399 500
长期待摊费用			所有者权益（或股东权益）：		
递延所得税资产			实收资本（或股本）	400 000	400 000
其他非流动资产			资本公积		
非流动资产合计	530 000	545 000	其他综合收益		
			盈余公积		
			未分配利润	33 000	115 500
			所有者权益（或股东权益）合计	433 000	515 500
资产总计	781 000	915 000	负债和所有者权益（或股东权益）总计	781 000	915 000

表 13－3　利润表

编制单位：XYZ 公司　　　　20×7 年度　　　　单位：元

项目	本月数	本年累计数
一、营业收入		800 000
减：营业成本		550 000
税金及附加		
销售费用		12 000
管理费用		41 000
研发费用		5 000
财务费用		16 500
加：其他收益		
投资收益		4 000
公允价值变动收益		
信用减值损失		
资产减值损失		
资产处置收益		－2 000
二、营业利润		177 500
加：营业外收入		10 000
减：营业外支出		
三、利润总额		187 500
减：所得税费用		75 000
四、净利润		112 500

其他有关资料：

（1）支付 30 000 元现金股利。

（2）主营业务成本中包括工资费用 165 000 元；管理费用中包括折旧费用21 500 元，预付款项分摊 6 000 元，支付工资费用 10 000 元，支付其他费用 3 500 元，支付研发费用 5 000 元。

（3）出售固定资产一台，原价 150 000 元，已提折旧 50 000 元，处置价格为 98 000 元，现金已收到。

（4）购入固定资产，价款 148 500 元，以银行存款支付。

（5）购入交易性金融资产，支付价款 13 000 元。

（6）出售交易性金融资产，收到现金 25 000 元，成本 21 000 元。

（7）偿付应付公司债券 70 000 元，新发行债券 100 000 元，已收到现金。

（8）存货盘盈 10 000 元，已计入营业外收入。

（9）该公司的预付款项与购买商品、接受劳务无关。当年预付保险费 1 000 元。

（10）财务费用 16 500 元系支付的债券利息。

（11）期末存货均是外购原材料。

为简便起见，不考虑流转税，假定该公司没有现金等价物。

要求：编制该公司 20×7 年度的现金流量表（格式见表 13－4 及表 13－5）。

表 13－4　现金流量表

编制单位：XYZ 公司　　　　20×7 年度　　　　单位：元

项目	金额
一、经营活动产生的现金流量	
销售商品、提供劳务收到的现金	
收到的税费返还	
收到其他与经营活动有关的现金	
经营活动现金流入小计	
购买商品、接受劳务支付的现金	
支付给职工以及为职工支付的现金	
支付的各项税费	
支付其他与经营活动有关的现金	
经营活动现金流出小计	
经营活动产生的现金流量净额	
二、投资活动产生的现金流量	
收回投资收到的现金	
取得投资收益收到的现金	
处置固定资产、无形资产和其他长期资产收回的现金净额	

续表

项目	金额
收到其他与投资活动有关的现金	
投资活动现金流入小计	
购建固定资产、无形资产和其他长期资产支付的现金	
投资支付的现金	
支付其他与投资活动有关的现金	
投资活动现金流出小计	
投资活动产生的现金流量净额	
三、筹资活动产生的现金流量	
吸收投资收到的现金	
取得借款收到的现金	
收到其他与筹资活动有关的现金	
筹资活动现金流入小计	
偿还债务支付的现金	
分配股利、利润或偿付利息支付的现金	
支付其他与筹资活动有关的现金	
筹资活动现金流出小计	
筹资活动产生的现金流量净额	
四、汇率变动对现金及现金等价物的影响	
五、现金及现金等价物净增加额	

表 13－5　现金流量表补充资料　　单位：元

将净利润调节为经营活动现金流量	金额
净利润	
加：资产减值准备	
固定资产折旧	
无形资产摊销	
处置固定资产、无形资产和其他长期资产的损失（收益以“—”号填列）	
存货盘亏损失（收益以“—”号填列）	
固定资产报废损失（收益以“—”号填列）	
公允价值变动损失（收益以“—”号填列）	
财务费用（收益以“—”号填列）	
投资损失（收益以“—”号填列）	
递延所得税资产减少（增加以“—”号填列）	
递延所得税负债增加（减少以“—”号填列）	

续表

将净利润调节为经营活动现金流量	金额
存货的减少（增加以“－”号填列）	
经营性应收项目的减少（增加以“－”号填列）	
经营性应付项目的增加（减少以“－”号填列）	
经营活动产生的现金流量净额	

六、简答题

1. 财务报表的使用者主要有哪些？财务报表对他们的决策有何作用？

2. 你认为资产负债表能否反映企业的市场价值？为什么？

3. 财务报表的编制要求有哪些？

4. 利润是如何确定的？你认为利润表数据能否评价企业和管理层的业绩？为什么？

5. 根据我国《企业会计准则第31号——现金流量表》的规定，现金流量表所指的现金包括什么内容？

6. 在多步式利润表上，净利润是通过哪几步计算出来的？

7. 资产负债表、利润表、现金流量表与所有者权益变动表这四大报表之间有什么联系？

8. 报表附注有何作用？报表附注应包括哪些基本内容？

9. 净利润与经营活动产生的现金流量有何区别？

练习题答案

一、名词解释

1. 财务报表是指企业对外提供的，以日常会计核算资料为主要依据，反映企业某一特定日期财务状况和某一会计期间经营成果、现金流量的文件。

2. 资产负债表是总括反映企业在一定日期的全部资产、负债和所有者权益的财务报表。由于该表反映了企业在某一特定日期的财务状况，因而又可称为财务状况表。

3. 营业周期是指从支付库存现金或银行存款购买商品和劳务开始，到商品和劳务重新转化为库存现金或银行存款为止的平均时间。

4. 利润表是用来反映企业在某一会计期间的经营成果的一种财务报表。

二、判断题

1. √　　2. √　　3. ×　　4. ×　　5. ×

6. ×　　7. ×　　8. ×

三、单项选择题

1. C　　2. B　　3. A　　4. B　　5. C

6. C

四、多项选择题

1. ABCD　2. AE　3. ABCD　4. ABCDE　5. ABCDE
6. AE　7. ABCDE　8. ABCDE

五、会计核算题

1. ABC 公司编制相关会计分录及报表。

（1）相关会计分录如下：

1）借：应收账款	141 250	
贷：主营业务收入		125 000
应交税费——应交增值税（销项税额）		16 250
借：主营业务成本	75 000	
贷：库存商品		75 000
2）借：应收票据	339 000	
贷：主营业务收入		300 000
应交税费——应交增值税（销项税额）		39 000
借：主营业务成本	200 000	
贷：库存商品		200 000
借：税金及附加	30 000	
贷：应交税费——应交消费税		30 000
3）借：银行存款	56 500	
贷：其他业务收入		50 000
应交税费——应交增值税（销项税额）		6 500
借：其他业务成本	34 000	
贷：原材料		34 000
4）借：银行存款	65 455	
贷：其他业务收入		61 750
应交税费——应交增值税（销项税额）		3 705
借：其他业务成本	1 750	
贷：银行存款		1 750
5）借：固定资产清理	60 000	
累计折旧	40 000	
贷：固定资产		100 000
借：银行存款	85 880	
贷：固定资产清理		76 000
应交税费——应交增值税（销项税额）		9 880

借：固定资产清理　16 000
　贷：资产处置损益　16 000

6）借：营业外支出　15 000
　贷：银行存款　15 000

7）借：财务费用　5 000
　贷：应付利息　5 000

8）借：销售费用　6 000
　贷：银行存款　6 000

9）借：税金及附加　3 000
　贷：应交税费——应交教育费附加　3 000

10）借：税金及附加　8 000
　贷：应交税费——应交城市维护建设税　8 000

11）借：管理费用　30 000
　　研发费用　10 000
　贷：银行存款　40 000

12）利润总额＝135 000(元)

应纳税所得额＝税前会计利润＋纳税调整项目
＝135 000＋5 000＋10 000
＝150 000(元)

应纳所得税＝150 000×25%＝37 500(元)

递延所得税负债应有贷方余额＝(80 000 000－79 900 000)×25%
＝25 000(元)

应调整增加递延所得税负债的金额＝25 000－21 000＝4 000(元)

所得税费用＝37 500＋4 000＝41 500(元)

净利润＝135 000－41 500＝93 500(元)

借：所得税费用　41 500
　贷：应交税费——应交所得税　37 500
　　递延所得税负债　4 000

13）借：本年利润　459 250
　贷：主营业务成本　275 000
　　其他业务成本　35 750
　　营业外支出　15 000
　　财务费用　5 000
　　销售费用　6 000

管理费用 30 000
研发费用 10 000
税金及附加 41 000
所得税费用 41 500

借：主营业务收入 425 000
其他业务收入 111 750
资产处置损益 16 000
贷：本年利润 552 750

借：本年利润 93 500
贷：利润分配——未分配利润 93 500

14）提取盈余公积＝93 500×20％＝18 700(元)

借：利润分配——提取盈余公积 18 700
贷：盈余公积 18 700

15）借：利润分配——应付股利 20 000
贷：应付股利 20 000

（2）编制利润表如表 13－6 所示。

表 13－6 利润表

编制单位：ABC 公司　　20×7 年度　　单位：元

项目	上年累计数	本年累计数
一、营业收入	（略）	536 750
减：营业成本		310 750
税金及附加		41 000
销售费用		6 000
管理费用		30 000
研发费用		10 000
财务费用		5 000
加：其他收益		
投资收益		
公允价值变动收益		
信用减值损失		
资产减值损失		
资产处置收益		16 000
二、营业利润		150 000
加：营业外收入		

续表

项目	上年累计数	本年累计数
减：营业外支出		15 000
三、利润总额		135 000
减：所得税费用		41 500
四、净利润		93 500
五、每股收益		

2. XYZ公司编制现金流量表如表13－7和表13－8所示。

表13－7　现金流量表

编制单位：XYZ公司　　　　20×7年度　　　　单位：元

项目	金额
一、经营活动产生的现金流量	
销售商品、提供劳务收到的现金 (800 000＋(82 000－64 000))	818 000
收到的税费返还	
收到其他与经营活动有关的现金	
经营活动现金流入小计	818 000
购买商品、接受劳务支付的现金 (550 000＋(178 500－200 000)－165 000＋(120 000－80 000)－10 000)	393 500
支付给职工以及为职工支付的现金（165 000＋10 000）	175 000
支付的各项税费	75 000
支付其他与经营活动有关的现金（3 500＋5 000＋1 000）	9 500
经营活动现金流出小计	653 000
经营活动产生的现金流量净额	165 000
二、投资活动产生的现金流量	
收回投资收到的现金	25 000
取得投资收益收到的现金	
处置固定资产、无形资产和其他长期资产收回的现金净额	98 000
收到其他与投资活动有关的现金	
投资活动现金流入小计	123 000
购建固定资产、无形资产和其他长期资产支付的现金	148 500
投资支付的现金	13 000
支付其他与投资活动有关的现金	
投资活动现金流出小计	161 500
投资活动产生的现金流量净额	－38 500
三、筹资活动产生的现金流量	

续表

项目	金额
吸收投资收到的现金	100 000
取得借款收到的现金	
收到其他与筹资活动有关的现金	
筹资活动现金流入小计	100 000
偿还债务支付的现金	70 000
分配股利、利润或偿付利息支付的现金	46 500
支付其他与筹资活动有关的现金	
筹资活动现金流出小计	116 500
筹资活动产生的现金流量净额	−16 500
四、汇率变动对现金及现金等价物的影响	
五、现金及现金等价物净增加额	110 000

表 13－8　现金流量表补充资料　　单位：元

将净利润调节为经营活动现金流量	金额
净利润	112 500
加：资产减值准备	
固定资产折旧	33 500
无形资产摊销	
处置固定资产、无形资产和其他长期资产的损失（收益以“－”号填列）	2 000
存货盘亏损失（收益以“－”号填列）	−10 000
固定资产报废损失（收益以“－”号填列）	
公允价值变动损失（收益以“－”号填列）	
财务费用（收益以“－”号填列）	16 500
投资损失（收益以“－”号填列）	−4 000
递延所得税资产减少（增加以“－”号填列）	
递延所得税负债增加（减少以“－”号填列）	
存货的减少（增加以“－”号填列）	−30 000
经营性应收项目的减少（增加以“－”号填列）	23 000
经营性应付项目的增加（减少以“－”号填列）	21 500
经营活动产生的现金流量净额	165 000

六、简答题

1. 财务报表的使用者主要有投资者（包括潜在的投资者）、债权人（包括潜在的债权人）、企业管理者、国家财政税务等部门以及其他与企业有利害关系的单位和个人。

财务报表的作用主要表现在以下几个方面：

（1）企业的投资者（包括潜在的投资者）和债权人（包括潜在的债权人），为了进行正确的投资决策和信贷决策，需要利用财务报表了解有关企业财务状况、经营成果及现金流量情况的会计信息。

（2）企业管理者为了考核和分析财务成本计划或预算的完成情况，总结经济工作的成绩和存在的问题，评价经济效益，需要利用财务报表掌握本企业有关财务状况、经营成果和现金流量情况的会计信息。

（3）国家有关部门为了加强宏观经济管理，需要各单位提供财务报表资料，以便通过汇总分析，了解和掌握各部门、各地区经济计划（预算）完成情况、各种财经法律制度的执行情况，并针对存在的问题，及时运用经济杠杆和其他手段，调控经济活动，优化资源配置。

2. 资产负债表是通过总括反映企业在一定日期的全部资产、负债和所有者权益从而反映企业在特定日期的财务状况的报表。但是，资产负债表不能完全反映企业的市场价值。企业价值可以从内在价值和市场价值两个方面进行分析。前者是指企业的真实价值，后者是指企业内在价值的市场反映，例如，上市公司的股票总市值。企业的资产负债表无法反映企业的内在价值，而企业的市场价值也往往会偏离企业的内在价值。这是因为：

（1）编制资产负债表时所采用的会计计量模式或方法决定了资产负债表不能反映企业的内在价值。

首先，资产负债表无法反映决定企业内在价值的所有因素，例如，企业自创的商誉。其次，即使资产负债表反映了决定企业内在价值的所有因素，无论资产负债表各项目是按历史成本计价，还是按公允价值计价，单项资产与负债价值的代数和也往往不等于企业的内在价值，因为它无法反映协同效应。

（2）由于市场供求关系等因素的影响，企业的市场价值也往往会偏离其内在价值。因此，即使资产负债表能够反映企业的内在价值，也无法准确地反映企业的市场价值。

3. 为了充分发挥财务报表的作用，必须保证财务报表的质量。为此，编制财务报表应符合以下基本要求：

（1）企业编制财务报表，应当以真实的交易、事项以及完整准确的账簿记录等资料为依据，并遵循国家统一的会计制度规定的编制基础、编制依据、编制原则和方法。

（2）企业在编制年度财务报表前，应当全面清查资产、核实债务，通过规定的清查、核实，查明财产物资的实存数量与账面数量是否一致，各项结算款项的拖欠情况及其原因、材料物资的实际储备情况、各项投资是否达到预期的目的、固定资产的使用情况及其完好程度等。

(3) 企业在编制财务报表前，除应当全面清查资产、核实债务外，还应核对各会计账簿记录与会计凭证的内容、金额等是否一致，记账方向是否相符。

(4) 企业在编制财务报表前应按期结账，不得为赶编财务报表而提前结账。在结账之前，必须将本期发生的全部经济业务和转账业务都登记入账，在此基础上，结清各个科目的本期发生额和期末余额。

(5) 企业应当按照国家统一的会计制度规定的财务报表格式和内容，根据登记完整、核对无误的会计账簿记录和其他有关资料编制财务报表，做到内容完整、数据真实、计算准确，不得漏报或者任意取舍。

(6) 财务报表之间、财务报表各项目之间，凡有对应关系的数字，应当相互一致；财务报表中本期与上期的有关数字应当相互衔接。

4. 在目前的会计模式下，利润表中净利润的确定，其基本形式仍然基于传统的关系模式，即

广义收入－广义费用＝利润

即日常单独确认各项广义收入和广义费用，期末通过广义收入与广义费用之间的比较来确定特定期间的净利润。

但实际上，企业净利润的确定已经发生了较大的变化。这主要表现在期末资产和负债的计价性调整，对广义收入与广义费用的影响逐渐增大。具体表现在：资产减值损失的确认和公允价值变动收益（或损失）的确认，对广义费用或广义收入的影响，进而对期间净利润的影响逐渐增大。

这就意味着，在企业净利润的确定过程中，实际交易的影响有所减弱，期末计价性调整的影响则逐渐增强。现代企业净利润的确定已经是交易影响与计价影响的综合，而且后者的影响有逐渐扩大的趋势。只不过这种变化趋势的合理性和恰当性可能仍然值得研究。

从理论上讲，传统的利润表是用来反映企业在特定期间的经营成果的，利润表数据应当具有评价企业和管理层经营业绩的功能。但是，如上所述，基于现行会计准则所编制的利润表较多地包含了期末资产和负债的计价性调整，主要是资产减值损失和公允价值变动收益（或损失），这些计价性调整金额可能难以反映企业和管理层的经营业绩，而且比较容易受到管理层的人为调控。因此，期末资产和负债的计价性调整金额可能会在一定程度上损害利润表数据在评价企业和管理层的经营业绩方面的功能。

5. 根据我国《企业会计准则第 31 号——现金流量表》的规定，现金流量表所指的现金是广义的现金概念，它包括库存现金、可以随时用于支付的存款，以

及现金等价物。具体内容如下：

(1) 库存现金。库存现金是指企业持有可随时用于支付的纸币与硬币。

(2) 银行存款。银行存款是指企业存在金融企业随时可以用于支付的存款。如果存在金融企业的款项不能随时用于支付，如不能随时支取的定期存款，不能作为现金流量表中的现金，但提前通知金融企业便可支取的定期存款，应包括在现金流量表的现金范围内。

(3) 其他货币资金。其他货币资金是指企业存在金融企业有特定用途的资金，如外埠存款、银行汇票存款、银行本票存款、信用证保证金存款、信用卡存款等。

(4) 现金等价物。现金等价物是指企业持有的期限短、流动性强、易于转换为已知金额的现金、价值变动风险很小的短期投资。现金等价物虽然不是严格意义上的现金，但其支付能力与现金的差别不大，可视为现金。认定现金等价物时，期限短通常是指从购买日起 3 个月内到期。

6. 净利润是分若干个步骤计算出来的，一般可以分为以下几步：

第一步，计算营业利润。

营业利润＝营业收入－营业成本－税金及附加－销售费用－管理费用－研发费用－财务费用－资产减值损失－信用减值损失＋其他收益＋投资收益＋公允价值变动收益＋资产处置收益

第二步，计算利润总额。

利润总额＝营业利润＋营业外收入－营业外支出

第三步，计算净利润。

净利润＝利润总额－所得税费用

7. 企业的基本财务报表包括：资产负债表、利润表、现金流量表和所有者权益变动表。

资产负债表反映企业特定日期的财务状况；利润表反映企业一定期间的经营成果；现金流量表反映企业一定期间内的现金流动情况；所有者权益变动表反映企业一定期间内所有者权益各项目的变动情况。这四张报表之间存在一定的数量关系，即所谓的勾稽关系。

(1) 利润表与所有者权益变动表之间的关系。利润表所反映的净利润是影响所有者权益变动表中未分配利润项目发生变化的主要因素。就一个会计年度来说：年初未分配利润加上本年净利润（来自利润表），减去提取的盈余公积和对所有者分配的利润，就等于年末未分配利润。

（2）所有者权益变动表与资产负债表之间的关系。所有者权益变动表中所反映的实收资本、资本公积、其他综合收益、盈余公积和未分配利润各项目的期末余额就是资产负债表上所有者权益部分这几个项目的期末数。

（3）现金流量表与资产负债表的关系。现金流量表反映的“现金”大体上与资产负债表上的“货币资金”项目相对应，现金流量表大体上反映了资产负债表中“货币资金”项目的变动情况，特别是其变动的原因。

8. 附注是财务报表不可或缺的组成部分，报表使用者了解企业的财务状况、经营成果和现金流量，应当全面阅读附注，附注相对于报表而言同样具有重要性。附注应当按照一定的结构进行系统合理的排列和分类，有顺序地披露信息。

按照我国企业会计准则的规定，报表附注中至少应披露下列内容，但是非重要项目除外。

（1）企业的基本情况。企业注册地、组织形式和总部地址；企业的业务性质和主要经营活动；母公司以及集团最终母公司的名称；财务报告的批准报出者和财务报告批准报出日；按照有关法律、行政法规等规定，企业所有者或其他方面有权对报出的财务报告进行修改的事实。

（2）财务报表的编制基础。会计年度；记账本位币；会计计量所运用的计量基础；现金和现金等价物的构成。

（3）遵循企业会计准则的声明。企业应当明确说明编制的财务报表符合企业会计准则体系的要求，真实、公允地反映了企业的财务状况、经营成果和现金流量。

（4）重要会计政策和会计估计。企业应当披露重要的会计政策和会计估计，不具有重要性的会计政策和会计估计可以不披露。判断会计政策和会计估计是否重要，应当考虑与会计政策或会计估计相关项目的性质和金额。

（5）会计政策和会计估计变更以及差错更正的说明。

（6）重要报表项目的说明。

（7）或有和承诺事项的说明。

（8）资产负债表日后事项的说明。

（9）关联方关系及其交易的说明。

9. 基于我国现行的企业会计准则，净利润与经营活动产生的现金流量之间的区别可以从单一会计期间的角度进行分析，还可以从企业全部生命周期的角度进行分析。

从单一会计期间的角度来看，二者的区别可以从三个方面进行分析。

（1）二者的口径不同。

1）企业对外投资的股利收入和利息收入，以及处置投资所获得的收益，作为投资收益会增加净利润，对债权人支付的利息作为财务费用，会减少净利润，但与投资收益和财务费用相关的现金流量不属于经营活动的现金流量。

2）取得固定资产和无形资产而发生的现金流出属于投资活动的现金流出，不属于经营活动的现金流出，但固定资产的折旧费用和无形资产的摊销费用是净利润的重要决定因素。

3）处置固定资产和无形资产以及出售各类投资而形成的现金流入属于投资活动的现金流入，不属于经营活动的现金流入，但处置固定资产和无形资产以及出售各类投资而发生的损益是净利润的决定因素。

（2）二者依据的会计基础不同。对于口径一致的部分，二者依据的会计基础不同。净利润是基于权责发生制而确定的，经营活动的现金流量是基于修正的收付实现制而确定的。因此，在存在经营性应收和应付项目的情况下，净利润与经营活动的现金流量也会产生差异。

（3）期末计价性调整的影响。在确定净利润时，资产减值损失和公允价值变动损益等的确认纯粹是期末的计价性调整，它们影响净利润但与经营活动产生的现金流量无关。由于确认资产减值损失和公允价值变动损益等产生的区别，既可能涉及上述口径方面的差异，也可能涉及会计基础的不同，考虑其特殊性，因而将其作为单独的一种情况来进行分析。

从企业全部生命周期的角度来看，净利润合计与经营活动现金净流量合计也不相等。因为即使没有应收、应付项目，也会由于固定资产折旧和无形资产摊销的存在，而使企业全部生命周期内的净利润合计不等于经营活动现金净流量合计，而应该是后者大于前者。具体来说，固定资产、无形资产等长期消耗性资产的相关现金流出并不包括在当期的经营活动现金净流量中，但其折旧、摊销等却分期计入各期损益。

教材练习题解析

1. 编制 A 公司 20×6 年 12 月 31 日的资产负债表如表 13－9 所示。

表 13－9 资产负债表

编制单位：A 公司　　20×6 年 12 月 31 日　　单位：元

资产	期末余额	负债和所有者权益	期末余额
流动资产：		流动负债：	
货币资金	176 000	短期借款	35 000
交易性金融资产	100 000	交易性金融负债	
应收票据	60 000	应付票据	260 000
应收账款	104 500	应付账款	190 000
预付款项	25 000	应付职工薪酬	98 040

续表

资产	期末余额	负债和所有者权益	期末余额
其他应收款	19 000	应交税费	485 000
存货	908 000	其他应付款	360 000
一年内到期的非流动资产		一年内到期的非流动负债	
其他流动资产		其他流动负债	
流动资产合计	1 392 500	流动负债合计	1 428 040
非流动资产：		非流动负债：	
其他权益工具投资		长期借款	1 035 000
债权投资		应付债券	
长期应收款		长期应付款	
长期股权投资	910 000	预计负债	
投资性房地产		递延所得税负债	
固定资产	801 600	其他非流动负债	
在建工程	200 000	非流动负债合计	1 035 000
生产性生物资产		负债合计	2 463 040
油气资产		所有者权益：	
无形资产	90 000	实收资本	680 000
开发支出		资本公积	120 000
商誉		减：库存股	
长期待摊费用		其他综合收益	
递延所得税资产		盈余公积	45 000
其他非流动资产		未分配利润	86 060
非流动资产合计	2 001 600	所有者权益合计	931 060
资产总计	3 394 100	负债和所有者权益总计	3 394 100

2.（1）编制会计分录如下：

1）借：应付票据　200 000

　　贷：银行存款　200 000

2）借：材料采购　300 000

　　　应交税费——应交增值税（进项税额）　39 000

　　贷：银行存款　339 000

3）借：材料采购　200 000

　　贷：预付账款　200 000

　借：原材料　190 000

　　　材料成本差异　10 000

　　贷：材料采购　200 000

4）借：银行存款	836	
贷：其他货币资金——银行汇票		836
借：材料采购	199 600	
应交税费——应交增值税（进项税额）	25 564	
贷：其他货币资金——银行汇票		225 164
借：原材料	200 000	
贷：材料采购		199 600
材料成本差异		400
5）借：应收账款	678 000	
贷：主营业务收入		600 000
应交税费——应交增值税（销项税额）		78 000
6）借：银行存款	33 000	
贷：交易性金融资产		30 000
投资收益		3 000
7）借：固定资产	172 940	
应交税费——应交增值税（进项税额）	22 222	
贷：银行存款		195 162
8）借：工程物资	300 000	
应交税费——应交增值税（进项税额）	39 000	
贷：银行存款		339 000
9）借：在建工程	656 000	
贷：应付职工薪酬		456 000
应交税费——应交耕地占用税		200 000
10）借：在建工程	300 000	
贷：应付利息		300 000
11）借：固定资产	2 800 000	
贷：在建工程		2 800 000
12）借：固定资产清理	40 000	
累计折旧	360 000	
贷：固定资产		400 000
借：固定资产清理	1 000	
贷：银行存款		1 000
借：银行存款	1 600	
贷：固定资产清理		1 600

借：营业外支出	39 400	
贷：固定资产清理		39 400
13）借：银行存款	800 000	
贷：长期借款		800 000
14）借：银行存款	1 582 000	
贷：主营业务收入		1 400 000
应交税费——应交增值税（销项税额）		182 000
15）借：银行存款	400 000	
贷：应收票据		400 000
16）借：银行存款	60 000	
贷：投资收益		60 000
17）借：固定资产清理	500 000	
累计折旧	300 000	
贷：固定资产		800 000
借：银行存款	600 000	
贷：固定资产清理		600 000
借：固定资产清理	100 000	
贷：资产处置损益		100 000
18）借：财务费用	43 000	
贷：应付利息		43 000
19）借：短期借款	500 000	
应付利息	25 000	
贷：银行存款		525 000
20）借：应付职工薪酬	1 000 000	
贷：银行存款		1 000 000
21）借：生产成本	627 000	
制造费用	22 800	
管理费用	34 200	
贷：应付职工薪酬		684 000
22）借：生产成本	1 400 000	
贷：原材料		1 400 000
借：生产成本	100 000	
贷：低值易耗品		100 000
23）借：生产成本	70 000	
贷：材料成本差异		70 000

24）借：制造费用	180 000	
贷：银行存款		180 000
25）借：银行存款	102 000	
贷：应收账款		102 000
26）借：销售费用	40 000	
贷：银行存款		40 000
27）借：长期借款	2 000 000	
贷：银行存款		2 000 000
28）借：库存商品	2 564 800	
贷：生产成本		2 564 800
29）借：应收票据	565 000	
贷：主营业务收入		500 000
应交税费——应交增值税（销项税额）		65 000
30）借：银行存款	525 000	
财务费用	40 000	
贷：应收票据		565 000
31）借：研发费用	100 000	
贷：银行存款		100 000
32）借：税金及附加	4 000	
贷：应交税费——应交教育费附加		4 000
33）借：应交税费——应交教育费附加	4 000	
——应交增值税（已交税金）	200 000	
贷：银行存款		204 000
34）借：主营业务成本	1 500 000	
贷：库存商品		1 500 000
35）借：制造费用	160 000	
管理费用	40 000	
贷：累计折旧		200 000
36）借：资产减值损失	60 000	
贷：固定资产减值准备		60 000
37）借：管理费用	140 000	
贷：累计摊销		140 000
38）借：信用减值损失	1 800	
贷：坏账准备		1 800
39）借：所得税费用	155 150	
贷：应交税费——应交所得税		155 150

40）借：投资收益　63 000
　　　主营业务收入　2 500 000
　　　资产处置损益　100 000
　　贷：本年利润　2 663 000
　借：本年利润　2 042 400
　　贷：主营业务成本　1 500 000
　　　管理费用　214 200
　　　研发费用　100 000
　　　销售费用　40 000
　　　财务费用　83 000
　　　资产减值损失　60 000
　　　信用减值损失　1 800
　　　税金及附加　4 000
　　　营业外支出　39 400
　借：本年利润　155 150
　　贷：所得税费用　155 150
41）借：利润分配——提取盈余公积　46 545
　　贷：盈余公积　46 545
42）借：本年利润　465 450
　　贷：利润分配——未分配利润　418 905
　　　　　　——提取盈余公积　46 545

43）借：应交税费——应交所得税　155 150
　　贷：银行存款　155 150

资产负债表编制如表 13－10 所示。

表 13－10　资产负债表

编制单位：B股份有限公司　　20×7 年 12 月 31 日　　单位：元

资产	期末余额	上年年末余额	负债和所有者权益（或股东权益）	期末余额	上年年末余额
流动资产：			流动负债：		
货币资金	1 412 724	2 812 600	短期借款	100 000	600 000
交易性金融资产		30 000	应付票据	800 000	1 000 000
应收票据	92 000	492 000	应付账款	1 307 600	1 307 600
应收账款	1 172 400	598 200	预收款项	2 000	2 000
预付款项	200 000	400 000	应付职工薪酬	360 000	220 000

续表

资产	期末余额	上年年末余额	负债和所有者权益（或股东权益）	期末余额	上年年末余额
其他应收款	10 000	10 000	应交税费	272 414	73 200
存货	5 349 400	5 160 000	其他应付款	418 000	100 000
流动资产合计	8 236 524	9 502 800	一年内到期的非流动负债	2 000 000	2 000 000
非流动资产：			流动负债合计	5 260 014	5 302 800
长期股权投资	500 000	500 000	非流动负债：		
固定资产	5 172 940	3 000 000	长期借款		1 200 000
在建工程	456 000	2 000 000	非流动负债合计		1 200 000
无形资产	1 260 000	1 400 000	负债合计	5 260 014	6 502 800
其他非流动资产	400 000	400 000	所有者权益（或股东权益）：		
非流动资产合计	7 788 940	7 300 000	实收资本（或股本）	10 000 000	10 000 000
			盈余公积	246 545	200 000
			未分配利润	518 905	100 000
			所有者权益（或股东权益）合计	10 765 450	10 300 000
资产总计	16 025 464	16 802 800	负债和所有者权益（或股东权益）总计	16 025 464	16 802 800

（2）利润表编制如表13-11所示。

表13-11 利润表

编制单位：B股份有限公司　　20×7年度　　单位：元

项目	金额
一、营业收入	2 500 000
减：营业成本	1 500 000
税金及附加	4 000
销售费用	40 000
管理费用	214 200
研发费用	100 000
财务费用	83 000
加：投资收益	63 000
信用减值损失	−1 800
资产减值损失	−60 000
资产处置收益	100 000
二、营业利润	660 000

续表

项目	金额
加：营业外收入	0
减：营业外支出	39 400
三、利润总额	620 600
减：所得税费用	155 150
四、净利润	465 450

3.（1）销售商品、提供劳务收到的现金＝营业收入＋增值税销项税额＋(应收账款期初余额－应收账款期末余额)＋(应收票据期初余额－应收票据期末余额)－当期计提的坏账准备－票据贴现利息

$$=1\,500\,000+1\,500\,000\times 13\%+(287\,340-285\,000)+(250\,000-601\,000)-2\,340$$

$$=1\,344\,000(\text{元})$$

（2）购买商品、接受劳务支付的现金＝营业成本＋增值税进项税额－(存货期初余额－存货期末余额)＋(应付账款期初余额－应付账款期末余额)＋(应付票据期初余额－应付票据期末余额)＋(预付账款期末余额－预付账款期初余额)－当期列入生产成本、制造费用的职工薪酬－当期列入生产成本、制造费用的折旧费和固定资产修理费

$$=800\,000+87\,000-(2\,600\,000-2\,499\,000)+(1\,100\,000-1\,000\,000)+(300\,000-300\,000)+(17\,160-17\,160)-399\,000-100\,000$$

$$=387\,000(\text{元})$$

上式中：

增值税进项税额＝增值税销项税额＋应交增值税减少额－增值税实际缴纳金额

＝增值税销项税额＋(应交税费减少额－应交所得税减少额)－增值税实际缴纳金额

$$=195\,000+[(40\,000-90\,000)-(105\,812-155\,812)]-108\,000$$

$$=87\,000(\text{元})$$

（3）支付给职工以及为职工支付的现金

＝生产成本、制造费用、管理费用中职工薪酬＋(应付职工薪酬期初余额－应付职工薪酬期末余额)

$$-\left[\begin{matrix}\text{应付职工薪酬}\\\text{(在建工程)期初余额}\end{matrix}-\begin{matrix}\text{应付职工薪酬}\\\text{(在建工程)期末余额}\end{matrix}\right]$$

=399 000+57 000+(130 000−186 000)

=400 000(元)

(4) $\begin{matrix}\text{支付的}\\\text{各项税费}\end{matrix}=\begin{matrix}\text{税金及}\\\text{附加}\end{matrix}+\begin{matrix}\text{实际缴纳的}\\\text{增值税}\end{matrix}+\begin{matrix}\text{实际缴纳的}\\\text{所得税}\end{matrix}$

=0+108 000+105 812=213 812(元)

(5) $\begin{matrix}\text{支付其他与}\\\text{经营活动有关的现金}\end{matrix}=\begin{matrix}\text{研发}\\\text{费用}\end{matrix}+\begin{matrix}\text{销售}\\\text{费用}\end{matrix}$

=50 000+50 000=100 000(元)

(6) $\begin{matrix}\text{收回投资}\\\text{收到的现金}\end{matrix}=\begin{matrix}\text{处置交易性金融资产}\\\text{收到的现金}\end{matrix}$

=20 000+2 000=22 000(元)

(7) $\begin{matrix}\text{取得投资收益}\\\text{收到的现金}\end{matrix}=\begin{matrix}\text{收到的}\\\text{股息收入}\end{matrix}=40\,000\text{(元)}$

(8) $\begin{matrix}\text{处置固定资产、无形资产}\\\text{和其他长期资产收回的现金净额}\end{matrix}=1\,000-500=500\text{(元)}$

(9) 购建固定资产、无形资产和其他长期资产支付的现金=119 000(元)

(10) 取得借款收到的现金=200 000(元)

(11) 偿还债务支付的现金=350 000(元)

(12) 分配股利、利润或偿付利息支付的现金=21 000(元)

编制现金流量表如表 13-12 所示。

表 13-12　现金流量表

企业名称：C 公司　　　　20×7 年 12 月　　　　单位：元

项目	本期金额	上期金额
一、经营活动产生的现金流量：		
销售商品、提供劳务收到的现金	1 344 000	
收到的税费返还		
收到其他与经营活动有关的现金		
经营活动现金流入小计	1 344 000	
购买商品、接受劳务支付的现金	387 000	
支付给职工以及为职工支付的现金	400 000	
支付的各项税费	213 812	
支付其他与经营活动有关的现金	100 000	
经营活动现金流出小计	1 100 812	

续表

项目	本期金额	上期金额
经营活动产生的现金流量净额	243 188	
二、投资活动产生的现金流量：		
收回投资收到的现金	22 000	
取得投资收益收到的现金	40 000	
处置固定资产、无形资产和其他长期资产收回的现金净额	500	
收到其他与投资活动有关的现金		
投资活动现金流入小计	62 500	
购建固定资产、无形资产和其他长期资产支付的现金	119 000	
投资支付的现金		
支付其他与投资活动有关的现金		
投资活动现金流出小计	119 000	
投资活动产生的现金流量净额	−56 500	
三、筹资活动产生的现金流量：		
吸收投资收到的现金		
取得借款收到的现金	200 000	
收到其他与筹资活动有关的现金		
筹资活动现金流入小计	200 000	
偿还债务支付的现金	350 000	
分配股利、利润或偿付利息支付的现金	21 000	
支付其他与筹资活动有关的现金		
筹资活动现金流出小计	371 000	
筹资活动产生的现金流量净额	−171 000	
四、汇率变动对现金及现金等价物的影响		
五、现金及现金等价物净增加额	15 688	
加：期初现金及现金等价物余额		
六、期末现金及现金等价物余额		

4.（1）计算甲公司 20×1 年度现金流量表中“经营活动产生的现金流量净额”项目的金额。

$$\text{经营活动产生的现金流量净额}=\text{净利润}+\text{资产减值损失和信用减值损失}+\text{固定资产折旧}-\text{公允价值变动收益}+\text{财务费用}$$

$-$投资收益 $+$ 递延所得税资产减少 $+$ 递延所得税负债增加 $+$ 存货的减少

$+$ 经营性应收项目的减少 $+$ 经营性应付项目的增加

＝8 000＋100＋1 000－200＋80－300＋(50－60)＋(50－40)

＋(9 000－8 000)＋(5 000－500)－(6 000－600)

＋(4 000－3 000)＋(200－100)

＝9 880(万元)

（2）计算甲公司 20×1 年度现金流量表中“投资活动产生的现金流量”部分“取得投资收益收到的现金”项目的金额。

取得投资收益收到的现金＝300＋100＋(200－300)＋(300－400)

＝200(万元)

第 14 章 资产负债表日后事项

学习指导

本章介绍资产负债表日后事项的会计处理。通过本章的学习，应当掌握资产负债表日后事项的性质与意义，会计准则对资产负债表日后事项的基本分类方法以及分类的依据；掌握资产负债表日后事项中的调整事项和非调整事项的具体会计处理方法。

本章的学习重点是调整事项与非调整事项的区分以及会计处理方法。学习难点是调整事项的会计处理。

资产负债表日后事项有的可能对企业报告期的财务状况、经营成果产生较大的影响；有的虽然与企业的报告期无关，但可能会影响财务报告的使用者做出正确的估计和决策。因此，对企业资产负债表日后发生的交易或事项进行调整或者予以披露是非常必要的。

资产负债表日后发生的调整事项，应当如同资产负债表所属期间发生的事项一样作出处理，并对资产负债表日已经编制的报表做相应的调整。要调整资产负债表、利润表及其他相关附表和现金流量表的补充资料，但不调整现金流量表的正表。

资产负债表日后发生的非调整事项，是表明资产负债表日后发生的情况的事项，不影响资产负债表日存在状况，不需要对资产负债表日编制的会计报表进行调整。但由于事项重大，如不加以说明，将会影响财务报告使用者做出正确估计和决策，因此，应在报表附注中加以披露。

练习题

一、名词解释

1. 资产负债表日后事项　　2. 调整事项

3. 非调整事项

二、判断题

第 14 章判断题即测即评

1. 资产负债表日至财务报告批准报出日之间发生的事项均为资产负债表日后事项。（　　）

2. 乙企业 20×1 年 12 月销售一批商品，经判断符合收入确认条件，企业确认了收入并结转了成本。在 20×2 年度财务报告批准报出之前的 20×3 年 1 月 10 日，乙企业收到退回的 20×1 年 12 月销售的商品。这一销售退回事项是资产负债表日后调整事项。（　　）

3. 对于资产负债表日后事项中的非调整事项，既不需要调整报告期的财务报表，也不需要进行披露。（　　）

4. 资产负债表日后调整事项调整的是报告年度财务报表相关项目，而会计政策变更、会计差错更正调整的是报告年度期初留存收益的影响数，以及财务报表其他相关项目的期初数。（　　）

5. 对于资产负债表日后事项中的调整事项与以前年度会计差错更正均可通过“以前年度损益调整”科目进行账务处理。（　　）

6. 资产负债表日后事项哪些是调整事项、哪些是非调整事项，取决于所涉及的情况在该企业的特定环境下是否已在资产负债表日或之前存在。同一性质的事项可以是调整事项，也可以是非调整事项。（　　）

三、单项选择题

第 14 章单项选择题即测即评

1. A 上市公司 20×6 年的年度财务报告于 20×7 年 2 月 15 日编制完成，注册会计师完成整个年度审计工作并签署审计报告的日期为 20×7 年 3 月 8 日，经董事会批准财务报告可以对外公布的日期为 20×7 年 3 月 10 日，但是在财务报告实际公布之前，即 20×7 年 3 月 12 日，A 公司 20×6 年 10 月销售的一批产品被购货方退回，此项销售退回对公司的经营成果影响很大，经调整或说明后的财务报告再经董事会批准的报出日期为 20×7 年 3 月 18 日，财务报告实际对外公布日期为 20×7 年 3 月 25 日，股东会召开日期为 20×7 年 5 月 6 日，则资产负债表日后事项涵盖的期间为（　　）。

A. 20×7 年 1 月 1 日至 20×7 年 3 月 10 日

B. 20×7 年 1 月 1 日至 20×7 年 5 月 6 日

C. 20×7 年 1 月 1 日至 20×7 年 3 月 25 日

D. 20×7 年 1 月 1 日至 20×7 年 3 月 18 日

2. A 企业 20×6 年 2 月 2 日销售一批商品给 B 企业，货款总计为 25 万元，双方约定在当年的 12 月 2 日结算货款。但 20×6 年 12 月 29 日 B 企业宣告破产，无法偿付欠款。“B 企业无法偿付 25 万元货款”这一事项，对于 A 企业 20×6 年年报来说（　　）。

A. 属于资产负债表日后事项中的调整事项

B. 属于资产负债表日后事项中的重要的非调整事项

C. 属于资产负债表日后事项中的不重要的非调整事项

D. 不属于资产负债表日后事项

3. 甲企业 20×6 年年度财务报告实际报出日为 20×7 年 3 月 10 日，甲企业 20×7 年 1 月 1 日至 20×7 年 3 月 10 日之间发生的以下事项中，属于调整事项的是（　　）。

A. 于 20×7 年 1 月 15 日经批准发行 3 年期债券 1 000 万元，面值 100 元，年利率 8%，总发行价格为 1 100 万元，并于 20×7 年 3 月 15 日发行结束

B. 20×7 年 2 月 20 日收到乙企业通知，乙企业由于发生火灾，烧毁了大部分厂房和设备，已无力偿付所欠 20×6 年 10 月购买甲企业产品的货款，货款总额为 200 万元

C. 20×7 年 3 月 1 日得到证实，甲企业的债务人丙公司在 20×6 年年末之前就已陷入财务困境，20×6 年年末对应收丙公司的账款计提的坏账准备不够

D. 20×7 年 1 月 23 日，经董事会决定，以 800 万元购买另外两家小型加工企业为其生产配件，使其成为甲企业的全资子公司，购买工作于 20×7 年 3 月 15 日结束

4. 下列有关资产负债表日后调整事项的会计处理的说法不正确的是（　　）。

A. 涉及损益的事项，通过“以前年度损益调整”科目核算。调整增加以前年度收益或调整减少以前年度亏损的事项，及其调整减少的所得税，记入“以前年度损益调整”科目的贷方；调整减少以前年度收益或调整增加以前年度亏损的事项，以及调整增加的所得税，记入“以前年度损益调整”科目的借方

B. 涉及利润分配调整的事项，直接在“利润分配——未分配利润”科目核算

C. 不涉及损益以及利润分配的事项，调整相关科目

D. 应同时调整资产负债表日编制的财务报表相关项目的年初数和当期编制的财务报表相关项目的年初数

5. 甲公司20×6年9月发现乙公司非法使用甲公司注册的一项专利权，致使甲公司发生重大经济损失。甲公司通过法律程序要求乙公司赔偿经济损失100万元。该诉讼案件在20×6年12月31日尚未判决，但是，根据乙公司律师的判断，乙公司败诉的概率为80%，赔偿的金额可能是80万～100万元，20×7年3月7日，经法院一审判决，乙公司需要偿付甲公司经济损失95万元，甲公司不再上诉，并假定赔偿款于20×7年4月7日已经支付。乙公司20×6年财务报告批准报出日为20×7年3月20日，财务报告实际报出日为20×7年3月26日，则下列说法中正确的是（　　）。

A. 乙公司20×6年12月31日编制资产负债表时应当记录90万元的其他应付款，并将该项赔偿款反映在20×6年12月31日的财务报表上

B. 乙公司20×7年3月7日之后，应当调整20×6年资产负债表和利润表相关项目的年初数

C. 乙公司20×7年3月7日之后，应当调整20×7年资产负债表和利润表相关项目的年初数

D. 乙公司应于20×7年4月7日支付赔偿款时调整20×6年资产负债表和利润表相关项目

6. 下列有关资产负债表日后董事会制定利润分配方案的说法正确的是（　　）。

A. 对于在资产负债表日后董事会制定的利润分配方案应当作为资产负债表日后调整事项进行处理

B. 资产负债表日后董事会制定的利润分配方案不属于资产负债表日后非调整事项，不进行会计处理

C. 对于在资产负债表日后董事会制定的利润分配方案中包含的现金股利，应当在实际发放时进行相应的会计处理，而不需要调整相关报表项目

D. 对于在资产负债表日后董事会制定的利润分配方案中包含的现金股利，应作为非调整事项在财务报告中适当披露该信息

四、多项选择题

1. 甲公司系增值税一般纳税人，所得税税率为25%，按净利润的10%提取法定盈余公积。20×9年4月甲公司销售给乙企业一批产品，价款为58 000元（含应向购货方收取的增值税额），乙企业于5月份收到所购物资并验收入库。按合同规定乙企业应于收到所购物资后一个月内付款。由于乙企业财务状况不佳，到20×9年12月31日仍未付款。甲公司于20×9年12月31日编制20×9年度财务报表时，已为该项应收账款提取坏账准备2 900元（假定坏账准备提取比例为5%）。该项

第14章多项选择题
即测即评

应收账款已列入 20×9 年 12 月 31 日的资产负债表的“应收账款”项目内。甲公司于 2×10 年 2 月 2 日收到乙企业通知，乙企业已进行破产清算，无力偿还所欠部分货款，预计甲公司可收回应收乙企业账款的 20%。甲公司在接到乙企业通知后，应调整 20×9 年度财务报表的相关项目，下列有关调整项目以及调整金额的说法正确的有（　　）。

A. 20×9 年度资产负债表中“应收账款”项目调减 43 500 元

B. 20×9 年度资产负债表中“应交税费”项目调减 10 875 元

C. 20×9 年度所有者权益变动表中“提取盈余公积”项目调减 3 480 元

D. 20×9 年度资产负债表中“未分配利润”项目调减 29 362.5 元

E. 20×9 年度利润表中“信用减值损失”项目调增 58 000 元

2. A 公司对 B 公司有一项长期股权投资，账面价值为 200 万元。20×6 年 11 月，A 公司得知 B 公司经营状况恶化，有可能导致其对 B 公司的长期股权投资未来可收回金额低于长期股权投资的账面价值，并且这种降低的价值在可预计的未来期间内不可能恢复，因此，A 公司在编制 20×6 年度财务报表时，为该项长期股权投资提取了长期股权投资减值准备 5 万元。20×7 年 3 月，A 公司获悉，B 公司的经营状况进一步恶化，其对 B 公司的股权投资最多可以收回 80 万元。对此，A 公司进行了会计处理，调整了财务报表相关项目，则关于 A 公司财务报表调整项目的说法正确的有（　　）。

A. 调整 20×7 年 3 月份资产负债表中“长期股权投资”项目的年初数

B. 调整 20×7 年 3 月份资产负债表中“未分配利润”项目的年初数

C. 调整 20×6 年度资产负债表中“长期股权投资”项目

D. 调整 20×6 年度利润表中“投资收益”项目

E. 调整 20×6 年度所有者权益变动表中“提取法定盈余公积”项目

3. 甲公司正式对外报出的 20×6 年度的财务报表中，资产负债表上“盈余公积”项目的年初数（　　）。

A. 可能不等于 20×5 年该科目的年末余额

B. 可能不等于 20×6 年 2 月份资产负债表上“盈余公积”项目的年初数

C. 可能不等于该公司正式对外报出的 20×5 年度资产负债表上的“盈余公积”项目的金额

D. 可能不等于 20×6 年 6 月份资产负债表上“盈余公积”项目的年初数

E. 可能不等于 20×6 年 8 月份资产负债表上“盈余公积”项目的年初数

4. 甲公司 20×6 年度财务报告批准报出日为 20×7 年 3 月 18 日，则甲公司下列事项中属于资产负债表日后事项中调整事项的有（　　）。

A. 20×6 年 8 月向乙公司销售商品一批，货款直到 20×6 年年末仍未收到，甲公司于 20×6 年年末按应收账款余额的 5%提取了坏账准备；到 20×7

年2月，甲公司收到通知，乙公司已破产，无法偿还所欠货款

B. 20×7年2月3日发行股票筹集资金3 000万元

C. 20×5年销售给丙公司一批货物，价款300万元，截至20×6年5月，丙公司仍未偿还该笔货款，20×6年10月甲公司将丙公司告上法庭，截至20×6年12月31日，法庭尚未宣判，但是，甲公司获胜的概率有60%；20×7年2月2日，法庭宣判甲公司胜诉，要求丙公司立刻归还甲公司的货款，20×7年2月26日，甲公司收到了丙公司归还的该笔货款

D. 甲公司拥有某外国公司（丁公司）18%的股权，投资成本1 200万元。丁公司的股票在国外的某家股票交易所上市交易，根据处理股权投资的会计原则，在编制20×6年12月31日的资产负债表时，甲公司对乙公司投资的账面价值按历史成本反映。20×7年1月，该国的政治变动造成丁公司的股票市场价值明显下跌，此外，还新增加了防止资产和盈利返还给外国投资者的限制。由于这些变动，甲公司断定不可能全部收回对丁公司的股权投资

E. 甲公司于20×3年从银行借入资金3 000万元。原债务条款规定，甲公司应于20×6年6月30日偿还贷款本金及应计利息。在20×6年后期，甲公司与银行协商，希望将该贷款的偿还期限延长至20×7年12月31日。在编制20×6年12月31日的资产负债表时，甲公司与银行延长贷款期限的协商正在进行中，所以甲公司将该贷款全部归为流动负债。20×7年2月，银行正式同意延长该贷款的期限至20×7年12月31日

5. 甲公司有一批库存商品，账面成本为200万元，2×09年12月31日，该批商品的可变现净值为180万元，低于其账面成本，并且这种降低的价值在可预计的未来期间内不可能恢复，因此，甲公司在编制2×09年财务报表时，为该批库存商品提取了存货跌价准备20万元。但是，由于国外倾销，致使该种商品的市场价格急剧下降，2×10年2月底，该批库存商品的可变现净值为100万元。甲公司2×09年财务报告批准报出日为2×10年3月30日。甲公司按净利润的10%提取法定盈余公积，所得税税率为25%，所得税核算采用资产负债表债务法，则下列有关说法中正确的有（　　）。

A. 这一事项表明，由于甲公司2×09年12月31日所掌握的情况不详而导致低估了存货跌价准备，资产负债表日后取得的新的证据证明原估计差错，因此，这一事项应作为调整事项

B. 2×09年资产负债表上“存货”项目调减80万元

C. 2×10年2月资产负债表上“盈余公积”项目的年初数调减6万元

D. 2×09年资产负债表上“未分配利润”项目调减54万元

E. 2×10年利润表上“资产减值损失”项目调减80万元

6. 丙公司 2×10 年 3 月 8 日召开公司董事会，董事会制定的利润分配方案如下：2×09 年实现净利润 500 万元，按 2×09 年实现净利润的 10%提取法定盈余公积，分派普通股现金股利 100 万元，并按照现有股本（1 000 万股）为基础每 10 股送 1 股（丙公司股票面值为 1 元，市价为 10 元）。该公司 2×09 年度财务报告批准报出日为 2×10 年 3 月 10 日，则下列说法中正确的有（　　）。

A. 2×09 年资产负债表上“盈余公积”项目调增 75 万元

B. 该事项为非调整事项

C. 2×10 年 3 月资产负债表上“未分配利润”项目年初数调减 175 万元

D. 2×09 年所有者权益变动表上“提取盈余公积”项目调增 50 万元

E. 不需要对 2×09 年度财务报表作任何调整

7. 乙公司 20×5 年 11 月销售给丙公司一批商品，销售价格 100 万元（不含应向购买方收取的增值税额），销售成本 60 万元，经判断符合收入确认条件，乙公司确认了收入并结转了成本；20×6 年 12 月 25 日乙公司接到丙公司通知，丙公司发现该批商品存在严重的质量问题需要退货。乙公司希望通过协商解决问题，并与丙公司协商解决办法。由于货款于 20×6 年 12 月 31 日尚未收到，乙公司在编制 20×5 年和20×6 年资产负债表时，将该应收账款（包括向购买方收取的增值税额）列示于资产负债表的“应收账款”项目内，公司按应收账款年末余额的 5%计提坏账准备。20×7 年 1 月 18 日双方协商未成，20×7 年 1 月 25 日，乙公司收到退回的 20×5 年 11 月销售的商品，以及购货方退回的增值税专用发票的发票联和税款抵扣联。乙公司按净利润的 10%提取法定盈余公积，所得税税率为 25%（假如该公司增值税税率为 13%，乙公司为增值税一般纳税人，不考虑其他税费因素），则下列说法中正确的有（　　）。

A. 20×6 年资产负债表上“应收账款”项目调减 1 073 500 元

B. 20×6 年利润表上“营业收入”项目调减 1 000 000 元

C. 20×6 年资产负债表上“存货”项目调增 600 000 元

D. 20×6 年资产负债表上“未分配利润”项目调减 231 862.5 元

E. 20×6 年资产负债表上“未分配利润”项目调减 360 000 元

8. 某股份有限公司 20×6 年度财务会计报告经注册会计师审计后，于 20×7 年 3 月 26 日批准报出。该公司对下列发生在 20×7 年 1 月 1 日至 3 月 25 日的事项的会计处理中，正确的有（　　）。

A. 20×5 年度销售的商品退回，原销售价格 500 000 元，成本 300 000 元。该公司冲减了 20×6 年度利润表上营业收入和营业成本等项目，并相应调整了资产负债表有关项目

B. 因应收账款坏账准备估计有误，20×6 年度少计利润 850 000 元，并按

规定补交了所得税 212 500 元。该公司在 20×6 年度利润表和资产负债表上作了相应调整，同时调增了现金流量表经营活动的现金流出 212 500 元

C. 获知 20×7 年 3 月 20 日某债务单位发生火灾，该公司应收账款中的450 000 元预计不能收回。该公司据此作为坏账损失，调整了 20×6 年度利润表、资产负债表的相关项目，并在财务报表附注中予以说明

D. 该公司 20×6 年 12 月份与甲企业发生经济诉讼事项，20×7 年 2 月 4 日经双方协商同意，由该公司当日支付给甲企业 80 000 元作为赔偿，甲企业撤回起诉。该公司于 20×7 年 2 月 5 日将此项应付赔偿款确认为 20×6 年度的损失，并调整了 20×6 年度的利润表、资产负债表相关项目，但未对现金流量表的有关项目进行调整

E. 该公司董事会于 20×7 年 3 月 20 日提出分派股票股利方案。该公司对该事项在财务报表附注中作了相关披露，但未调整财务报表相关项目的金额

五、会计核算题

1. 安民股份有限公司（以下简称安民公司）为上市公司，系增值税一般纳税人，适用的增值税税率为 13%。该公司按净利润的 10%计提法定盈余公积，20×6 年实现净利润 5 000 万元，20×6 年的财务报告于 20×7 年 3 月 10 日经批准对外报出。安民公司所得税采用资产负债表债务法进行核算，适用的所得税税率为 25%。

安民公司 20×7 年 1 月 1 日至 3 月 10 日发生如下事项：

(1) 20×7 年 2 月 1 日受台风袭击，企业基本生产车间毁坏，造成净损失 240 万元。

(2) 20×7 年 1 月，安民公司与其债权人进行协商以重组债务条款，债务总额为 500 万元。20×7 年 2 月，与债权人的协商得出结论，其结果是债务的 60%转换为安民公司的一定数量的普通股，并且降低剩余债务的利率。

(3) 安民公司 20×7 年 2 月 15 日向乙公司销售一批产品，但是，乙公司在验收时发现存在重大质量问题。20×7 年 3 月 8 日安民公司收到了乙公司退回的产品，同时收到退回的原开出的增值税专用发票。退回的产品已入库，其售价为 300 万元（不含增值税），销售成本为 120 万元。

(4) 安民公司 20×7 年 2 月 2 日收到乙公司通知，被告知乙公司已破产清算，估计该公司所欠安民公司的 130 万元账款只能收回 10%。该公司因长期经营不善，连续发生巨额亏损，20×6 年 12 月 31 日已资不抵债。安民公司在 20×6 年 12 月 31 日对该笔应收账款计提了 60%的坏账准备。

(5) 20×7 年 3 月 2 日，安民公司董事会确定提请批准的利润分配方案为：

1）按净利润的 25%提取盈余公积；2）分配现金股利 200 万元。

（6）20×7 年 3 月 5 日，安民公司持有的某一作为短期投资的股票市价下跌，该股票账面价值为 200 万元，现行市价为 180 万元。

要求：

（1）请分别指出上述事项中的资产负债表日后调整事项和非调整事项。

（2）编制与 20×6 年度财务报表有关的调整分录（要求写出相关科目的明细科目。涉及调整盈余公积内容的，应分别每笔事项编制调整分录，上述调整分录均不考虑所得税调整因素）。

2. 威远公司为上市公司，该公司 20×6 年度财务报告批准报出日为 20×7 年 3 月 22 日，实际报出日为 20×7 年 3 月 30 日，20×6 年该公司实现净利润 10 000 000 元。该公司在 20×6 年 12 月 31 日之后发生了如下事项：

（1）威远公司应收乙公司账款 1 200 000 元，按合同约定应在 20×6 年 11 月 10 日前偿还。20×6 年 12 月 31 日结账时威远公司尚未收到这笔应收账款，并已知乙公司财务状况不佳，近期内难以偿还债务，威远公司对该项应收账款提取 5%的坏账准备。20×7 年 2 月 22 日，威远公司收到乙公司通知，乙公司已宣告破产，无法偿付部分欠款。预计威远公司可收回应收账款的 50%。

（2）威远公司于 20×7 年 3 月 1 日收到了甲公司退回的商品，以及购货方退回的增值税专用发票的发票联和税款抵扣联。该批商品是于 20×6 年 4 月销售给甲公司的，销售价款 1 000 000 元（不含增值税），销售成本为 540 000 元，符合收入确认条件，威远公司于 20×6 年 4 月确认了收入并结转了成本，但是截至 20×6 年 12 月 31 日，威远公司未收到该笔货款。威远公司于 20×6 年底对该项应收账款提取了 5%的坏账准备。

（3）威远公司 20×7 年 3 月 4 日向其子公司销售一批产品，价款为 2 000 000 元。

（4）20×7 年 3 月 1 日，法院对威远公司和丁公司的一起经济纠纷案进行了一审判决，威远公司败诉，需赔偿丁公司经济损失 650 000 元，威远公司和丁公司均接受此判决，不再上诉。该起经济纠纷案的过程是：威远公司与丁公司签订的经济合同中定明，威远公司应于 20×6 年 8 月 2 日提供给丁公司一批商品，威远公司未按合同规定按时提供商品，致使丁公司发生经济损失，丁公司于 20×6 年 10 月起诉，要求威远公司赔偿违约经济损失 800 000 元。由于案件尚在审理过程中，并未作出最终判决，威远公司于 20×6 年 12 月 31 日根据当时的资料判断基本确定会败诉，估计赔偿金额为 600 000 元，并按此估计金额计入了损益。

（5）20×7 年 3 月 1 日，威远公司收到一家长期客户的通知，该客户由于 20×7 年 2 月 15 日发生火灾，损失严重，无法偿还应于 20×6 年 11 月 3 日到期的 200 000 元货款。

（6）威远公司于20×7年2月15日经批准增发普通股股票500万股，增发价格为每股18元，并于20×7年3月15日发行结束。

威远公司为增值税一般纳税人，适用的增值税税率为13%。所得税核算采用资产负债表债务法，所得税税率为25%。按净利润的10%提取法定盈余公积。

要求：

（1）指出威远公司发生的上述事项的性质。

（2）编制相关的会计分录，并说明威远公司在20×6年度的财务报表中哪些项目应做调整，并列示调整金额。

六、简答题

1. 什么是资产负债表日后事项？为什么要考虑资产负债表日后事项？

2. 请简要说明资产负债表日后事项与或有事项的关系。

3. 会计准则对资产负债表日后事项是如何分类的？为什么要这样分类？

4. 为什么资产负债表日后事项中重要的非调整事项只需在财务报表附注中进行披露，而不需要对财务报表相关数据进行调整？

5. 对于资产负债表日后事项中的调整事项，有哪些可能的会计处理方法？请做简要评述。我国现行会计准则对调整事项的会计处理是如何规定的？

练习题部分答案

一、名词解释

1. 资产负债表日后事项是指从年度资产负债表日至财务报告批准报出日之间发生的有利或不利事项。财务报告批准报出日是指董事会或类似机构批准财务报告报出的日期。

2. 调整事项是能够对资产负债表日或以前所发生的事项提供新的或进一步的证据，从而有助于对资产负债表日存在状况的有关金额作出重新估计的一种资产负债表日后事项。

3. 非调整事项是在资产负债表日后才发生或存在的、不影响资产负债表日存在状况，但如果不加以说明，将会影响财务会计报告使用者作出正确估计和决策的一种资产负债表日后事项。

二、判断题

1. × 2. √ 3. × 4. × 5. √

6. √

三、单项选择题

1. D 2. D 3. C 4. D 5. C

6. D

四、多项选择题

1. AD　2. ABCDE　3. ABCDE　4. ACE　5. ABCD
6. BE　7. ABCD　8. ADE

五、会计核算题

1. 经分析，事项（4）属于资产负债表日后调整事项；事项（1）、（2）、（3）、（5）、（6）属于资产负债表日后非调整事项。

对于事项（4）的调整分录如下：

应当补提的坏账准备＝130×90%－130×60%＝39(万元)

借：以前年度损益调整　390 000
　贷：坏账准备　390 000
借：递延所得税资产（390 000×25%）　97 500
　贷：以前年度损益调整　97 500
借：利润分配——未分配利润　292 500
　贷：以前年度损益调整　292 500
借：盈余公积　29 250
　贷：利润分配——未分配利润（292 500×10%）　29 250

2. 经分析，事项（1）、（2）、（4）属于资产负债表日后调整事项；事项（5）、（6）属于资产负债表日后非调整事项。

调整分录如下：

（1）事项（1）补提坏账准备的会计处理。

应补提的坏账准备＝1 200 000×50%－1 200 000×5%＝540 000(元)

借：以前年度损益调整　540 000
　贷：坏账准备　540 000

调整所得税的影响：

借：递延所得税资产（540 000×25%）　135 000
　贷：以前年度损益调整　135 000

将“以前年度损益调整”科目的余额转入利润分配：

借：利润分配——未分配利润　405 000
　贷：以前年度损益调整（540 000－135 000）　405 000

调整利润分配有关数字：

借：盈余公积　40 500
　贷：利润分配——未分配利润（405 000×10%）　40 500

20×6 年度资产负债表的调整为：坏账准备调增 540 000 元，递延所得税资产调增 135 000 元，盈余公积调减 40 500 元，未分配利润调减 364 500 元

（405 000×90%）。

20×6年度利润表及所有者权益变动表中的调整为：资产减值损失调增540 000元，所得税费用调减135 000元，未分配利润调减364 500元，提取盈余公积调减40 500元。

（2）事项（2）调整销售收入的会计处理。

借：以前年度损益调整　1 000 000
　　应交税费——应交增值税（销项税额）　130 000
　贷：应收账款　1 130 000

调整坏账准备余额：

借：坏账准备　56 500
　贷：以前年度损益调整　56 500

调整销售成本：

借：库存商品　540 000
　贷：以前年度损益调整　540 000

调整应交所得税：

借：递延所得税资产　100 875
　贷：以前年度损益调整（（1 000 000−540 000−56 500）×25%）　100 875

将“以前年度损益调整”科目余额转入利润分配：

借：利润分配——未分配利润　302 625
　贷：以前年度损益调整（1 000 000−540 000−56 500−100 875）　302 625

调整利润分配有关数字：

借：盈余公积　30 262.50
　贷：利润分配——未分配利润（302 625×10%）　30 262.50

20×6年度资产负债表的调整为：应收账款调减1 073 500元，存货调增540 000元，应交税费调减130 000元，递延所得税资产调增100 875元，盈余公积调减30 262.5元，未分配利润调减272 362.5元。

20×6年利润表及所有者权益变动表中的调整为：营业收入调减1 000 000元，营业成本调减540 000元，所得税费用调减100 875元，未分配利润调减272 362.5元，提取盈余公积调减30 262.5元。

（3）事项（4）支付赔偿款的会计处理。

借：以前年度损益调整　50 000
　贷：其他应付款　50 000

借：递延所得税资产　12 500
　贷：以前年度损益调整（50 000×25%）　12 500

借：利润分配——未分配利润　37 500
　贷：以前年度损益调整　37 500

借：盈余公积　　3 750

　贷：利润分配——未分配利润（37 500×10%）　　3 750

20×6 年度资产负债表的调整为：其他应付款调增 50 000 元，递延所得税资产调增 12 500 元，盈余公积调减 3 750 元，未分配利润调减 33 750 元。

20×6 年度利润表及所有者权益变动表中的调整为：营业外支出调增 50 000 元，所得税费用调减 12 500 元，未分配利润调减 33 750 元，提取盈余公积调减 3 750 元。

六、简答题

1. 所谓资产负债表日后事项，是指从年度资产负债表日至财务报告批准报出日之间发生的需要调整或说明的事项。在实际工作中，有些交易或事项是在资产负债表日以后、财务报告批准报出日之前发生的，而且这些交易或事项对会计主体报告期的财务状况、经营成果以及现金流量可能会产生较大的影响，或可能影响财务报告使用者做出正确的估计和决策。为了使财务报告的使用者能够全面客观地了解该会计主体的财务信息，就必须评价这些交易或事项，以确定这些交易或事项是否应调整将要报出的报告期的财务报告，还是仅仅在附注中进行说明即可，以便使用者能够获取与公布日最为相关的可以利用的信息。

2. 资产负债表日后事项与或有事项有很密切的关系，但也有区别。或有事项是指过去的交易或事项形成的一种状况，其结果须通过未来不确定事项的发生或不发生予以证实，如未决诉讼、债务担保等。在资产负债表日，或有事项的结果是不能够确定的，但是随着时间的推移，或有事项的结果最终可以确定。例如，未决诉讼在年末还没有判决之前就是一项或有事项。如果在财务报告报出前，法庭作出判决或律师修改其法律意见，该事项就成为应调整的资产负债表日后事项。

因此，或有事项与资产负债表日后事项是相关的。首先在资产负债表日，我们应根据《企业会计准则第 13 号——或有事项》来判断是否存在或有事项，以及应该为该或有事项所作的准备金额或可能带来的或有损失金额；若根据上述会计准则判断在资产负债表日存在或有事项，由此必须进一步考虑在资产负债表日后是否有相关的调整事项影响我们对资产负债表日或有事项的估计和判断。当或有事项确定下来并成为资产负债表日后事项时，则应根据《企业会计准则第 29 号——资产负债表日后事项》的要求，作出相应的会计处理或附注说明。

3. 在我国会计准则中，对资产负债表日后事项进行了如下的分类，即调整事项和非调整事项。

资产负债表日后调整事项，是指对资产负债表日已经存在的情况提供了新的或进一步证据的事项。如果资产负债表日及所属会计期间已经存在某种情况，但当时并不知道其存在或者不能知道确切结果，资产负债表日后发生的事项能够证实该情况的存在或者确切结果，则该事项属于资产负债表日后事项中的调整事项。调整事项能对资产负债表日的存在情况提供追加的证据，并会影响编制财务报表过程中的内在估计。

资产负债表日后非调整事项，是指表明资产负债表日后发生的情况的事项。非调整事项的发生不影响资产负债表日企业的财务报表数字，只说明资产负债表日后发生了某些情况。对于财务报告使用者而言，非调整事项说明的情况有的重要，有的不重要。其中重要的非调整事项虽然不影响资产负债表日的财务报表数字，但可能影响资产负债表以后的财务状况和经营成果，不加以说明将会影响财务报告使用者作出正确估计和决策，因此需要适当披露。

两种不同种类事项的性质，决定了会计准则对资产负债表日后事项的分类。

4. 资产负债表日后发生的非调整事项是属于应在新的会计年度的财务报表中反映的事项，因而不应对尚未报出的上年度财务报表进行调整，否则，会计年度的划分就失去了意义：上年度的资产负债表所反映的就不再是该公司上年 12 月 31 日的财务状况，利润表反映的也不再是截至上年 12 月 31 日的全年经营成果。虽然这些事项并不影响资产负债表日存在状况，但由于这些事项对公司的财务状况等可能有重大影响，又在上年度的财务会计报告的批准报出日之前已经发生，因而对重要的非调整事项需要在尚未报出的上年度财务报表附注中说明事项的内容、估计对企业财务状况与经营成果的影响，以便财务报告的使用者对企业的财务状况、经营成果作出正确的估计和决策。

5. 对于调整事项的处理，从具体操作来看，有两种可选方法：

（1）不调整财务报表上的相关数据，仅在财务报表附注中披露这些事项对财务报表相关项目预计产生的影响。赞同采用这一方法者认为，以财务报表附注或是其他方式披露这些事项，可以很好地反映财务报表的原貌以及有关财务报表项目估计的变化情况，没有必要再调整财务报表。

（2）调整财务报表的相关数据，以反映资产负债表日后事项的影响。赞同采用这一方法者认为，财务报表中列示的金额有很多是基于估计，而非准确的计量，它们受到项目分类、判断、分配等方面的影响，因而往往只是近似值。例如，企业需要估计固定资产的折旧年限、可能发生的产品保修费用、应收账款的可收回金额等。与此相关的实际结果往往要等到交易或事项结束才能最终确定，而相关交易或事项往往在资产负债表日后才结束。既然在资产负债表日后、财务会计报告报出之前出现了对原有估计的新的或进一步的证据，这些信息也应该为财务会计报告使用者所利用，为他们做出正确的判断提供相关可靠的依据。也就是说，调整事项表明资产负债表日所作的估计与事实存在一定的差距，既然取得了新的证据证明这种差异的存在，就应对根据资产负债表日存在状况编制的财务报表的相关数据进行调整，使对外公布的财务报表所估计的数字更加接近事实。

因此，这种调整财务报表相关数据的方法在国际上得到较广泛的运用。

我国现行的会计准则和会计制度也采用了第二种方法，我国《企业会计准则第 29 号——资产负债表日后事项》规定，资产负债表日后发生的调整事项，应当分别以下情况进行账务处理：

（1）涉及损益的事项，通过“以前年度损益调整”科目核算。调整增加以前年度收益或调整减少以前年度亏损的事项，及其调整减少的所得税，记入“以前年度损益调整”科目的贷方；调整减少以前年度收益或调整增加以前年度亏损的事项，以及调整增加的所得税，记入“以前年度损益调整”科目的借方。“以前年度损益调整”科目的贷方或借方余额，转入“利润分配——未分配利润”科目。

（2）涉及利润分配调整的事项，直接在“利润分配——未分配利润”科目核算。

（3）不涉及损益以及利润分配的事项，调整相关科目。

（4）通过上述账务处理后，还应同时调整财务报表相关项目的数字，包括资产负债表日编制的财务报表相关项目的数字及当期编制的财务报表相关项目的年初数。

教材练习题解析

（1）上述事项为资产负债表日后事项中的调整事项。

（2）会计处理如下：

借：以前年度损益调整	400 000	
贷：其他应付款		400 000
借：递延所得税资产	100 000	
贷：以前年度损益调整		100 000
借：利润分配——未分配利润	300 000	
贷：以前年度损益调整		300 000
借：盈余公积	30 000	
贷：利润分配——未分配利润		30 000

第 15 章 会计变更与差错更正

学习指导

本章介绍会计变更与差错更正的基本原理。通过本章的学习，应该理解会计变更与差错更正的基本概念与分类；掌握会计政策变更与会计估计变更的会计处理方法：追溯调整法与未来适用法；掌握前期差错更正的会计处理方法。

本章的学习重点与难点是会计政策变更与会计估计变更的区分，追溯调整法与追溯重述法的运用。

虽然会计变更与差错更正在性质上不同，但在会计处理方法上有相似之处。通过本章的学习，既要掌握现行会计准则的相关规定，更要从基本原理的角度思考和理解不同会计处理方法的运用对会计信息质量的可能影响。

《企业会计准则第 28 号——会计政策、会计估计变更和差错更正》明确规定，企业对会计估计变更应当采用未来适用法处理。会计估计变更仅影响变更当期的，其影响数应当在变更当期予以确认；既影响变更当期又影响未来期间的，其影响数应当在变更当期和未来期间予以确认。对于会计政策变更，原则上要采用追溯调整法。

会计差错可以分为当期差错和前期差错。《企业会计准则第 28 号——会计政策、会计估计变更和差错更正》规定，企业应当采用追溯重述法更正重要的前期差错，但确定前期差错累积影响数不切实可行的除外。

练习题

一、名词解释

1. 会计政策变更

2. 追溯调整法

3. 会计估计　　　　4. 未来适用法

5. 会计估计变更　　　　6. 前期差错

二、判断题

第 15 章判断题即测即评

1. 在我国，年度资产负债表日至财务报告批准报出日之间发现的报告年度的会计差错及前期差错，应按照《企业会计准则第 29 号——资产负债表日后事项》的规定处理。（　　）

2. 财务报告批准报出日之后发现的重要前期差错，如影响损益，应将其对损益的影响数调整发现当期的期初留存收益，财务报表其他相关项目的期初数也应一并调整；如不影响损益，应调整财务报表相关项目的期初数。（　　）

3. 资产负债表日后调整事项与会计政策变更、前期差错更正调整的都是报告年度期初留存收益的影响数，以及财务报表其他相关项目的期初数。（　　）

4. 会计政策变更的累积影响数，是对变更会计政策所导致的对净损益的累积影响，以及由此导致的对利润分配及未分配利润的累积影响金额，不包括分配的利润或股利。（　　）

5. 会计估计变更并不意味着原来的会计估计是错误的，它只是表明，由于情况发生变化，或者掌握了新的信息，积累了更多的经验，对原来的会计估计进行修正可以更好地反映企业的财务状况和经营成果。如果原来的会计估计是错误的，则属于会计差错，应按会计差错更正的规定进行会计处理。（　　）

6. 会计差错发生的会计期间不同，更正的要求与方法也可能不同。但是，对于本期发现的与前期相关的会计差错，更正的要求与方法是相同的。（　　）

7. 在编制比较财务报表时，对于比较财务报表期间的会计差错，应调整各该期间的净损益和其他相关项目，视同该差错在产生的当期已经更正；对于比较财务报表期间以前的会计差错，应调整比较财务报表最早期间的期初留存收益，财务报表其他相关项目的数字也应一并调整。（　　）

三、单项选择题

第 15 章单项选择题即测即评

1. 下列各项中，需要调整财务报表年初未分配利润项目的是（　　）。

A. 上年度财务报告报出后发生的销售退回

B. 本年度发生的关联交易

C. 本年度发现的重要的前期差错

D. 本年度发生的重要会计差错

2. 下列各项中，属于会计估计变更的是（　　）。

A. 对固定资产进行改良而延长其使用寿命 1 年

B. 坏账损失的核算方法由直接转销法改为备抵法

C. 由于减少投资使得长期股权投资的核算方法由成本法改为权益法

D. 将某电子设备的折旧年限由6年调整为5年

3. 按企业会计准则规定，年度财务报告报出日之后发现的影响损益的重要前期差错，应（　　）。

A. 作为本年度事项处理

B. 修改以前年度的账表

C. 不作处理

D. 调整发现当期的期初留存收益，财务报表其他相关项目的期初数也应一并调整

4. 下列各项中，不属于会计政策变更的是（　　）。

A. 由于执行新的会计准则，对子公司投资的会计处理由权益法改为成本法

B. 投资性房地产的计价由成本模式改为公允价值模式

C. 因增加投资而使长期股权投资的会计处理从成本法改为权益法

D. 根据新会计准则的规定，交易性金融资产的期末计价由成本与市价孰低法改为公允价值法

5. ABC公司于20×3年1月1日起计提折旧的管理用设备一台，价值84 000元，估计使用年限为8年，净残值为4 000元，按直线法计提折旧。至20×7年年初，由于新技术的发展等原因，需要对原估计的使用年限和净残值作出修正，修正后该设备的使用年限为6年，净残值为2 000元。如果对该设备一直没有计提减值准备，则20×7年年末该设备的累计折旧为（　　）元。

A. 61 000　　B. 62 000

C. 44 000　　D. 60 000

6. 下列会计差错中，既影响资产负债表又影响利润表的是（　　）。

A. 将一项长期借款记为短期借款

B. 将一项固定资产处理净损益计入投资收益

C. 固定资产少计提折旧

D. 将一项应收账款记为其他应收款

7. 甲公司在20×7年发现，20×6年已经出售的一批商品，没有结转销售成本1 000 000元，申报纳税时也没有扣除。甲公司适用的所得税税率为25%，所得税的会计处理采用资产负债表债务法。该公司按净利润的10%提取法定盈余公积，则下列说法中不正确的是（　　）。

A. 甲公司20×6年年末多计存货1 000 000元

B. 甲公司20×6年多计递延所得税负债250 000元

C. 甲公司20×6年多计净利润750 000元

D. 甲公司20×6年多提盈余公积75 000元

8. 某公司于 20×7 年发现 20×6 年应计入工程成本的利息费用 200 000 元，计入了 20×6 年度的损益。该公司按净利润的 10%提取盈余公积，适用的所得税税率为 25%，所得税核算采用资产负债表债务法。下列说法中不正确的是（　　）。

A. 该公司 20×7 年度资产负债表中“应交税费”项目年初数应调增 50 000 元

B. 该公司 20×7 年度利润表中“利润总额”项目上年数应调增 200 000 元

C. 该公司 20×7 年度利润表中“净利润”项目上年数应调增 150 000 元

D. 该公司 20×7 年度资产负债表中“未分配利润”项目年初数应调增 127 500 元

四、多项选择题

1. 甲企业 20×6 年发生下列事项，其中不属于会计估计变更的事项有（　　）。

第 15 章多项选择题
即测即评

A. 坏账准备由原按应收账款余额的 3%提取改按 5%提取

B. 固定资产折旧方法由直线法改为双倍余额递减法

C. 由于增加投资，长期股权投资核算由权益法改为成本法

D. 所得税会计处理由利润表债务法改为资产负债表债务法

E. 固定资产折旧年限由 10 年改为 6 年

2. 采用追溯调整法，需要做的工作有（　　）。

A. 在会计政策变更的当年采用新的会计政策

B. 在会计政策变更以后的年度采用新的会计政策

C. 计算变更当期期初的会计政策变更累积影响数

D. 重编以前年度的财务报表

E. 对变更年度资产负债表年初数和利润表上年数进行调整

3. 下列事项不属于会计政策变更的有（　　）。

A. 甲公司某项长期股权投资，原持股比例为 15%，采用成本法核算；后因追加投资，持股比例达到 25%，改按权益法核算

B. 甲公司某项固定资产原估计使用年限尚存 8 年，采用直线法计提折旧，因环境变化，重新估计的尚可使用年限为 3 年，折旧方法改为双倍余额递减法

C. 甲公司作为出租调整租赁资产的预计余值

D. 按新会计准则的规定，对子公司投资的会计处理由权益法改为成本法

E. 甲公司原按应收账款余额的 5%提取坏账准备，但是由于甲公司估计不能收回应收账款的比例已达 10%，因而改按应收账款余额的 10%提取坏账准备

4. 甲公司在 20×7 年发现，20×6 年漏记一项固定资产的折旧费用 300 000 元，但在所得税申报表中扣除了该项折旧，假设甲公司适用所得税税率为 25%，所得税会计处理方法采用资产负债表债务法，无其他纳税调整事项。该公司按净

利润的10%提取盈余公积，则下列说法中正确的有（　　）。

A. 甲公司20×6年年末固定资产多计300 000元

B. 甲公司20×6年多计所得税费用75 000元

C. 甲公司20×6年多计净利润225 000元

D. 甲公司20×6年多计递延所得税负债75 000元

E. 甲公司20×6年多提盈余公积22 500元

5. 乙公司于20×5年1月开始计提折旧的一台管理用新设备，原价200 000元，预计使用年限10年，净残值20 000元，采用直线法计提折旧。至20×7年年初，由于技术进步等原因，需要对原估计的使用年限和净残值作出修正，估计该设备的剩余使用年限为6年，净残值为2 000元。假定税法允许按变更后的折旧额在税前扣除，乙公司适用的所得税税率为25%，采用资产负债表债务法核算所得税，则下列说法中正确的有（　　）。

A. 乙公司从20×7年起按变更后的会计估计确定各年的应提折旧额，不必调整以前各年的折旧，也不计算会计估计变更的累积影响数，只需按变更后的会计估计确定以后各年的应提折旧额

B. 乙公司从20×7年起按变更后的会计估计确定各年的应提折旧额，需要调整以前各年的折旧，并计算会计估计变更的累积影响数

C. 乙公司20×7年会计估计变更的累积影响数为9 045元

D. 改变估计使用年限与净残值后，20×7年起该设备每年应计提折旧为27 000元

E. 乙公司编制20×7年资产负债表时，“固定资产”项目的年初数应当调减13 500元

6. 甲公司在20×7年3月3日发现20×5年6月漏记了管理人员工资15 000元（为一项非重要前期差错）。甲公司适用的所得税税率为25%，所得税按资产负债表债务法核算。该公司按净利润的10%提取盈余公积。甲公司20×6年财务报告批准报出日为20×7年3月15日，则下列说法中正确的有（　　）。

A. 甲公司应当编制的会计分录为：

借：管理费用	15 000	
贷：应付职工薪酬		15 000

B. 甲公司应当调整20×6年财务报表相关项目

C. 甲公司20×6年资产负债表上“盈余公积”项目应当调减1 125元

D. 甲公司20×6年利润表上“管理费用”项目上年数应当调增15 000元

E. 甲公司20×6年年末资产负债表上“未分配利润”项目应当调减10 125元

五、会计核算题

1. ABC股份有限公司20×3年12月3日购入设备一台，入账价值为1 500 000

元，购入后当即投入管理部门使用。对该设备从 20×4 年 1 月开始计提折旧，预计使用年限为 10 年，预计净残值为零，采用直线法计提折旧。

该设备自 20×7 年 1 月 1 日起，改按双倍余额递减法计提折旧。该公司适用的所得税税率为 25%，历年均按净利润的 10%提取盈余公积。

该公司所得税采用资产负债表债务法核算，按税法规定该设备应采用直线法计提折旧。

要求：假设该会计变更适用追溯调整法，请对其进行会计处理：

（1）填列 20×7 年 1 月 1 日该项会计变更的累积影响数计算表（见表 15-1）。

（2）对该项会计变更进行账务处理。

（3）填列 20×7 年度财务报表相关项目调整表（见表 15-2）。

表 15-1　20×7 年 1 月 1 日会计变更累积影响数计算表　　单位：元

年度	按直线法计提的折旧额	按双倍余额递减法计提的折旧额	所得税税前差异	所得税影响额	税后差异
20×4					
20×5					
20×6					
合计					

表 15-2　20×7 年度财务报表相关项目调整表　　单位：元

项目	上年数		年初数	
	调增	调减	调增	调减
固定资产	×	×		
盈余公积	×	×		
未分配利润	×	×		
递延所得税资产	×	×		
管理费用			×	×
所得税费用			×	×
年初未分配利润			×	×
提取盈余公积			×	×

2. 利达股份有限公司（以下简称利达公司）成立于 20×4 年 7 月 1 日，为增值税一般纳税人，适用的增值税税率为 13%；所得税核算采用资产负债表债务法，所得税税率为 25%；按净利润的 10%提取盈余公积。20×6 年财务报告批准报出日为 20×7 年 3 月 30 日。

20×7 年发生如下经济业务：

（1）考虑到技术进步因素，自 20×7 年 1 月 1 日起将一套办公自动化设备的预计使用年限改为 3 年。该套设备系 20×5 年 12 月 28 日购入，原价为 610 000

元，原预计使用年限为 6 年，预计净残值为 10 000 元，采用直线法计提折旧。按税法规定，该套设备的使用年限为 6 年，并按直线法计提折旧。

（2）公司 20×6 年 12 月 31 日前对坏账采用直接转销法核算，从 20×7 年 1 月 1 日起改按备抵法核算，按应收账款余额的 5%计提坏账准备。公司 20×4 年 12 月 31 日应收账款余额为 600 000 元，20×5 年 12 月 31 日应收账款余额为 1 000 000 元，20×6 年 12 月 31 日应收账款余额为 1 800 000 元；20×4 年和 20×5 年未发生坏账，20×6 年发生坏账 30 000 元。

（3）20×7 年 5 月 10 日，公司发现 20×6 年度的一项无形资产少摊销 1 000 元（对财务状况和经营成果影响不大）。

（4）公司 20×7 年 6 月 10 日发现，20×5 年漏记了行政管理部门使用的一项固定资产的折旧费用 200 000 元，所得税申报表中也没有包括这笔费用。该项业务对报表使用者阅读公司财务报告有重要影响。

（5）20×7 年年底发现，20×7 年 8 月份购入一批管理用低值易耗品，价款 16 000 元，误记为固定资产，至年底已提折旧 4 000 元计入管理费用。甲公司对低值易耗品采用领用时一次摊销的方法，至年底该批低值易耗品已被管理部门领用 50%。

（6）20×7 年年底发现 20×6 年 11 月 3 日销售的一批产品，符合销售收入确认条件，已经确认收入 400 000 元，销售成本 300 000 元尚未结转，但在计算 20×6 年度应纳税所得额时扣除该项销售成本。

要求：说明上述业务是会计政策变更还是会计估计变更，或者是前期差错更正。是否需要调整 20×7 年财务报表的年初数或上年数，如需调整请列示调整项目和调整金额，并编制相应的会计分录（不考虑所作分录对期末结转损益类科目的影响。涉及应交税费的，应写出明细科目）。

六、简答题

1. 按照我国企业会计准则的规定，企业应当如何在财务报表附注中披露重要的会计政策和会计估计？

2. 什么是会计政策变更？什么是会计估计变更？二者的主要区别是什么？区分二者有何意义？

3. 根据我国会计准则的规定，在什么条件下企业才可以变更会计政策？

4. 会计变更的会计处理方法有哪些？其适用条件如何？不同的会计处理方法对财务报表有何不同的影响？

5. 根据我国《企业会计准则第 28 号——会计政策、会计估计变更和差错更正》的规定，企业发生的会计政策变更应当如何进行会计处理？

6. 什么是会计差错？如何更正会计差错？

练习题部分答案

一、名词解释

1. 会计政策变更是指企业对相同的交易或事项由原来采用的会计政策改用另一会计政策的行为。

2. 追溯调整法是指对某类交易或事项变更会计政策时，要视同该类交易或事项初次发生时就采用了此次变更拟改用的新的会计政策，计算会计政策变更的累积影响数，据以对本期期初留存收益和相关财务报表项目以及比较财务报表中相关项目进行调整的方法。

3. 会计估计是指企业对其结果不确定的交易或事项以最近可利用的信息为基础所作的判断。

4. 未来适用法是指对某项交易或事项变更会计政策时，不进行追溯调整，只需将新的会计政策适用于变更当期及未来期间发生的交易或事项的方法。也就是不计算与确认会计政策变更的累积影响数。但根据披露要求，企业应计算确定会计政策变更对当期净利润的影响数。

5. 会计估计变更是指由于赖以进行会计估计的基础发生了变化，或者由于取得新的信息、积累更多的经验以及后来的发展变化，而对原来的会计估计所作的修正。

6. 前期差错是指没有运用或者错误运用下列两种信息，而对前期财务报表造成省略或者错报：（1）编报前期财务报表时预期能够取得并加以考虑的可靠信息；（2）前期财务报告批准报出时能够取得的可靠信息。前期差错通常包括计算错误、应用会计政策错误、疏忽或者曲解事实以及舞弊产生的影响以及存货、固定资产盘盈等。

二、判断题

1. ×　　2. √　　3. ×　　4. √　　5. √
6. ×　　7. √

三、单项选择题

1. C　　2. D　　3. D　　4. C　　5. A
6. C　　7. B　　8. D

四、多项选择题

1. CD　　2. ABCE　　3. ABCE　　4. ABCDE　　5. AD
6. BCDE

五、会计核算题

1.（1）累积影响数计算结果见表 15－3。

表15-3 20×7年1月1日会计变更累积影响数计算表 单位：元

年度	按直线法计提的折旧额	按双倍余额递减法计提的折旧额	所得税税前差异	所得税影响额	税后差异
20×4	150 000	300 000	150 000	37 500	112 500
20×5	150 000	240 000	90 000	22 500	67 500
20×6	150 000	192 000	42 000	10 500	31 500
合计	450 000	732 000	282 000	70 500	211 500

（2）进行相关的账务处理。

1）调整会计变更的累积影响数。

借：利润分配——未分配利润　211 500
　　递延所得税资产　70 500
　贷：累计折旧　282 000

2）调整利润分配。

借：盈余公积　21 150
　贷：利润分配——未分配利润（211 500×10%）　21 150

（3）ABC公司在编制20×7年度财务报表时，应当调减资产负债表“年初数”栏的留存收益，调增“年初数”栏递延所得税资产，调减“年初数”栏的固定资产，即调减盈余公积21 150元，调减未分配利润190 350元，调增递延所得税资产70 500元，调减固定资产282 000元。同时在利润表中“上年数”栏调增管理费用42 000元，调减利润总额42 000元，调减所得税费用10 500元，调减净利润31 500元，在所有者权益变动表中“上年数”栏调减提取盈余公积3 150元，调减年初未分配利润162 000元（(112 500+67 500)×90%），详见表15-4。

表15-4 20×7年度财务报表相关项目调整表 单位：元

项目	上年数		年初数	
	调增	调减	调增	调减
固定资产	×	×		282 000
盈余公积	×	×		21 150
未分配利润	×	×		190 350
递延所得税资产	×	×	70 500	
管理费用	42 000		×	×
所得税费用		10 500	×	×
年初未分配利润		162 000	×	×
提取盈余公积		3 150	×	×

2. 说明如下：

（1）此项业务属于会计估计变更。不需要调整 20×7 年财务报表的年初数和上年数。

原年折旧额＝(61－1)÷6＝10(万元)

已提折旧额＝10×1＝10(万元)

20×7 年应计提折旧额＝(61－1－10)÷(3－1)＝25(万元)

20×7 年编制会计分录：

借：管理费用　　250 000

　贷：累计折旧　　250 000

（2）此项经济业务属于会计政策变更，需要调整 20×7 年财务报表的年初数和上年数。其调整分录如下：

借：利润分配——未分配利润（60 000×0.75）　　45 000

　　递延所得税资产　　15 000

　贷：坏账准备　　60 000

借：盈余公积　　4 500

　贷：利润分配——未分配利润（45 000×10%）　　4 500

编制 20×7 年度财务报表时，资产负债表“年初数”栏的调整：递延所得税资产调增 15 000 元，盈余公积调减 4 500 元，坏账准备调增 60 000 元，未分配利润调减 40 500 元（45 000×90%）；

利润表“上年数”栏的调整：调增资产减值损失 10 000 元（(1 800 000－1 000 000)×5%－30 000），调减所得税费用 2 500 元（10 000×25%）。

所有者权益变动表“上年数”栏调整：年初未分配利润调减 33 750 元（50 000×75%×90%），提取盈余公积调减 750 元（10 000×75%×10%），未分配利润调减 40 500 元（45 000×90%或 33 750＋10 000×75%×90%）。

（3）此项业务属于与以前期间相关的非重要会计差错，不需要调整 20×7 年财务报表的年初数和上年数。20×7 年发现此项会计差错时应当编制会计分录：

借：管理费用　　1 000

　贷：累计摊销　　1 000

（4）此项业务属于重要前期差错。需要调整 20×7 年财务报表的年初数和上年数。

借：以前年度损益调整　　200 000

　贷：累计折旧　　200 000

借：应交税费——应交所得税　　50 000

　贷：以前年度损益调整　　50 000

借：利润分配——未分配利润　　150 000

　贷：以前年度损益调整　　150 000

借：盈余公积　　15 000

　贷：利润分配——未分配利润　　15 000

编制 20×7 年度财务报表时，资产负债表“年初数”栏的调整：固定资产调减（累计折旧调增）200 000 元，应交税费调减 50 000 元，盈余公积调减 15 000 元，未分配利润调减 135 000 元（150 000×90%）。

利润表“上年数”栏的调整：管理费用调增 200 000 元，所得税费用调减 50 000 元。

所有者权益变动表“上年数”栏的调整：年初未分配利润调减 135 000 元，年末未分配利润调减 135 000 元（150 000×90%）。

（注：由于该项会计差错发生在 20×5 年，因此，所有者权益变动表“上年数”栏只对年初未分配利润和年末未分配利润进行调整，其他项目不作调整。）

（5）此项业务属于本期发现的与本期相关的非重要会计差错，不需要调整 20×7 年财务报表的年初数和上年数。应当编制会计分录：

借：低值易耗品　　16 000

　贷：固定资产　　16 000

借：累计折旧　　4 000

　贷：管理费用　　4 000

借：管理费用　　8 000

　贷：低值易耗品　　8 000

（6）此项业务属于本期发现的重要的前期差错，需要调整 20×7 年财务报表的年初数和上年数。应当编制会计分录：

借：以前年度损益调整　　300 000

　贷：库存商品　　300 000

借：递延所得税负债　　75 000

　贷：以前年度损益调整　　75 000

借：利润分配——未分配利润　　225 000

　贷：以前年度损益调整　　225 000

借：盈余公积　　22 500

　贷：利润分配——未分配利润　　22 500

编制 20×7 年度财务报表时，资产负债表“年初数”栏的调整：存货调减 300 000 元，递延所得税负债调减 75 000 元，盈余公积调减 22 500 元（225 000×10%）。

利润表“上年数”栏的调整：营业成本调增 300 000 元，所得税费用调减 75 000 元。

所有者权益变动表“上年数”栏的调整：提取盈余公积金调减 22 500 元，未分配利润调减 202 500 元。

（注：由于 20×6 年度计算应纳税所得额时扣除了该项销售成本，而在计算会计利润时未扣除该项销售成本，因此，使得期末存货的账面价值比计税基础多 300 000 元，从而虚增递延所得税负债 75 000 元。）

六、简答题

1. 我国企业会计准则规定，企业应在其财务报表附注中披露采用的重要会计政策和会计估计。

（1）重要会计政策的说明。企业在发生某项经济业务时，需要从会计准则允许采用的会计处理方法中选择适合本企业特点的会计政策。例如，发出存货成本的确定是采用先进先出法、加权平均法，还是个别计价法等；固定资产折旧是采用年限平均法、年数总和法，还是双倍余额递减法等。企业在说明会计政策时还需要披露：1）财务报表项目的计量基础。财务报表项目是基于历史成本、重置成本、可变现净值、现值还是公允价值计量，会对报表使用者的分析产生重要影响，因而应当予以披露。2）会计政策的确定依据。主要是指企业在运用会计政策的过程中所作出的对报表项目的确认与计量最具影响力的判断。例如，企业是如何区分交易性金融资产与债权投资的。

（2）重要会计估计的说明。企业应当披露会计估计中所采用的关键假设和不确定因素的确定依据。例如，关于固定资产可收回金额的计算，需要披露预测未来现金流量所采用的假设及其依据、所选择的折现率的合理性等。

2. 会计政策变更是指企业对相同的交易或者事项由原来采用的会计政策改用另一种会计政策的行为。

会计估计变更是指由于资产和负债的当前状况及预期经济利益和义务发生了变化，从而对资产或负债的账面价值或者资产的定期消耗金额进行调整。

企业应当以变更事项的会计确认、计量基础和列报项目是否发生变更作为判断该变更是会计政策变更，还是会计估计变更的划分基础。企业可以采用以下具体方法划分会计政策变更与会计估计变更：分析并判断该事项是否涉及会计确认、计量基础选择或列报项目的变更，当至少涉及上述一项划分基础变更时，该事项是会计政策变更；不涉及上述划分基础变更时，该事项可以判断为会计估计变更。

区分会计政策变更和会计估计变更可以帮助我们确定相应的会计处理方法。

3. 在我国，按现行会计准则的规定，企业只有在符合下述两个条件之一的情况下才可以变更会计政策：

（1）法律或会计政策等行政法规、规章要求变更。由于实施了新的会计准则，或修订了原有的会计准则，要求变更会计政策。例如，由于实施《企业会计准则第2号——长期股权投资》而对对子公司的投资采用新的会计政策。

（2）变更会计政策能够使所提供的企业财务状况、经营成果和现金流量信息更为可靠、更为相关。例如，由于公司所在城市的房地产市场逐渐成熟，投资性房地产的公允价值数据越来越容易可靠地取得，公司对投资性房地产的会计处理由原来的成本模式改为公允价值模式，更能反映企业的财务状况和经营成果。

4. 会计变更的会计处理方法包括追溯调整法（追溯重述法）、当期法和未来适用法。

会计政策变更的会计处理方法可以根据情况选用追溯调整法、当期法或未来适用法；会计估计变更的会计处理一般采用未来适用法；会计差错变更的会计处理方法可以根据差错是否重要以及是否故意造成选用追溯调整法或未来适用法。

追溯调整法下，对于比较财务报表期间的会计政策变更，应调整各期间净损益各项目和财务报表其他相关项目，视同该政策在比较财务报表期间一直采用。对于比较财务报表可比期间以前的会计政策变更的累积影响数，应调整比较财务报表最早期间的期初留存收益，财务报表其他相关项目的数字也应一并调整。

当期法下，要计算会计政策变更的累积影响数，将其计入变更当期的损益，且不必调整比较财务报表数据，但为了使报表具有可比性，需要报告备考数据。现行会计准则不允许采用这种方法。

未来适用法下，不需要计算会计政策变更产生的累积影响数，也无须重编以前年度的财务报表。企业会计账簿记录及财务报表上反映的金额，变更之日仍保留原有的金额，不因会计政策变更而改变以前年度的既定结果，并在现有金额的基础上再按新的会计政策进行核算。

5. 根据我国《企业会计准则第28号——会计政策、会计估计变更和差错更正》的规定，企业发生会计政策变更，要分别下列具体情况进行相应的会计处理：

（1）企业依据法律或会计准则等行政法规、规章的要求变更会计政策的：1）如果国家发布了相关的会计处理办法，则按照国家发布的相关会计处理规定进行处理；2）如果国家没有发布相关的会计处理办法，而且会计政策变更的累积影响数能够合理确定，则采用追溯调整法进行会计处理。

（2）如果由于经济环境、客观情况发生变化，企业为了提供更可靠、更相关的有关企业财务状况、经营成果和现金流量等方面的会计信息而变更会计政策，而且会计政策变更的累积影响数能够合理确定，则应采用追溯调整法进行会计处理。

（3）如果会计政策变更的累积影响数不能合理确定，则无论因何种原因而变更会计政策，均采用未来适用法进行会计处理。

可见，在我国，企业会计政策变更的会计处理，除了在法律或会计准则等行政法规、规章要求企业变更会计政策，且国家发布了相关的会计处理办法的情况下，要按照国家发布的相关会计处理规定进行处理之外，企业只能根据具体情况确定应采用追溯调整法还是未来适用法，而不允许采用当期法。

6. 会计差错是指在会计确认、计量、记录等方面出现的错误，如抄写差错、对事实的疏忽和误解以及会计政策的误用。

更正会计差错的方法很难进行概括，因为会计差错的种类很多。对于每一项会计差错，都必须仔细分析，以便确定一项交易是如何被记录以及应该如何记录。从改错的账务处理来看，有两种可供选择的方法：(1) 编制一笔综合分录；(2) 首先将原有错误分录转回，然后编制正确分录。在实务中第一种方法比较常见。

教材练习题解析

1. 按照账龄分析法，20×6 年 12 月 31 日的坏账准备余额为：

$$1\,200\times10\%+200\times20\%+120\times40\%+80\times100\%=288(\text{万元})$$

所以应补提坏账准备 280 万元（288－8）。

调整分录如下：

借：利润分配——未分配利润	2 100 000	
递延所得税资产	700 000	
贷：应收账款——坏账准备		2 800 000
借：盈余公积	210 000	
贷：利润分配——未分配利润		210 000

2. (1) 20×7 年 B 公司采用未来适用法处理该项会计估计变更。按照原来的会计估计，办公楼每年的折旧额为 125 万元，至 20×7 年年初已计提 4 年折旧，累计已提折旧 500 万元，办公楼净值为 1 600 万元。

在未来适用法下，改变估计使用年限与净残值后，20×7 年办公楼应计提折旧额为：

$$(1\,600-60)/(12-4)=192.5(\text{万元})$$

编制会计分录如下：

借：管理费用	1 925 000	
贷：累计折旧		1 925 000

这项变更使得 20×7 年折旧增加 67.5 万元（192.5－125），20×7 年净利润减少 50.625 万元（67.5×(1－25%)）。

(2) 按照原来的会计估计，甲生产设备每年的折旧额为 240 万元，至 20×7

年年初已计提 1.5 年折旧，累计已提折旧 360 万元，办公楼净值为 840 万元。

在未来适用法下，改变折旧方法后，20×7 年甲生产设备应计提折旧为：

$$840\times3.5/(3.5+2.5+1.5+0.5)=367.5(\text{万元})$$

编制会计分录如下：

借：管理费用　　3 675 000

　贷：累计折旧　　3 675 000

这项变更使得 20×7 年折旧增加 127.5 万元（367.5－240），20×7 年净利润减少 95.625 万元（127.5×(1－25%)）。

3.（1）调整分录如下：

1）无形资产入账。

借：无形资产　　16 000 000

　贷：以前年度损益调整　　16 000 000

2）补提摊销。

借：以前年度损益调整　　2 400 000

　贷：累计摊销　　2 400 000

3）调整所得税。

借：以前年度损益调整　　3 400 000

　贷：应交税费——应交所得税　　3 400 000

4）将“以前年度损益调整”科目的余额转入利润分配。

借：以前年度损益调整　　10 200 000

　贷：利润分配——未分配利润　　10 200 000

5）调整利润分配有关数字。

借：利润分配——未分配利润　　1 020 000

　贷：盈余公积　　1 020 000

（2）第一笔差错不需调整，第二笔差错调整如下：

借：其他业务收入　　4 000 000

　贷：以前年度损益调整　　1 000 000

　　　其他业务成本　　3 000 000

借：以前年度损益调整　　250 000

　贷：应交税费——应交所得税　　250 000

借：以前年度损益调整　　750 000

　贷：利润分配——未分配利润　　750 000

借：利润分配——未分配利润　　75 000

　贷：盈余公积　　75 000

模拟试卷一

一、名词解释（每小题 3 分，共 12 分）

1. 可变现净值　　2. 库存股

3. 投资性房地产　　4. 可抵扣暂时性差异

二、判断题（每小题 1 分，共 10 分）

1. 企业购入交易性金融资产支付的交易费用，应计入该金融资产成本。（　）

2. 企业确认的存货跌价准备，应在存货耗用或出售时与其成本一并结转，计入相关成本费用。（　）

3. 形成非同一控制下企业控股合并的长期股权投资，购买方应按照被购买方可辨认净资产的公允价值和持股比例确认投资成本。（　）

4. 企业建造厂房购入的土地使用权，应计入厂房的成本。（　）

5. 企业自用的房地产转换为以公允价值模式进行后续计量的投资性房地产，转换日其公允价值高于账面价值的差额，应计入其他综合收益。（　）

6. 在发行债券的交易费用冲减了应付债券账面价值的情况下，应付债券的市场利率和实际利率会有所不同。（　）

7. 企业分派股票股利，既不影响企业的资产和负债，也不影响企业的所有者权益总额，但影响企业所有者权益的结构。（　）

8. 投资收益、公允价值变动收益和其他综合收益均属于利润总额的构成内容。（　）

9. 年度资产负债表日至财务报告批准报出日之间发生的、不影响资产负债表日存在状况的事项，均不属于资产负债表日后事项。（　）

10. 企业支付的费用化的一般借款利息支出，属于经营活动的现金流出。（　）

三、单项选择题（每小题 1 分，共 10 分）

1. 下列关于期末计提坏账准备的表述中，正确的是（　　）。

A. 期末估计的坏账损失数额大于“坏账准备”科目贷方余额的差额，应计入当期资产减值损失

B. 期末估计的坏账损失数额小于“坏账准备”科目贷方余额的差额，应计入当期资产减值损失

C. 期末估计的坏账损失数额大于“坏账准备”科目贷方余额的差额，应冲减当期资产减值损失

D. 期末估计的坏账损失数额大于“坏账准备”科目借方余额的差额，应冲减当期资产减值损失

2. 某企业 20×3 年 1 月 1 日溢价购入 4 年期债券，划分为债权投资。该债券面值为 100 000 元，票面利率为 5%，到期一次还本付息。购买时，该企业实际支付价款 101 000 元，另支付手续费等 800 元。假定该企业于每年年末确认投资收益。该债券投资的实际利率为（　　）。

A. 4.2%　　B. 4.4%　　C. 4.7%　　D. 5%

3. 某项固定资产采用双倍余额递减法计提折旧，预计净残值率为 5%，折旧年限为 10 年。如果在采用年限平均法计提的折旧额大于双倍余额递减法计提的折旧额的年份，改为按年限平均法计提折旧，则改变折旧方法的年份是（　　）。

A. 第 6 年　　B. 第 7 年　　C. 第 8 年　　D. 第 9 年

4. 下列各项中，应视同销售确认增值税销项税额的是（　　）。

A. 购进的货物用于集体福利　　B. 购进的货物用于免税项目

C. 购进的货物用于对外投资　　D. 购进的货物发生非正常损失

5. 下列各项中，不应计入一般纳税人收回委托加工物资成本的是（　　）。

A. 支付的运输费　　B. 支付的加工费

C. 准备直接出售支付的消费税　　D. 准备继续加工支付的消费税

6. 甲公司 20×1 年营业成本为 1 000 万元，存货期初数为 300 万元，期末数为 400 万元，未发生存货跌价损失，增值税进项税额为 187 万元。据此计算，甲公司 20×1 年现金流量表“购进商品、接受劳务支付的现金”项目的金额为（　　）万元。

A. 1 000　　B. 1 087　　C. 1 187　　D. 1 287

7. 甲公司 20×1 年 1 月 1 日借入专门借款 10 000 万元，用于购建固定资产；2 月 1 日，工程开工并支付工程款 2 000 万元；4 月 1 日，由于与施工方发生纠纷，导致工程暂时停工；8 月 1 日，双方达成协议，工程恢复开工；11 月 30 日，工程完工办理竣工结算，并支付工程款 7 000 万元。据此计算，甲公司 20×1 年借款费用资本化的月数为（　　）个月。

A. 6　　B. 7　　C. 10　　D. 11

8. 下列各项在财务报告批准报出前发生的事项中，属于资产负债表日后非调整事项的是（　　）。

A. 上年度销售的商品退回

B. 上年度接受捐赠的固定资产尚未入账

C. 上年度未决诉讼的判决结果与估计数不一致

D. 上年度应收账款由于债务方发生自然灾害无法收回

9. 甲公司 20×1 年 12 月 31 日建造的一座核电站达到预定可使用状态并投入使用，累计发生的资本化支出为 300 000 万元。当日，甲公司预计在该核电站报废时为恢复环境将发生弃置费用 13 000 万元，其现值为 10 000 万元。据此计算，该核电站的入账价值为（　　）万元。

A. 300 000　　B. 310 000　　C. 313 000　　D. 323 000

10. 下列金融资产中，公允价值与账面价值的差额应记入“其他综合收益”科目的是（　　）。

A. 交易性金融资产　　B. 贷款与应收款项

C. 债权投资　　D. 其他权益工具投资

四、多项选择题（每小题 2 分，共 10 分）

1. 下列各项中，属于确定原材料可变现净值需要考虑的因素有（　　）。

A. 原材料的成本

B. 原材料的市场价格

C. 原材料加工成产成品的预计销售价格

D. 原材料加工成产成品预计发生的加工费用

E. 原材料加工成产成品后预计发生的销售费用

2. 下列各项中，属于资产负债表存货项目的有（　　）。

A. 在途物资　　B. 工程物资

C. 发出商品　　D. 生产成本

E. 受托加工物资

3. 下列资产发生减值后，确认的减值损失不得转回的有（　　）。

A. 其他债权投资　　B. 其他权益工具投资

C. 长期股权投资　　D. 在建工程

E. 存货

4. 下列各项中，属于营业收入的有（　　）。

A. 出售原材料取得的收入　　B. 出售投资性房地产取得的收入

C. 出租投资性房地产取得的收入　　D. 出售固定资产取得的收入

E. 出租固定资产取得的收入

5. 下列各项土地使用权中，应单独确认为无形资产的有（　　）。

A. 用于出租的土地使用权　　B. 用于自建房屋的土地使用权
C. 用于建设绿地的土地使用权　　D. 用于建造商品房的土地使用权
E. 用于增值后出售的土地使用权

五、计算及账务处理题（第1、2小题10分，第3小题14分，共34分）

1. 甲公司为增值税一般纳税人，销售货物适用的增值税税率为13%。发生的有关固定资产的业务如下：

（1）20×1年6月30日，购入一台不需要安装的机器设备，不含增值税的价款为500 000元，增值税65 000元；不含增值税的运费为1 860元，增值税167元；合计567 027元，以银行存款支付。

（2）该机器设备的预计使用年限为5年，采用双倍余额递减法计提折旧，预计净残值为17 000元。

（3）20×2年12月31日，该机器设备发生减值，可收回金额为200 000元，折旧年限和预计净残值不变。

（4）20×4年4月30日，将该机器设备出售，不含增值税的价款为100 000元，增值税13 000元，款项收到存入银行。

要求：根据上述资料，进行以下会计处理。

（1）编制购入机器设备的会计分录。

（2）分别计算20×1年和20×2年计提的折旧。

（3）编制20×2年年末计提固定资产减值准备的会计分录。

（4）分别计算20×3年和20×4年计提的折旧。

（5）编制固定资产出售的会计分录。

2. 甲公司为增值税一般纳税人，销售货物适用的增值税税率为13%。20×1年发生的有关商品销售业务如下：

（1）1月1日，采用分期收款方式销售A商品10件，不含增值税的价款为3 000万元，客户收到商品；合同规定分三次收款，收款日期为20×1年12月31日、20×2年12月31日和20×3年12月31日；该批商品的现销价格为2 723万元，实际利率为6%，总成本为2 200万元；甲公司在20×1年12月31日收取货款1 130万元，并开具增值税专用发票。

（2）2月15日，销售B商品100件，价款为1 000万元，增值税销项税额为130万元，总成本为800万元，规定30天内可以无条件退货，已开具增值税专用发票。甲公司根据以往经验，估计退货率为10%。3月10日，购货方退回B商品11件，其余商品未退货，甲公司开出红字增值税专用发票，退回价款110万元，增值税14.3万元。

要求：根据以上资料，逐笔编制相关的会计分录（列出计算过程，金额以万元表示）。

3. 甲公司为增值税一般纳税人，销售货物适用的增值税税率为 13%，销售不动产适用的增值税税率为 9%，不考虑其他税费。发生有关长期股权投资的业务如下：

（1）20×1 年 1 月 1 日，以货币资金、一栋房屋和一批库存商品对乙公司进行长期股权投资，占乙公司 40%股权，采用权益法核算。甲公司投出货币资金 3 000 万元；投出房屋的原值为 2 000 万元，累计折旧为 1 000 万元，不含增值税的公允价值为 1 800 万元，增值税为 162 万元；投出库存商品的成本为 800 万元，不含增值税的公允价值为 1 000 万元，增值税为 130 万元。乙公司 20×1 年 1 月 1 日接受甲公司投资后可辨认净资产账面价值为15 000 万元，公允价值为16 000 万元，差额全部为固定资产的价值差额（假定固定资产采用直线法计提折旧，剩余平均折旧年限为 20 年，不考虑净残值）。

（2）20×1 年 5 月 10 日，乙公司宣告分派现金股利 1 000 万元。

（3）20×1 年 5 月 20 日，甲公司收到乙公司分派的现金股利，存入银行。

（4）20×1 年乙公司实现净利润 200 万元。

（5）20×1 年乙公司其他综合收益增加 300 万元。

（6）20×2 年乙公司发生亏损 15 500 万元。

（7）20×3 年乙公司实现净利润 300 万元。

要求：根据以上资料，逐笔编制相关的会计分录（列出计算过程，金额以万元表示）。

六、简答题（每小题 8 分，共 24 分）

1. 简述固定资产折旧的直线法和加速折旧法的优缺点。
2. 简述负债与所有者权益的主要区别。
3. 简述成本、费用、支出的关系。

模拟试卷一参考答案

一、名词解释（每小题 3 分，共 12 分）

1. 可变现净值是指资产按照其正常对外销售所能收到现金或者现金等价物的金额扣减该资产至完工时估计将要发生的成本、估计的销售费用以及相关税费后的金额。

2. 库存股是公司已发行但由于各种原因又回到公司手中，为公司所持有的股票。公司的库存股主要有：经批准减资而收回的股票、日后还要再发行而收回的股票等。尚未发行的股票，不属于库存股。

3. 投资性房地产是指为赚取租金或资本增值，或两者兼有而持有的房地产，主要包括：已出租的建筑物、已出租的土地使用权、持有并准备增值后转让的土地使用权等。

4. 可抵扣暂时性差异是指在确定未来收回资产或清偿负债期间的应纳税所得额时，将导致产生可抵扣金额的暂时性差异。具体来说，资产的账面价值小于其计税基础或者负债的账面价值大于其计税基础，将产生可抵扣暂时性差异。

二、判断题（每小题 1 分，共 10 分）

1. ×	2. √	3. ×	4. ×	5. √
6. √	7. √	8. ×	9. ×	10. ×

三、单项选择题（每小题 1 分，共 10 分）

1. A	2. A	3. B	4. C	5. D
6. D	7. A	8. D	9. D	10. D

四、多项选择题（每小题 2 分，共 10 分）

1. CDE	2. ACD	3. BCD	4. ABCE	5. BC

五、计算及账务处理题（第1、2小题10分，第3小题14分，共34分）

1. 该公司的会计处理如下：

（1）编制购入机器设备的会计分录。

固定资产入账价值＝500 000＋1 860＝501 860(元)

增值税进项税额＝65 000＋167＝65 167(元)

借：固定资产　　501 860
　　应交税费——应交增值税（进项税额）　　65 167
　贷：银行存款　　567 027

（2）分别计算20×1年和20×2年计提的折旧。

20×1年折旧＝501 860×2/5÷2＝100 372(元)

20×2年折旧＝501 860×2/5÷2＋501 860×(1－2/5)×2/5÷2
＝160 595(元)

（3）编制20×2年年末计提固定资产减值准备的会计分录。

机器设备账面价值＝501 860－100 372－160 595＝240 893(元)

机器设备减值损失＝240 893－200 000＝40 893(元)

借：资产减值损失　　40 893
　贷：固定资产减值准备　　40 893

（4）分别计算20×3年和20×4年计提的折旧。

20×3年折旧＝200 000×2/5＝80 000(元)

20×4年折旧＝(200 000－80 000)×2/5×4/12＝16 000(元)

（5）编制固定资产出售的会计分录。

机器设备累计折旧＝100 372＋160 595＋80 000＋16 000＝356 967(元)

机器设备减值准备＝40 893(元)

机器设备账面价值＝501 860－356 967－40 893＝104 000(元)

借：银行存款　　113 000
　贷：固定资产清理　　100 000
　　　应交税费——应交增值税（销项税额）　　13 000

借：固定资产清理　　104 000
　　累计折旧　　356 967
　　固定资产减值准备　　40 893
　贷：固定资产　　501 860

借：资产处置损益　　4 000
　贷：固定资产清理　　4 000

2. 该公司编制的会计分录如下（单位：万元）：

（1）20×1年1月1日销售A商品。

借：长期应收款　3 390
　贷：主营业务收入　2 723
　　未实现融资收益　277
　　应交税费——待转销项税额　390

借：主营业务成本　2 200
　贷：库存商品　2 200

20×1年12月31日收取货款：

借：银行存款　1 130
　贷：长期应收款　1 130

借：应交税费——待转销项税额　130
　贷：应交税费——应交增值税（销项税额）　130

未实现融资收益摊销额=(3 390－390－277)×6%=163(万元)

借：未实现融资收益　163
　贷：财务费用　163

（2）20×1年12月30日。

确认主营业务收入=1 000×90%=900(万元)

确认合同负债=1 000×10%=100(万元)

借：银行存款　1 130
　贷：主营业务收入　900
　　合同负债　100
　　应交税费——应交增值税（销项税额）　130

确认主营业务成本=800×90%=720(万元)

确认发出商品=800×10%=80(万元)

借：主营业务成本　720
　　发出商品　80
　贷：库存商品　800

20×1年3月10日退货：

借：合同负债　100.00
　　主营业务收入　10.00
　　应交税费——应交增值税（销项税额）　14.30
　贷：银行存款　124.30

借：库存商品　88
　贷：主营业务成本　8
　　发出商品　80

3. 该公司编制的会计分录如下（单位：万元）：

（1）初始投资成本＝3 000＋1 800＋162＋1 000＋130＝6 092(万元)

享有份额＝16 000×40%＝6 400(万元)

调整差额收益＝6 400－6 092＝308(万元)

借：长期股权投资——投资成本	6 092	
贷：银行存款		3 000
固定资产清理		1 800
主营业务收入		1 000
应交税费——应交增值税（销项税额）		292
借：固定资产清理	1 000	
累计折旧	1 000	
贷：固定资产		2 000
借：固定资产清理	800	
贷：资产处置损益		800
借：主营业务成本	800	
贷：库存商品		800
借：长期股权投资——投资成本	308	
贷：营业外收入		308

（2）冲减长期股权投资＝1 000×40%＝400(万元)

借：应收股利	400	
贷：长期股权投资——损益调整		400

（3）收到股利。

借：银行存款	400	
贷：应收股利		400

（4）确认投资收益＝(200－1 000/20)×40%＝60(万元)

借：长期股权投资——损益调整	60	
贷：投资收益		60

（5）确认其他综合收益＝300×40%＝120(万元)

借：长期股权投资——其他权益变动	120	
贷：其他综合收益		120

（6）投资账面价值＝6 140＋260－400＋60＋120＝6 180(万元)

未确认损失＝(15 500＋1 000/20)×40%－6 180＝40(万元)

借：投资收益　　6 180
　贷：长期股权投资——损益调整　　6 180

（7）确认投资收益=(300－1 000/20)×40%－40=60(万元)

借：长期股权投资——损益调整　　60
　贷：投资收益　　60

六、简答题（每小题8分，共24分）

1. 采用直线法计提折旧，固定资产的转移价值平均摊配于其使用的各个会计期间或完成的工作量，优点是使用方便，易于理解。但是，这种方法没有考虑固定资产使用过程中相关支出摊配于各个会计期间或完成的工作量的均衡性。因为随着固定资产使用时间的推移，其磨损程度也会逐渐增加，使用后期的维修费支出将会高于使用前期的维修费支出，即使各个会计期间或单位工作量负担的折旧费相同，各个会计期间或单位工作量负担的固定资产使用成本（折旧费与维修费之和）也会不同。

采用加速折旧法计提折旧，克服了直线法的不足。因为这种方法前期计提的折旧费较多而维修费较少，后期计提的折旧费较少而维修费较多，从而保持了各个会计期间负担的固定资产使用成本的均衡性。此外，由于这种方法前期计提的折旧费较多，能够使固定资产投资在前期较多地收回，在税法允许将各种方法计提的折旧费作为税前费用扣除的前提下，还能够减少前期的所得税额，符合谨慎性原则。但是，在固定资产各期工作量不均衡的情况下，这种方法可能导致单位工作量负担的固定资产使用成本不够均衡。此外，由于这种方法不适宜采用分类折旧方式，在固定资产数量较多的情况下，计提折旧的工作量较大。

2. 负债与所有者权益的主要区别有：

（1）性质不同。负债是企业对债权人负担的经济责任，债权人有优先获取企业用以清偿债务的资产的要求权；所有者权益则是所有者对剩余资产的要求权，这种要求权在顺序上置于债权人的要求权之后。

（2）权利不同。债权人只有获取企业用以清偿债务的资产的要求权，而没有经营决策的参与权和收益分配权；所有者则可以参与企业的经营决策及收益分配。

（3）偿还期限不同。企业的负债通常都有约定的偿还日期；所有者权益在企业的存续期内一般不存在抽回问题，即不存在约定的偿还日期，是企业的一项可以长期使用的资金，只有在企业清算时才予以偿还。

（4）风险不同。债权人获取的利息一般是按一定利率计算、预先可以确定的固定数额，企业不论盈利与否均应按期付息，风险较小；所有者获得多少收益，则视企业的盈利水平及经营政策而定，风险较大。

（5）计量不同。负债必须在发生时按照规定的方法单独予以计量；所有者权益则不必单独计量，而是对资产和负债计量以后形成的结果。

3. 成本是指为了取得资产或达到特定目的而实际发生或应发生的价值牺牲，是一种对象化的耗费。费用是指会计期间内经济利益的减少，其表现形式为资产减少或负债增加而引起的所有者权益减少，但不包括与所有者分配有关的资产减少或负债增加，是一种期间化的耗费。支出是指由于耗费引起的各项资产的减少，包括偿债性支出、成本性支出、费用性支出和权益性支出。

支出与费用、成本之间的关系可以概括为：支出是指资产的减少，不仅包括费用性支出和成本性支出，还包括其他各项支出；费用是一种引起利润减少的耗费，费用性支出形成费用，然而费用中还包括未形成支出的耗费，如预提的利息费用等；成本是一种对象化的耗费，成本支出形成成本，然而成本中也包括未形成支出的耗费，如生产车间预提的固定资产修理费等。

模拟试卷二

一、名词解释（每小题3分，共12分）

1. 股票股利　　2. 长期股权投资的权益法

3. 可转换公司债券　　4. 追溯调整法

二、判断题（每小题1分，共10分）

1. 我国企业会计准则规定，一般企业对外销售商品或提供劳务形成的应收债权，通常应按合同规定的总价款作为初始确认金额，不考虑可变对价。（　）

2. 存货采购成本包括购货价格、相关税费以及可直接归属于存货采购成本的运输费、装卸费、保险费等其他费用。（　）

3. 不论采用何种方法计提折旧，固定资产使用期满时，其账面净值均应为预计净残值。（　）

4. 企业购入房屋实际支付的增值税进项税额，经税务部门认证后，不得在当期一次性抵扣。（　）

5. 企业回购本公司已经在外发行的股票应以“库存股”科目核算。（　）

6. 企业原确认的债权投资，在业务管理模式发生变化以后，可以重分类为交易性金融资产。（　）

7. 企业以备抵法核算应收账款坏账准备的情况下，计提坏账并不意味着企业放弃了其追索权。（　）

8. 现金股利和股票股利都是投资企业的报酬，因此均应确认投资收益。（　）

9. 对于购建固定资产发生的专门借款利息支出，在达到预定可使用状态前发生的，应予以资本化，将其计入固定资产的建造成本；在达到预定可使用状态后发生的，则应作为当期费用处理。（　）

10. 资产账面价值大于其计税基础的差额，属于可抵扣暂时性差异。（　）

三、单项选择题（每小题 1 分，共 10 分）

1. 资产进行后续计量时，按照购置时所付出对价的公允价值计量，其会计计量属性是（　　）。

A. 重置成本　　B. 可变现净值
C. 历史成本　　D. 公允价值

2. 关于交易性金融资产的计量，下列说法中正确的是（　　）。

A. 应当按取得该金融资产的公允价值和相关交易费用之和作为初始确认金额
B. 应当按取得该金融资产的公允价值作为初始确认金额，相关交易费用在发生时计入当期损益
C. 资产负债表日，企业应将该金融资产的公允价值变动直接计入当期所有者权益
D. 取得该金融资产支付的价款中包含的已宣告发放但尚未领取的现金股利，应确认为一项债权

3. 下列各项支出中，不计入一般纳税人存货采购成本的是（　　）。

A. 购入存货时发生的增值税进项税额　　B. 入库前的挑选整理费
C. 购买存货时发生的运输费用　　D. 购买存货时支付的进口关税

4. 对于合并方为进行企业合并发生的各项直接费用，下列说法中正确的是（　　）。

A. 计入管理费用　　B. 计入长期股权投资成本
C. 计入其他综合收益　　D. 计入营业外支出

5. 企业出租土地使用权取得的收入，应当计入（　　）。

A. 主营业务收入　　B. 其他业务收入
C. 投资收益　　D. 营业外收入

6. 关于确定可回收金额的表述，下列说法中正确的是（　　）。

A. 应当根据资产的公允价值减去处置费用后的净额与资产预计未来现金流量的现值两者之间较低者确定
B. 应当根据资产的公允价值减去处置费用后的净额确定
C. 应当根据资产的预计未来现金流量的现值确定
D. 应当根据资产的公允价值减去处置费用后的净额与资产预计未来现金流量的现值两者之间较高者确定

7. 下列各项负债属于非货币性负债的是（　　）。

A. 短期借款　　B. 应付票据
C. 合同负债　　D. 应付账款

8. 企业增资扩股收到的投资者实际缴纳的出资额大于其按约定比例计算的

在其注册资本中所占份额的部分，应计入（　　）。

A. 资本溢价　　B. 实收资本

C. 盈余公积　　D. 营业外收入

9. 下列各项中，属于营业收入的是（　　）。

A. 无形资产出租收入　　B. 固定资产出售收入

C. 股票出售收入　　D. 接受捐赠收入

10. 在资产负债表中，所有者权益是按照（　　）的顺序排列的。

A. 流动性程度的高低　　B. 到期日由近至远

C. 永久性递减　　D. 金额的大小

四、多项选择题（每小题 2 分，共 10 分）

1. 下列关于资产的说法中，正确的有（　　）。

A. 企业的资产仅限于经济资源，非经济资源不是企业的资产

B. 一项经济资源是否属于企业的资产，关键要看其所有权是否属于该企业

C. 作为资产的经济资源，必须具有能为特定企业带来未来经济利益的服务潜力

D. 作为资产的经济资源必须能够用货币进行可靠计量

E. 企业是否拥有一项经济资源的所有权不是确认资产的绝对标准

2. 下列项目中，对于一般纳税人来说，应计入存货成本的有（　　）。

A. 购入存货支付的关税

B. 在商品采购过程中发生的保险费

C. 自制存货在生产过程中发生的直接材料费用

D. 生产产品发生的非正常消耗的直接材料、直接人工及制造费用

E. 在商品采购过程中发生的装卸费

3. 下列各项中，影响当期损益的有（　　）。

A. 结转无法支付的应付款项

B. 因产品质量保证确认的预计负债

C. 其他权益工具投资公允价值的增加

D. 研发项目在研究阶段发生的材料耗费

E. 研发项目在开发阶段发生的开发人员薪酬

4. 下列固定资产中本月计提折旧的有（　　）。

A. 未使用的房屋和建筑物　　B. 使用中的房屋和建筑物

C. 季节性停用的生产设备　　D. 本月增加的生产设备

E. 本月减少的生产设备

5. 采用追溯调整法，下列表述中正确的有（　　）。

A. 在会计政策变更的当年采用新的会计政策

B. 在会计政策变更以后的年度采用新的会计政策

C. 计算变更当期期初的会计政策变更累积影响数

D. 重编以前年度的会计报表

E. 对变更年度资产负债表有关项目年初数和利润表有关项目上年数进行调整

五、计算及账务处理题（第1、2小题6分，第3小题12分，共24分）

1. 甲公司发生如下经济业务事项：

（1）甲公司购入A公司股票10 000股，每股5元（其中包含已宣告发放但尚未领取的现金股利0.2元），共计50 000元，另付经纪人佣金1 000元，均以投资款支付，确认为交易性金融资产。

（2）甲公司收到购买价款中包含的现金股利。

（3）期末该股票每股收盘价6元，调整交易性金融资产账面价值。

（4）甲公司出售A公司股票2 500股，收到16 250元存入投资款账户。

要求：根据上述业务编制甲公司相关会计分录（不考虑增值税）。

2. 某企业20×1年5月10日扩建生产用厂房一栋，该房屋的原值为3 000 000元，预计使用年限为40年，预计净残值率为2%，采用年限平均法计提折旧；该厂房4月末的累计折旧为1 096 375元；扩建期间用银行存款支付不含增值税的工程款469 000元，增值税42 210元；8月12日完工交付使用，原预计使用年限不变，预计净残值调整为68 500元。

要求：根据以上资料，编制有关改扩建业务的会计分录，并计算该项固定资产9月份应计提的折旧额。

3. 甲股份有限公司（以下简称甲公司）为增值税一般纳税人，销售产品适用的增值税税率为13%，产品销售价款中均不含增值税。甲公司适用的所得税税率为25%。产品销售成本按经济业务逐笔结转。20×1年度，甲公司发生如下经济业务及事项：

（1）销售A产品一批，产品销售价款为800 000元，产品销售成本为350 000元。产品已经发出，并开具了增值税专用发票。同时向银行办妥了托收手续，满足收入确认条件。

（2）20×1年5月20日，甲公司收到乙公司因产品质量问题退回的B产品一批，并验收入库。甲公司用银行存款支付退货款40 000元，增值税5 200元，并按规定向乙公司开具红字增值税专用发票。退回产品的成本为22 000元。

（3）按合同要求，将C产品一批发送给丙公司待丙公司验货后付款。该批产品的销售价款为120 000元，产品销售成本为66 000元。产品已发出，但不满足收入确认条件。

（4）甲公司收到丙公司确认购货的通知但销售款项未支付给甲公司。满足甲公司确认销售收入的条件。

（5）用银行存款支付发生的销售费用 12 000 元（未取得增值税专用发票），支付管理费用 67 800 元（未取得增值税专用发票），并计提坏账准备 4 000 元。

（6）销售产品应交的城市维护建设税为 2 100 元，应交的教育费附加为 900 元。

（7）计算应交所得税（假定甲公司本年应纳税所得额为 528 000 元）。

（8）结转本年利润（甲公司年末一次性结转损益类科目）。

（9）按净利润的 10%提取法定盈余公积。

（10）股东会决议按净利润的 30%向投资者分配利润，分配的利润尚未支付。

（11）结转利润分配各明细科目。

要求：根据上述业务，编制甲公司 20×1 年度经济业务及事项的会计分录（“应交税费”科目和“利润分配”科目要求写出明细科目）。

六、简答题（每小题 8 分，共 24 分）

1. 试说明预计负债的主要特点，并列举出常见的几种预计负债。

2. 简述固定资产修理核算与改扩建核算的不同之处。

3. 简述资产负债表日后非调整事项及其处理方法。

七、案例分析题（10 分）

长江股份有限公司（以下简称长江公司）为上市公司。20×9 年长江公司发生了下列有关金融工具和所得税的事项：

（1）6 月 30 日，长江公司自二级市场购入万科公司普通股股票，以银行存款转账支付购买价款 300 万元，支付相关交易费用 0.4 万元，目的在于随时出售赚取价差。

长江公司将购买的万科公司普通股股票分类为交易性金融资产，初始入账价值为 300 万元，将相关交易费用 0.4 万元计入当期损益。

20×9 年 8 月 5 日，长江公司将万科公司股票出售 40%，剩余部分在年末的公允价值为 200 万元，长江公司将公允价值变动 20 万元（200－180）计入其他综合收益。

（2）8 月 1 日，长江公司因有更好的投资机会，准备将持有的分类为债权投资核算的铁路债券的 40%进行处置，所获资金用于投资某公司新发行并上市流通的股票，并准备将该股票长期持有，将其分类为交易性金融资产。

剩余的铁路债券投资重分类为其他债权投资，并将其账面价值与公允价值的差额计入当期损益。

（3）9 月 1 日，经中国证券监督管理委员会批准，长江公司发行了面值为 2 000 万元的可转换公司债券，发行价款为 2 000 万元。该可转换公司债券限期为 4 年，票面年利率为 8%，利息按年支付，每 100 元面值债券可在发行 1 年后转换为长江公司普通股股票 10 股。长江公司发行该可转换公司债券时，二级市场上与之类似但没有转股权的债券市场年利率为 10%。

长江公司将发行可转换公司债券收到的 2 000 万元全额确认为应付债券。在 20×9 年年末按照实际利率计算利息费用。

（4）10 月 1 日，长江公司从深圳证券交易所购入 A 公司同日发行的 5 年期债券 80 万份，该债券面值总额为 8 000 万元，票面年利率为 5%，支付款项为 8 010 万元（包括交易费用）。甲公司将其分类为债权投资。

长江公司 20×9 年下半年资金周转困难，遂于 20×9 年 12 月 1 日在深圳证券交易所出售 60 万份 A 公司债券，出售所得价款扣除相关交易费用后的净额为 5 800 万元。出售 60 万份 A 公司债券后，长江公司剩余 20 万份 A 公司债券也准备随时出售，将其重分类为交易性金融资产。

要求：分析、判断并指出长江公司对上述事项的会计处理是否正确；对不正确之处说明理由，指出正确的会计处理办法（不考虑所得税的处理）。

模拟试卷二参考答案

一、名词解释（每小题3分，共12分）

1. 股票股利是指公司以增发股票的形式向股东支付的股利。公司分派股票股利，不影响公司的资产和负债，也不影响公司的所有者权益总额，只是所有者权益的结构发生变化。

2. 长期股权投资的权益法是指长期股权投资的账面价值要随着被投资企业的所有者权益变动而发生相应变动，大体上反映在被投资企业所有者权益中占有的份额。投资企业对被投资企业具有共同控制或者重大影响的长期股权投资，应采用权益法进行核算。

3. 可转换公司债券是指可以在一定期间以后，按规定的转换比率或转换价格转换为发行企业股票的债券。可转换公司债券具有债权性证券与权益性证券的双重性质，是混合性证券。

4. 追溯调整法是指对某类交易或事项变更会计政策时，要视同该类交易或者事项初次发生时就采用了此次变更拟改用的新的会计政策，计算会计政策变更的累积影响数，据以对本期期初留存收益和相关会计报表项目以及比较会计报表中相关项目进行调整的方法。

二、判断题（每小题1分，共10分）

1. ×	2. √	3. √	4. ×	5. √
6. √	7. √	8. ×	9. √	10. ×

三、单项选择题（每小题1分，共10分）

1. C	2. B	3. A	4. A	5. B
6. D	7. C	8. A	9. A	10. C

四、多项选择题（每小题2分，共10分）

1. ACDE	2. ABCE	3. ABD	4. ABCE	5. ABCE

五、计算及账务处理题（第1、2小题6分，第3小题12分，共24分）

1. 编制会计分录如下：

（1）借：交易性金融资产——成本　　50 000
　　　　投资收益　　1 000
　　　贷：其他货币资金　　51 000

（2）借：其他货币资金　　2 000
　　　贷：投资收益　　2 000

（3）借：交易性金融资产——公允价值变动　　10 000
　　　贷：公允价值变动损益　　10 000

（4）借：其他货币资金　　16 250
　　　贷：交易性金融资产——成本　　12 500
　　　　　　　　　　　——公允价值变动　　2 500
　　　　　投资收益　　1 250

同时，

借：公允价值变动损益　　2 500
　贷：投资收益　　2 500

2. 该企业账务处理如下：

（1）5月10日停用，当月照提折旧。

月折旧额＝3 000 000×(1－2%)×1/40×1/12＝6 125(元)

借：制造费用　　6 125
　贷：累计折旧　　6 125

（2）将改扩建厂房的净值转入在建工程。

累计折旧＝1 096 375＋6 125＝1 102 500(元)

净值＝3 000 000－1 102 500＝1 897 500(元)

借：在建工程　　1 897 500
　　累计折旧　　1 102 500
　贷：固定资产　　3 000 000

（3）支付工程款。

借：在建工程　　469 000
　　应交税费——应交增值税（进项税额）　　42 210
　贷：银行存款　　511 210

（4）工程完工交付使用。

改扩建后原值＝1 897 500＋469 000＝2 366 500(元)

借：固定资产　　2 366 500
　贷：在建工程　　2 366 500

(5) 计算9月份应计提折旧额。

$$该项固定资产已使用年数=\frac{1\ 102\ 500}{6\ 125}\times 1/12=15(年)$$

该项固定资产尚可使用年数＝40－15＝25(年)

9月份应计提折旧额＝(2 366 500－68 500)×1/25×1/12＝7 660(元)

3. 甲公司编制会计分录如下：

(1) 借：应收账款　　904 000
　　贷：主营业务收入　　800 000
　　　　应交税费——应交增值税（销项税额）　　104 000
　借：主营业务成本　　350 000
　　贷：库存商品　　350 000

(2) 借：主营业务收入　　40 000
　　　　应交税费——应交增值税（销项税额）　　5 200
　　贷：银行存款　　45 200
　借：库存商品　　22 000
　　贷：主营业务成本　　22 000

(3) 借：发出商品　　66 000
　　贷：库存商品　　66 000

(4) 借：应收账款　　135 600
　　贷：主营业务收入　　120 000
　　　　应交税费——应交增值税（销项税额）　　15 600
　借：主营业务成本　　66 000
　　贷：发出商品　　66 000

(5) 借：销售费用　　12 000
　　贷：银行存款　　12 000
　借：管理费用　　67 800
　　贷：银行存款　　67 800
　借：信用减值损失　　4 000
　　贷：坏账准备　　4 000

(6) 借：税金及附加　　3 000
　　贷：应交税费——应交城市维护建设税　　2 100
　　　　　　　　——应交教育费附加　　900

(7) 应交所得税＝528 000×25％＝132 000(元)

借：所得税费用	132 000	
贷：应交税费——应交所得税		132 000
(8) 借：主营业务收入	880 000	
贷：本年利润		880 000
借：本年利润	612 800	
贷：主营业务成本		394 000
税金及附加		3 000
销售费用		12 000
管理费用		67 800
信用减值损失		4 000
所得税费用		132 000
(9) 借：利润分配——提取法定盈余公积	26 720	
贷：盈余公积		26 720
(10) 借：利润分配——应付利润	80 160	
贷：应付利润		80 160
(11) 借：本年利润	267 200	
贷：利润分配——未分配利润		267 200
借：利润分配——未分配利润	106 880	
贷：利润分配——提取法定盈余公积		26 720
——应付利润		80 160

六、简答题(每小题8分，共24分)

1. 预计负债是基于某些或有事项引发的义务而确认的负债。其主要特点是：相关义务的发生本身或发生的具体时间或余额等方面具有一定的不确定性，其计量需要某种程度的估计或预计。常见的预计负债主要有：产品质量保证形成的预计负债，未决诉讼形成的预计负债，亏损合同形成的预计负债以及固定资产弃置义务形成的预计负债等。

2. 固定资产修理核算与改扩建核算的不同之处在于：

(1) 固定资产修理成本支出作为成本费用处理，不增加固定资产原值和净值；改扩建支出增加固定资产原值和净值，在以后使用期间通过折旧方式进行补偿。

(2) 固定资产修理期间照提折旧；改扩建期间固定资产不提折旧，其净值应由固定资产转入在建工程，改扩建工程完工后再将改扩建前的净值与改扩建净支出之和作为固定资产原值处理。

3. 资产负债表日后非调整事项是在资产负债表日以后才发生或存在的、不影响资产负债表日存在的状况，但如不加说明，将会影响财务报表使用者作出正确估计和决策的一种资产负债表日后事项。如股票和债券的发行、对一个企业的投资、自然灾害导致的资产损失、汇率发生较大变动等，都属于资产负债表日后非调整事项。资产负债表日后非调整事项应在财务报表附注中披露。

资产负债表日后非调整事项不调整资产负债表，只需要在尚未报出的上年财务报表附注中说明事项的内容，估计对企业财务状况及经营成果的影响。

七、案例分析题（10分）

（1）长江公司对万科公司股票投资会计处理不正确之处：

20×9年8月5日，长江公司将公允价值变动损益20万元计入其他综合收益的处理不正确。

理由：应计入当期损益。

正确的会计处理：将公允价值变动20万元计入当期损益（公允价值变动损益）。

借：交易性金融资产——公允价值变动　　200 000

　　贷：公允价值变动损益　　200 000

（2）长江公司对债权投资的会计处理不正确之处：

1）将购入的某公司股票分类为交易性金融资产不正确。

理由：准备长期持有的股票，应分类为长期股权投资。

正确的会计处理：将购入的某公司股票分类为长期股权投资。

2）将剩余的债券重分类为其他债权投资后公允价值变动的会计处理不正确。

理由：重分类日，该债券投资剩余部分的账面价值与其公允价值之间的差额计入所有者权益（其他综合收益），在该金融资产发生减值或终止确认时转出，计入当期损益。

（3）长江公司将发行债券收入2 000万元全部确认为应付债券不正确。

理由：企业发行的可转换公司债券包括负债成分和权益成分，应当在初始确认时将负债成分和权益成分进行分拆，分别进行处理：先确定负债成分的公允价值并以此作为其初始确认金额，再按照该金融工具整体的发行价格扣除负债成分初始确认金额后的金额确定权益成分的初始确认金额。

正确的会计处理：将该债券未来现金流量按照市场利率10%折成的现值确认为应付债券，将发行所得价款2 000万元减去应付债券的初始确认金额后的差额，确认为其他权益工具。

$$\begin{aligned}\text{负债成分应确认的金额}&=2\,000\times 8\%\times(P/A,10\%,4)\\&\quad+2\,000\times(P/F,10\%,4)\\&=1\,873.04(\text{万元})\end{aligned}$$

$$\text{权益成分应确认的金额}=2\,000-1\,873.04=126.96(\text{万元})$$

借：银行存款 20 000 000
　　应付债券——可转换公司债券（利息调整） 1 269 600
　贷：应付债券——可转换公司债券（面值） 20 000 000
　　　其他权益工具 1 269 600

（4）长江公司将所持 A 公司债券剩余部分重分类为交易性金融资产正确。

图书在版编目(CIP)数据

《财务会计学（第 14 版·立体化数字教材版）》学习指导书 / 戴德明，林钢，赵西卜主编. --北京：中国人民大学出版社，2024.7. --(中国人民大学会计系列教材). --ISBN 978-7-300-33021-1

Ⅰ. F234.4

中国国家版本馆 CIP 数据核字第 2024R1L620 号

国家级教学成果奖

中国人民大学会计系列教材

《财务会计学（第 14 版·立体化数字教材版）》学习指导书

主编　戴德明　林　钢　赵西卜

《Caiwu Kuaijixue（Di 14 Ban · Litihua Shuzi Jiaocai Ban）》Xuexi Zhidaoshu

---

出版发行	中国人民大学出版社		
社　　址	北京中关村大街 31 号	**邮政编码**	100080
电　　话	010－62511242（总编室）		010－62511770（质管部）
	010－82501766（邮购部）		010－62514148（门市部）
	010－62515195（发行公司）		010－62515275（盗版举报）
网　　址	http://www.crup.com.cn		
经　　销	新华书店		
印　　刷	北京溢漾印刷有限公司		
开　　本	787 mm×1092 mm　1/16	**版　　次**	2024 年 7 月第 1 版
印　　张	17.75 插页 1	**印　　次**	2025 年 4 月第 4 次印刷
字　　数	370 000	**定　　价**	46.00 元

中国人民大学出版社　管理分社

教师教学服务说明

中国人民大学出版社管理分社以出版工商管理和公共管理类精品图书为宗旨。为更好地服务一线教师，我们着力建设了一批数字化、立体化的网络教学资源。教师可以通过以下方式获得免费下载教学资源的权限：

- ★ 在中国人民大学出版社网站 www.crup.com.cn 进行注册，注册后进入“会员中心”，在左侧点击“我的教师认证”，填写相关信息，提交后等待审核。我们将在一个工作日内为您开通相关资源的下载权限。
- ★ 如您急需教学资源或需要其他帮助，请加入教师 QQ 群或在工作时间与我们联络。

中国人民大学出版社　管理分社

教师 QQ 群：648333426（工商管理）　114970332（财会）　648117133（公共管理）
教师群仅限教师加入，入群请备注（学校＋姓名）

联系电话：010-62515735，62515987，62515782，82501048，62514760

电子邮箱：glcbfs@crup.com.cn

通讯地址：北京市海淀区中关村大街甲 59 号文化大厦 1501 室（100872）

管理书社　　人大社财会　　公共管理与政治学悦读坊